人はどのようにことばを使用するのか

ひつじ研究叢書〈言語編〉

第186巻　語彙論と文法論をつなぐ　　　　　　　　　　　斎藤倫明・修徳健 編
第187巻　アラビア語チュニス方言の文法研究　　　　　　熊切拓 著
第188巻　条件文の日中対照計量的研究　　　　　　　　　李光赫・趙海城 著
第190巻　書き言葉と話し言葉の格助詞　　　　　　　　　丸山直子 著
第191巻　語用論的方言学の方法　　　　　　　　　　　　小林隆 著
第192巻　話し言葉における受身表現の日中対照研究　　　陳冬姝 著
第193巻　現代日本語における意図性副詞の意味研究　　　李澤熊 著
第194巻　副詞から見た日本語文法史　　　　　　　　　　川瀬卓 著
第195巻　獲得と臨床の音韻論　　　　　　　　　　　　　上田功 著
第196巻　日本語と近隣言語における文法化　　　　　　　ナロック ハイコ・青木博史 編
第197巻　プラグマティズム言語学序説　　　　　　　　　山中司・神原一帆 著
第198巻　日本語変異論の現在　　　　　　　　　　　　　大木一夫・甲田直美 編
第199巻　日本語助詞「を」の研究　　　　　　　　　　　佐伯暁子 著
第200巻　方言のレトリック　　　　　　　　　　　　　　半沢幹一 著
第201巻　新漢語成立史の研究　　　　　　　　　　　　　張春陽 著
第202巻　「関係」の呼称の言語学　　　　　　　　　　　薛鳴 著
第203巻　現代日本語の逸脱的な造語法「文の包摂」の研究　泉大輔 著
第204巻　英語抽象名詞の可算性の研究　　　　　　　　　小寺正洋 著
第205巻　音声・音韻の概念史　　　　　　　　　　　　　阿久津智 著
第206巻　近現代日本語における外来語の二層の受容　　　石暘暘 著
第207巻　「ののしり」の助動詞でなにが表現されるのか　　村中淑子 著
第208巻　近・現代日本語謙譲表現の研究　　　　　　　　伊藤博美 著
第209巻　アヤクーチョ・ケチュア語の移動表現　　　　　諸隈夕子 著
第210巻　人はどのようにことばを使用するのか
　　　　　　　　　　　須賀あゆみ・山本尚子・長辻幸・盛田有貴 編
第212巻　方言オノマトペの形態と意味　　　　　　　　　川﨑めぐみ 著

ひつじ研究叢書
〈言語編〉
第210巻

人はどのように ことばを使用するのか

意味・語用論からその応用まで

須賀あゆみ・山本尚子・
長辻幸・盛田有貴 編

ひつじ書房

はしがき

　私たちは、どのようにことばを使用し、コミュニケーションを行なっているのでしょうか。ことばの使い方や発話・会話の理解の仕方には、一定の法則があるのでしょうか。コミュニケーションを円滑にするために、どのような工夫をしているのでしょうか。

　本書は、人がことばを用いて行なうコミュニケーションを研究対象とした論文集です。副題の「意味・語用論からその応用まで」が示すとおり、ことばの意味や文脈的要素を扱うものはもちろん、そこにとどまらない幅広い領域で、各論者が、知的好奇心をひきつけられた研究テーマについて、日頃駆使している研究手法を用いて課題に取り組み、その成果を取りまとめました。

　論文の主なテーマは、ことばの用法、構文、発話の意味、レトリック、談話、言語教育、社会との関わりなど、多岐にわたります。研究手法も、現象の実態を明らかにして記述するもの、現象の分析をもとに理論的説明を探究するもの、社会への応用を考察するもの等、様々なアプローチが採用されています。このような多種多様な観点から、「人はどのようにことばを使用するのか」という問いに対して、その答えを探究しようという趣旨で、本論文集を企画しました。

　2025年3月末に、奈良女子大学で長く教鞭を執られ、英語学・言語学の発展に多大な貢献をされてこられた吉村あき子先生が、ご退職になります。本書はそれを記念して発刊するものでもあります。

　先生は、大阪大学文学部助手、大阪学院大学外国語学部講師・助教授を経て、1999年に奈良女子大学に赴任され、計32年の長きにわたり、研究教育に情熱を注いでこられました。奈良女子大学では文学部言語文化学科長、副学長（国際交流担当）兼国際交流セン

ター長を歴任され、学界では、日本英語学会、日本語用論学会をはじめ、多くの学会で要職に就かれました。また、学外の専門委員会等でも重責を果たしてこられました。

　先生のご専門は、意味論・語用論で、特に、人と人が行うコミュニケーションの発話理解に焦点をあてる関連性理論の枠組みを用い、ことばの使用の規則性・法則性を解明するご研究に取り組んでこられました。その言語学的興味の対象は、日英語の否定関連表現や比喩・アイロニーの現象等幅広く、理論的貢献を積み重ねてこられています。科研費の継続的獲得からもわかるように、優れた研究成果を国内外で発表し続けてこられた先生に、敬服の念を抱かずにはおれません。

　学びの場を通して、先生は、私たちにさまざまな素材や道具を使い、ことばが作り出す規則性や秩序性を見つけ出す面白さを教えてくださいました。先生の研究に対する真摯な姿勢から、人としてのあり方を学びました。

　先生は「ことばと文化」や「英語理論概論」の初回授業で、ポケットに手を当てながら学生に、「ペン持ってますか？」と話しかけられます。学生が自分のペンを差し出すと、ペンを持っているかどうかを尋ねられたのに、ペンを私に貸してくれたのはなぜでしょう、と問いかけられます。そして、私達はことばの字義通りの意味だけでなく、推論を用いて発話の意味を解釈しながらコミュニケーションを行っているのだということをお話しになり、語用論の世界へと誘ってくださります。これは先生の授業の一場面のご紹介に過ぎませんが、先生の授業を受けたことをきっかけに、ことばの研究に魅了され、その道に進むことを決意した学生は少なくありません。学生には興味あることを研究できるようにとのお心配りをいただき、教え子達は様々な現象について研究を進めています。また、先生の下での学びを活かし、英語教育の場で活躍している教え子も多くいます。今日の私たちがあるのは、先生の温かくきめ細やかなご指導やご助言のおかげです。吉村あき子先生のご退職をお祝いし、これまでのご指導に対する深い感謝の念を込め、この記念論文集を謹呈いたします。

本書の企画にあたっては、2022年秋に記念論文集の刊行に向けて動き出し、昨年の春には、先生の教え子だけではなく、先生と交友の深い研究者の方々からも、多くのご論文をお寄せいただきました。先生が大学間国際交流協定締結の礎を築かれたLehigh UniversityのLEE Kiri先生から貴重な論文をご寄稿いただけたことは、大変嬉しく存じております。編者が不慣れなため、編集作業に時間を要することも多々ありましたが、多くの方々のご支援・ご協力を得て、22編からなる記念論文集の完成にたどりつきました。編者一同深く感謝申し上げます。

　最後になりましたが、本書の企画を快くお引き受けいただいたひつじ書房、とりわけ、行き届いたご配慮と的確なご助言をくださった海老澤絵莉氏のご尽力がなければ、この企画を実現することは叶いませんでした。この場を借りて、心より御礼申し上げます。

2025年1月

編者一同

目　次

はしがき　　　　　　　　　　　　　　　　　　　　　V

I　特別寄稿　　　　　　　　　　　　　　　　　　　I

On the Japanese Plural Marker -tachi　　　LEE Kiri　　3

II　ことばの意味・用法　　　　　　　　　　　　　19

不定の this の新しさについての一考察　　　荒木琴乃　　21
認識的用法の Must と Will の使用について　　松永香奈　　41
Fall + Adjective 構文の持つ状態変化の
　意味に関する研究　　　　　　　　　　　　北嶋穏香　　55
「さき」の時間用法の認知的分析　　　　　　中口実優　　75
「最の高」考　　　　　　　　　　　　　　　今野弘章　　93

III　構文　　　　　　　　　　　　　　　　　　　113

「従属する従属節」と「従属しない従属節」
　insubordination の分析から　　　　　　　平尾恵美　　115
日本語 XX 構文への認知語用論的アプローチ　森木乃美　　135
ジェネラルエクステンダー or anything の機能
　not X (or anything), but Y の考察から　　松山加奈子　151
同語反復表現に関する基礎的考察　　　　　　山本尚子　　169

IV 認知語用論　187

Resemblance, Coding and Emoji　　　SASAMOTO Ryoko　189

Inggiged and *tegeged* in Mongolian
　A Cognitive-Pragmatic Approach　　　BAI Arong　209

ことばのアイロニーとうそにより伝達される
　明示的意味　　　盛田有貴　219

V 日英対照　235

革新的名詞派生動詞の日英対照研究　　　德田真央　237

日英の明示的皮肉標識に対する語用論的アプローチ　　　東元千尋　253

日英語の節連言文の語用論的分類　　　長辻幸　267

VI 英語教育・外国語教育　287

A Study on the Current Situation of English Picture Book
　Teaching in Elementary School　　　ZHOU Lin　289

「〜ている」構文に相当する英語の表現
　テンス・アスペクト・モダリティの指導における留意点　　　高岡朱美　303

ベトナム人女子留学生の声
　超短期プログラムから得たもの　　　松永光代　321

VII 談話・社会との関わり　339

参加人数による話し合いの場やふるまいの変化
　まちづくりの話し合い実践より　　　村田和代　341

Laughter in Clinical Interviews as a Resource of
　Empathic Communication
　　A Case Study of Simulation Practicum between Medical Students
　　and Simulated Patients　　　GOTO Risa　359

物語りにおける「名前」の役割　　　　　須賀あゆみ　377

　吉村あき子教授　略歴と業績　　　　　　　　397
　執筆者一覧　　　　　　　　　　　　　　　415

I

特別寄稿

On the Japanese Plural Marker -*tachi*

LEE Kiri

1. Introduction

Japanese is one of the typical classifier languages that classify nouns based on the semantic type of the referent, along with a counter word when plurality is involved. When a speaker wants to express, for example, "five students" in Japanese, the noun, *gakusei* 'student', is not pluralized, but is followed by the number plus the classifier for people, *go-nin*, as shown in (1).

(1) Gakusei-ga   go-nin   tazunete-kita*1.
    student-NOM   5-people (CL)   visit-came
    'Five students came to visit.'

According to Downing (1996: 211–212), "in Japanese it is not necessary to use a plural marker whenever one wishes to denote a plural referent, as is the case in languages like English." Although this claim is generally correct, it is also well known that Japanese has a plural suffix, -*tachi*.

The use of the plural suffix became more prevalent around the beginning of the nineteenth century, when Japan opened up to the Western world and began to encounter Western languages such as English, German, and French. Among them, English was by far the most influential (e.g. Murahata and Murahata (2021: 9)). Figure 1 reproduces Murahata and Murahata's (2021: 9) Figure 1, which depicts the extension of the usages of -*tachi* as a plural marker. As the figure shows, from the mid-nineteenth century to the beginning of the twentieth

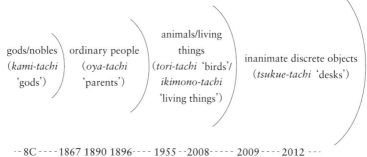

Figure 1　Waves of the extension of the use of the plural marker *-tachi* (Murahata and Murahata 2021: 9, Figure 1)

century, the use of *-tachi* was restricted to human animate nouns, but in the twentieth century it spread to other animate nouns; since the end of the twentieth century, it has begun to be used for inanimate nouns in certain cases.

In Lee and Cho (2023), we examined the behavior of the plural suffix *-tachi* in Japanese along with the Korean plural suffix *-tul*, and demonstrated that the spread of the use of these plural suffixes has indeed followed the Animacy Hierarchy: human > animal > inanimate. Animacy is an extra-linguistic concept that plays a role in the formal structure of many languages, affecting, for example, case marking, verb agreement, definiteness, and plural marking (Comrie (1989), Croft (2003)). Regarding plural marking, there are languages, such as Taba, where only animate nouns are marked for plurality. In both Japanese and Korean, the plural suffix is used freely with animate nouns without being subject to a pragmatic requirement. However, the extension of the plural suffix to inanimate nouns has been faster in Korean, with noticeable resistance to the usage in Japanese. For Japanese inanimate nouns, *-tachi* is only used when a pragmatic requirement, namely "specificity," is met.

In this study, I will outline the behavior of the Japanese plural marking along the Animacy Hierarchy. First, I review plural marking of human and non-human animate nouns, as demonstrated in Lee and Cho (2023). Then I will show that plural marking of inanimate nouns is currently observed only for nouns with [+specific] features. Furthermore, I argue that a pragmatic notion of "noteworthiness" plays a role in the degree of acceptability of plural marking on [+specific] inanimate nouns.

2. The Plural Marker and Animate Nouns

2.1 Human Animate Nouns

First, let me show how human-animate nouns behave with the plural marker. Consider (2):

(2) Ooku-no   kodomo-ga/kodomo-tachi-ga   santakuroosu-o
    many-GEN   child-NOM/child-PL-NOM   Santa.Claus-ACC
    shinjite-iru.
    believe-be
    'Many children believe in Santa Claus.'

In the example in (2), although *ooku-no* 'many' clearly indicates that the noun *kodomo* 'child' is plural, the sentence is grammatical with or without the plural suffix *-tachi* attached to the noun. As we can see in the corresponding English translation, it would not be grammatical if the noun "child" were not pluralized as "children" in English. Example (3), taken from an NHK TV program, *News Watch 9*, shows another use of *kodomo* with the plural marker, but this time with no quantifying expression; note that this sentence too would be well-formed without the plural suffix *-tachi*.

(3) Kodomo-tachi-no   asobiba-kakuho-no   tameni   otona-mo
    child-PL-GEN   playground-keep-GEN   for   adult-also

chanto	ruuru-o	mamotte-hoshii-desu-yone.
properly	rule-ACC	keep-want-be-SFP

'We would like adults to obey the rules in order to provide children with a playground.'

On the other hand, the example in (4) shows that the plural marking is neither random nor optional.

(4)
A: O-ko-san-wa/*o-ko-san-tachi-wa   i-rasshaimasu-ka.
    HON-child-TOP/*HON-child-PL-TOP   have-HON-Q
'Do you have children?'
B: Hai futari orimasu.   Kodomo-tachi-wa/*kodomo-wa ima
    yes two have   child-PL-TOP/*child-TOP   now
    gakkoo-desu.
    school-be
'Yes, I have two. They are at school now.'

In this exchange, when A asks the question, s/he does not know if B has any children; in this context, the plural -*tachi* is not acceptable. However, when B replies that s/he has two children and when s/he informs A of their whereabouts, -*tachi* is obligatory. In this context, *kodomo* without -*tachi* is not acceptable because "the children" in this discourse are specific individuals, as established in the discourse.

The examples in (2) and (3) involve unspecified human animate nouns, and they are acceptable with or without -*tachi*. On the other hand, in (4), the first occurrence of *kodomo* is unacceptable with -*tachi*, while the second occurrence of *kodomo* is unacceptable without -*tachi*. In Lee and Cho (2023), we claimed that the plural suffix is optional when a human noun is not specific, but is obligatory when a human noun is specific, and that therefore "specificity" is crucial in the case of plural marking in Japanese. The notion of specificity is often discussed as pairing with the notion of definiteness. The definitions of "definiteness" and "specificity" adopted here are given in (5); they are those proposed by Ionin, Ko, and Wexler (2004: 5).

(5) Definiteness and Specificity: Informal definitions
If a Determiner Phrase (DP) of the form [D NP] is:
   a. [+definite], then the speaker and hearer presuppose the existence of a unique individual in the set denoted by the NP.
   b. [+specific], then the speaker intends to refer to a unique individual in the set denoted by the NP and considers this individual to possess some noteworthy property.

Notice that [+definite] involves both the speaker's and hearer's presupposition, while [+specific] involves only the speaker's presupposition. In Lee, Cho, and Park (2018), we examined the four combinations of [definite] and [specific], and did not find any noun with the plural suffix in the [+definite, -specific] dyad in either Japanese or Korean. All the cases we found were nouns with a [+specific] feature regardless of the status of the feature [definite]. Therefore, we concluded that the occurrence of these plural suffixes is subject to specificity and independent of definiteness.

Typical cases for obligatory plural marking are demonstratives and pronouns. They are inherently [+specific] and their plurality cannot be expressed without plural markers. The Japanese demonstratives are shown in Table 1.

As seen in Table 1, Japanese demonstratives have different forms for singular and plural. Plural forms have the other plural suffix -*ra*, as in *kore-ra, sore-ra, are-ra*. To mean "these students," for example, speakers have to either mark the demonstrative with -*ra*, as in *kore-ra-no gakusei*, or mark the noun with -*tachi*, as in *kono-gakusei-tachi*, or do both, as in *kore-ra-no gakusei-tachi**2.

Table 1 Demonstratives

Demonstratives	Singular	Plural	Examples
this/these	kono	kore-ra-no	kono gakusei 'this student' kono gakusei-tachi /kore-ra-no gakusei(-tachi) 'these students'
that/those	sono	sore-ra-no	sono gakusei 'that student' sono gakusei-tachi /sore-ra-no gakusei(-tachi) 'those students'
that/those over there	ano	are-ra-no	ano gakusei 'that student over there' ano gakusei-tachi /are-ra-no gakusei(-tachi) 'those students over there'

Table 2 Pronouns

Pronouns	Singular	Plural
1st person	watashi	watashi-tachi
2nd person	anata	anata-tachi
3rd person	kare/kanojo	kare-ra, kare-tachi (neutral or masculine) kanojo-ra/kanojo-tachi (feminine)

Pronouns are another category of nouns that are always [+specific]. As expected, plural forms of pronouns must be marked with the plural marker. Table 2 shows Japanese pronouns.

In contrast, generic/kind-taking nouns and interrogative pronouns are inherently [-specific], and they cannot co-occur with plural markers, as illustrated in (6) and (7).

(6) Generic/Kind-taking nouns
    a. Gakusei(*-tachi)-no   honbun-wa   benkyoo-da.
        student(*-PL)-GEN   duty-TOP   study-be
    'Students' duty is studying.'

b. Kekkon-shiteiru-ga kodomo(*-tachi)-wa inai.
married-but child(*-PL)-TOP no

'I am married but don't have children.'

(7) Interrogative pronouns

Kinoo dare(*-tachi)-ga kimashita-ka.
yesterday who(*-PL)-NOM came-Q

'Who came yesterday?'

As exemplified in (6) and (7), for human animate nouns, plural marking is obligatory when a noun is [+specific], while it is optional when a noun is [-specific].

2.2 Non-Human Animate Nouns

The observations regarding specificity and human animate nouns also apply to non-human animate nouns, which is one category lower in the Animacy Hierarchy. Both the examples in (8) and (9), taken from TV programs*3, have non-human animate nouns with a feature [-specific].

(8) Samazamana kyooryuu-tachi-ga sunde-ita to kangae-
various dinosaur-PL-NOM living-was COMP think-
rarete-imasu
passive-be

'Various dinosaurs are thought to have lived'

(9) Haru-wa ikimono-tachi-no hanshoku no kisetsu-desu.
spring-TOP creature-PL-GEN breeding-GEN season-be

'Spring is a breeding season for creatures.'

The [-specific] nouns in (8) and (9) allow only general readings in the plural form. In fact, both sentences are acceptable without *-tachi*.

On the other hand, the examples in (10) and (11) clearly show the obligatory nature of *-tachi* with [+specific] non-human animate nouns.

These examples are taken from TV shows. The pertinent noun in (10) has a demonstrative *ano* 'that', and it must be accompanied by *-tachi*. If the nouns *kodaigyo* 'ancient fish' and *pengin* 'penguin' appeared without *-tachi*, these sentences would not have a plural reading.

(10) Sono   nerai-wa   ano   kodaigyo-tachi
     that   target-TOP   that   ancient.fish-PL

'That target is those ancient fish(es).'

(11) Pengin-tachi-ga   kimochi-yosa-sooni   oyoide-imasu.
     penguin-PL-NOM   feeling-good-seem   swim-be

'The penguins are swimming comfortably.'

3. Plurality of Inanimate Nouns and Specificity Requirements

Contrary to the generally held view that *-tachi* is only used for human/animate nouns (e.g. *Nihon Kokugo Daijiten* 'Dictionary of Japanese National Language'), its use is clearly observed with inanimate nouns in pragmatically marked situations. This indicates that its use is gradually spreading from higher to lower categories along the Animacy Hierarchy. "Pragmatically marked" here refers to the requirement that the pertinent noun must be [+specific]. For inanimate nouns, I argue that the notion of "noteworthiness" becomes salient for utterability and acceptability in the processing of *-tachi*.

The notion of noteworthiness has been applied in both lexical semantics and pragmatics to account for marked linguistic phenomena (e.g. Ionin (2006), Nunberg (2006), Kim (2019)). For example, Nunberg (2006) accounts for a certain kind of polysemy in terms of "predicate transfer": "Predicate transfer is only possible when the property contributed by the new predicate is 'noteworthy', which is to say one that is useful for classifying or identifying its bearer relative to the conversational interest" (ibid. (2006: 349)). He gives the example of two sentences about paintings uttered by a painter, and explains that the difference in acceptability is due to the noteworthiness of the predicates. Example (12) is Nunberg's (2006: 349) example (12).

(12) a. I'm in the Whitney Museum.
 b. ? I'm in the second crate on the right.

When a painting goes to a museum, it acquires a significance or notability, hence the predicate in (12a) is noteworthy. No such notability attaches to a painting that is packed in a crate, as in (12b); the predicate here thus lacks noteworthiness. As a result, in (12a), "predicate transfer" is possible, such that the "I" in the sentence in (12a) has the meaning of "something I painted," while such an interpretation for the "I" in (12b) is questionable at best.

Ionin (2006) discusses the use of "this" with features [-definite, +specific] ("this-indefinite" in her term) in contrast to the use of "this" with features [+definite, +specific]. She accounts for the difference in acceptability of "this-indefinites" in terms of noteworthiness. Consider (13), which is Ionin's (2006: 183) (18):

(13) a. #Mary wants to see this new movie; I don't know what movie it is.
 b. Mary wants to see this new movie; I don't know which movie it is, but she's been all excited about seeing it for weeks now.
 c. I want to see this new movie — I can't remember its name and I have no idea what it's about, but someone mentioned to me that it's really interesting.

The use of a "this-indefinite" is more acceptable when the speaker familiarizes the listener with some noteworthy property of the pertinent noun, as Ionin explains. In (13b) and (13c), the speaker is able to describe a noteworthy property of the "movie," whereas in (13a), the speaker does not exhibit knowledge of anything connected to the movie, and thus the acceptability of (13a) is marginal.

As exemplified in these prior studies, the notion of noteworthiness can extend the meaning of a noun, as seen when "predicate transfer" occurs, and account for the use of the "this-indefinite" in English. I am claiming further that noteworthiness is also crucial to account for the degree of acceptability of the use of *-tachi* with Japanese inanimate nouns.

The use of *-tachi* has not yet become general with inanimate nouns, and I have found no naturally occurring case where the noun is [-specific]. The examples in (14) are made-up sentences. The inanimate nouns *hon* 'book' and *onigiri* 'rice ball' are [-specific] and they are unacceptable with *-tachi*.

(14) a. Kyoo-wa toshokan-de hon*-tachi-o kariyoo.
today-TOP library-at book*-PL-ACC borrow-let's
'Let's borrow books at the library today.'

b. Onaka-ga suite-iru-kara onigiri*-tachi-o
stomach-NOM hungry-be-because rice.ball*-PL-ACC
takusan tabe-tai.
many eat-want
'I want to eat many rice balls because I am hungry.'

On the other hand, there are many naturally occurring cases of *-tachi* with inanimate nouns that are [+specific]. Recall that noteworthiness is an intrinsic characteristic of specificity that presupposes an entity the speaker has in mind. Therefore, the degree of noteworthiness can vary according to the speaker's conception of what is noteworthy. Furthermore, because the spread of the use of *-tachi* is taking place gradually over time, its utterability and acceptability is affected by speakers' ages.

The examples in (15a) and (15b) are taken from the narration of TV shows, and both *shoowakusei-tachi* 'small planets' and *hone-tachi* 'bones' are specific nouns with modifiers. Without *-tachi*, these nouns would not be construed as plural.

(15) a. chikyuu-kara tooi-tokoro-ni atta shoo-wakusei-tachi
 Earth-from far-place-at existed small-planet-PL

 'the small planets that were far away from the Earth'

 b. hakkutsusha-ga mitsuketa kyouryuu kooho-no
 excavator-NOM found dinosaurs candidate-GEN

 hone-tachi
 bone-PL

 'the bones that the excavator found and that may belong to dinosaurs'

In the examples in (16), the nouns are accompanied by modifiers (underlined) that overtly indicate the speakers' emotional stances.

(16) a. <u>Chotto suteki-na</u> yama-goya-tachi desu.
 a.bit lovely mountain-cottage-PL be

 'They are very lovely mountain cottages.'

 b. <u>oshimarete</u> <u>kaitai-sarete-iku</u> machi-no sinboru-tachi
 lamented dismantled-being town-GEN symbol-PL

 'the town's symbols that people lamented and that are being dismantled'

 c. <u>Aisu-beki</u> omise-tachi-ne.
 love-should shop-PL-SFP

 'They are the shops that we should love, right?'

 d. <u>Jinsei</u> <u>kakete</u> <u>tsukutta</u> sekken-tachi-wa
 life spending made soap-PL-TOP

 doo-naru-no-ka-tte.
 how-become-Q-quote

'I wonder what would happen to the soaps that were a product of our life's work.'

e. <u>kawaii</u> aitemu-tachi
   cute item-PL

   'cute items'

The modifiers in (16) — *chotto sutekina* 'very lovely' in (a), *oshimarete kaitai sareteiku* 'lamented and are being dismantled' in (b), *aisu-beki* 'we should love' in (c), *jinsei kakete tsukutta* 'a product of our life's work' in (d), *kawaii* 'cute' in (e) — clearly exhibit the speakers' subjective views on the pertinent nouns and indicate that the speakers consider them very noteworthy.

In the two examples in (17), the noteworthiness of the pertinent nouns is derived from the context. (17a) was uttered by an actor who is a fan of the actor Ranju Tomu while showing her collection of Ranju Tomu's merchandise, to which she feels a great attachment; hence the degree of their noteworthiness is very high on her part. The example in (17b) is the title of an interview with a famous ice skater, Hanyu Yuzuru, in which he discusses how he has evolved as a skater.

(17) a. Ranju Tomu-san-no   guzzu-tachi
       Ranju Tomu-Ms-GEN   merchandise-PL

       'the merchandise of Ranju Tomu'

    b. boku to   puroguramu-tachi-no   michinori
       I   and program-PL-GEN   journey

       'the journey of me and my programs'

The example in (18) is very similar to (17a). It was uttered by another actress who loves and collects shoes. Interestingly, however, some speakers may find the use of *-tachi* in (18) a bit awkward.

(18) Watashi-no kutsu-tachi desu.
     I-GEN   shoe-PL   be

'They are my shoes.'

Although *kutsu* 'shoes' in (18) and *guzzu* 'merchandise' in (17a) are both [+specific], *guzzu* has a modifier referring to a hugely popular actor (*Ranju Tomu-san-no* 'Ms. Ranju Tomu's'), while *kutsu* is a bare noun. Some hearers would consider *guzzu* in the context of (17b) to be more noteworthy than *kutsu* in the context of (18). Thus, I am claiming that, although both (17a) and (18) are naturally occurring examples, the awkwardness some speakers may feel in (18) is due to their age and the extent to which they relate to the speaker's sense of the degree of the noteworthiness of her shoes.

In short, if a speaker has not internalized the use of *-tachi* for inanimate nouns, the use itself is not acceptable across the entire category. And if a speaker has internalized its use for [+specific] nouns, the degree of acceptability may be affected by how the speaker perceives the referent's noteworthiness.

The plural *-tachi* for abstract inanimate nouns is, as expected, only found with nouns with a feature [+specific]. The example in (19) is a headline of a magazine article. As with the examples in (16) through (18), the abstract inanimate noun *aidea* 'idea' has a feature [+specific] with a highly subjective modifier, *suteki* 'fabulous', in (19).

(19) Reesu peepaa-de   hanayaka joohin-ni arenji-o
     lace   paper-with   gorgeous classy   arrangement-ACC

     tanoshimoo.   Suteki aidea-tachi!
     enjoy-let's   fabulous idea-PL

'Let's enjoy gorgeous and classy arrangements with lace paper. The fabulous ideas!'

In this section, I have shown that the use of *-tachi* has extended to inanimate nouns from human animate nouns, following the Animacy Hierarchy. While for animate nouns, the use has become more general, its use for inanimate nouns is still restricted only to nouns with a feature [+specific]. Furthermore, among the [+specific] nouns, acceptability is higher for some speakers if the degree of noteworthiness is high.

4. Final Remarks

In this study, I demonstrated that the Japanese plural suffix *-tachi* is becoming more generally used following the Animacy Hierarchy. Until the early twentieth century, *-tachi* was predominantly used for only human animate nouns; however, it then started to appear with non-human animate nouns, and currently its use with inanimate nouns can be observed. For the occurrence of *-tachi* with inanimate nouns in the naturally occurring examples, we found that they all have a feature [+specific]. However, some inconsistency in acceptability is observed among Japanese speakers for this category. Therefore, it is up to a speaker, not a hearer, to decide whether a pertinent noun is noteworthy. The acceptability on the hearer's part is dependent on their age, because this process is happening over time, as well as on the extent to which the hearer can relate to a pertinent inanimate noun as noteworthy.

It seems inevitable that the use of *-tachi* will soon spread to all inanimate nouns. In fact, in Lee and Cho (2023), we observed that unlike the Japanese *-tachi*, the Korean counterpart *-tul*, which has also spread following the Animacy Hierarchy, currently has no restriction on its use with inanimate nouns. However, it must be noted that the newly emerged use of *-tachi* has not replaced one of the most salient characteristics of classifier languages, which is under-differentiation between singular and plural in general.

Notes

*1 This paper uses the modified Hepburn romanization system. However, long vowels are represented with a double vowel rather than a vowel with a macron.

*2 Plurality also is sometimes expressed by repetition, although this is limited to a handful of lexicalized cases. For example, *hito-bito* 'people' and *yama-yama* 'mountains' are used very frequently.

*3 The examples in (8), (9), (10), (11) and (15) are taken from an NHK TV series *Sawayaka Shizen Hyakkei*.

References

Comrie, Bernard (1989) *Language Universals and Linguistic Typology*. Chicago: University of Chicago Press.

Croft, William (2003) *Typology and Universals*. Cambridge: Cambridge University Press.

Downing, Pamela A. (1996) *Numeral Classifier Systems: The Case of Japanese*. Amsterdam: John Benjamins.

Ionin, Tania (2006) *This* Is Definitely Specific: Specificity and Definiteness in Article Systems. *Natural Language Semantics* 14 (2): 175–234.

Ionin, Tania, Heejeong Ko and Kenneth Wexler (2004) Article Semantics in L2 Acquisition: The Role of Specificity. *Language Acquisition* 12 (1): 3–69.

Kim, Min-Joo (2019) The Noteworthiness of Some Copular Construction in English. In Sae-Youn Cho (ed.) *Proceedings of GLOW in Asia XII & SICOGG 21*, 126–144. The Korean Generative Grammar Circle.

Kitahara, Yasuo (2003) *Nihon Kokugo Daijiten*. ['Dictionary of Japanese National Language'] 2nd Edition. Tokyo: Shogakukan.

Lee, Kiri and Young-mee Yu Cho (2023) Grammaticalization in Progress — Differing Patterns of Korean and Japanese Plurality. *Asian Languages and Linguistics* 4 (1): 48–75.

Lee, Kiri, Young-mee Yu Cho and Min-Young Park (2018) Unmarked Plurality and Specificity in Korean and Japanese Plural Nouns: A Preliminary Study. In David G. Hebert (ed.) *International Perspectives on Translation, Education, and Innovation in Japanese and Korean Societies*, 121–132. Berlin: Springer.

Murahata, Goro and Yoshiko Murahata (2021) Linguistic Multi-Competence in the Community: The Case of a Japanese Plural Suffix *-tachi* for Individuation. *Applied Linguistics Review* 14 (4): 899–918.

Nunberg, Geoffrey (2006) The Pragmatics of Deferred Interpretation. In Laurence R. Horn and Gregory Ward (eds.) *The Handbook of Pragmatics*, 344–364. Oxford: Blackwell.

Abbreviations

ACC   accusative
CL   classifier

COMP	complementizer
GEN	genitive
HON	honorific
NOM	nominative
PL	plural
SFP	sentence final particle
TOP	topic
Q	question marker

II

ことばの意味・用法

不定の this の新しさについての一考察

荒木琴乃

1. はじめに

指示詞 this には、一般的な定の用法に加えて、歴史的に新しく、インフォーマルな話し言葉で用いられる不定の用法がある (Lakoff (1974), Prince (1981), Wald (1983), Wright and Givón (1987), Gernsbacher and Shroyer (1989), Marchant (1994), Cornish (2001) 他参照)。(1) に現れるこの this は、新しい実体を談話に導入し、不定冠詞 a[n] と置き換えられることから、しばしば「不定の this (indefinite *this*)」と呼ばれている *1。

(1) ［コロナウイルスに敏感になっている時にとった行動について］
The other day I was taking a tube, and *this* guy started coughing so much. On the next stop, I got out and went to the next carriage. 　　　　　　　（荒木 (2023: 43)）

本稿で問いたいのは、この不定の this に伴う指示対象が「新しい」のかということである。先に述べたように、不定の this は「新しい (new)」実体を談話に「導入する (introduce)」と言われており、この時「新しい」とは、受け手が知らず (hearer-new) かつ談話中に現れていない (discourse-new) ことを意味する。しかし一方で、不定の this が既に談話に導入されている指示対象に対して用いられうることを指摘する先行研究がある。例えば、Marchant (1994) は既出の指示対象が後続談話において不定の this で再び指示される場合に着目し、これを this の叙述用法として位置付けている。

不定のthisが一方では新しい実体を導入し、他方では既出の実体を指示するという事実は一見相容れないように思われる。しかし、既出の実体が伴う場合、形容詞による修飾などにより指示対象には新しい情報が伴われることから、前者が指示レベルで新しいのに対して、後者は叙述レベルで新しいと考えることができる。つまり、不定のthisは常に新しさを伴うと一般化することができよう。

　本稿の構成は次の通りである。まず、2節で既出の指示対象に対する不定のthisの使用について考察しているMarchant (1994) を概観する。次に、3節で同様の事例をさらなるデータを踏まえて分析し、不定のthisの特徴を「(指示対象の指示的/叙述的) 新しさ」の観点から論じると共に、同じように既出の指示対象に対して用いられるinformative *this* との比較を通して不定のthisの指示的/直示的性質を明らかにする。さらに、4節では不定のthisが不定冠詞のみならず定冠詞とも置き換え可能である事例を見ることにより、不定のthisの使用可能性への示唆を与えたい。

2. 先行研究

　談話に新しい指示対象を導入すると言われている不定のthisの使用をより大きな談話レベルで見ると、指示対象が既に先行談話に導入されているものが確認される。つまり、主に文レベル、あるいはthisが現れる文とその後の文脈における使用に焦点が当てられてきた不定のthisの重要な特徴は、その分析範囲をthisが現れる前の文脈へと拡大することによって明らかになる。筆者の知る限りにおいて、既に導入されている実体が再び不定の指示表現を用いて言及される事例を観察している先行研究にはMarchant (1994) とWald (1983) があるが、本稿では前者の考察に着目し、そこから浮かび上がる課題を出発点に議論を進めたい。

　Marchant (1994) は、不定のthisが既出の実体、例えば聴者の認知ステータスにおいてin focusにある実体*2を指示するために使用される場合があることを指摘し、このような場合に不定のthisが容認されるのは、不定のthisに不定冠詞と同様に叙述用法がある

からであると述べている*3。叙述用法において、不定冠詞は帰属的構造 X is a[n] NP (=Noun Phrase) に現れ、叙述補部 NP は X に帰属される性質を示す (Huddleston and Pullum (2015: 73))。特記すべきは、この時 NP に「内在する指示表現はない (Lyons (1977: 238)、訳は引用者)」、すなわち、叙述の NP を使うにあたり、話者は指示を意図せず、また、聴者は指示の解決を試みないということである。

(2) で話者は、飲食店が混雑していたために友人たちと一緒にある男性と相席することになった時のことについて話している。その男性が誰であるのか知る由もなく、前日に見た演劇についてベラベラと語っていた話者だが、最終的に友人たちとの会話に入ってきたこの男性が、あろうことか大学で演劇を教える先生であるということが分かった場面で、この男性を不定の this で指示している。

(2) It was too crowded to have our own table, so we had to share it with a man, an uh... we asked him if we could sit with him. [...] And we, and we started talking, about the play we had seen the night before, Richard the Third. [...] And all the time I was talking about this play, [...] this guy was becoming more animated, I mean he was eating but he was kind of listening to what we were saying, and he was squirming around like he wanted to say something. And then finally he jumped into our conversation and it turned out he was not English, but was from a college in Florida somewhere and he taught drama. And so here I am babbling about all my fancy theories about drama and Richard the Third and Stratford on Avon and here was (*this*/ ✓ *a*) drama teacher sitting there.

(Marchant (1994: 54), 丸括弧は引用者)

不定の this は指示対象である演劇教師に対して使われているが、この人物は既に先行談話に導入されており、聴者の認知ステータス

においてin focusにある。したがって、この時最も重要であるのはNPの指示的な内容ではなく叙述的な内容であり、演劇教師としての性質が強調されているのだという。しかし、this drama teacherは、"He is a drama teacher."のような、叙述内容が主語に帰属される構造ではなく、Here構文に現れているため、この帰属的構造は全ての叙述のNPを説明するには不十分であると指摘している。

筆者は、不定のthisに伴われる既出の指示対象の叙述的内容の重要性の点において上の考察を支持する。しかし、このthisが帰属的構造に現れる「叙述用法」であるのかについては議論の余地があるように思われる。さらに、前述の通り、不定のthisがX is a[n] NP以外の構造に現れることについての説明ができていない。そこで、次節では(2)と同様に既出の指示対象に不定のthisが伴う事例を分析し、不定のthisはその指示対象が談話において既出であるか否かによらず指示的、すなわち、this NPは主語を叙述するものではなく、「聞き手が指示を解決できるように、NPの指示内容を伝達する (Marchant (1994: 57))」ものである (ゆえに、thisが帰属的構造に現れていないことは問題とならない) ことを示す。

3. データ分析と議論

本節ではまず、不定のthisの使用に先立って指示対象が談話に導入されているデータを基に指示対象の新しさについて考察し、不定のthisが示す新しさには指示レベルと叙述レベルの新しさがあることを見る*4。すなわち、典型的に不定のthisは新しい指示対象を導入するが (すなわち、指示対象は指示レベルで新しい)、既に談話に導入されている指示対象に伴う場合もあり、この時、しばしば形容詞による修飾により新しい情報を伴うことから、指示対象は叙述レベルで新しい。さらに、後者の場合、話者は新しい属性を伴った指示対象を再構築することを聴者に意図しているのであり、thisは (新しい指示対象を導入する場合同様に) 指示的である。3.2節では、叙述的に新しい不定のthisとGundel et al. (1988) のいうinformative thisとの違いを見ることにより、不定のthisの指示的

性質を明確化する。

3.1 指示レベルと叙述レベルの新しさ

次に示す2つの例は、Jimmy Fallon のトークショー *The Tonight Show* からの抜粋である。(3) では、オーストラリアの俳優 Margot Robbie が友人の結婚前夜のパーティーから結婚式当日にかけて起きた出来事について話している。Margot と友人は酔った勢いでお揃いのタトゥーを入れることになり、その友人の背中にMargot がタトゥーを施すことになった。出来上がったタトゥーを見た友人は、自分が思っていたものとは違ったというような反応を示したものの、結果的には気に入ってくれたという。しかし、"But do you know who was not cool about it?" という一文で、そのタトゥーを気に入らなかった人がいたことが示唆され、パーティーから次の日の結婚式へと場面が変わる。その友人が主たる花嫁付添人の一人として背中が開いたドレスを着て通路を歩いてくるところを描写するこの場面で、Margot は露わになったタトゥーを不定のthis で指示している。

(3) One of my good friends was getting married in Australia and had the hens the night […]. And, of course, there's a lot of drinking, and then we're like, "Oh, we'll get matching tattoos!" 'cause that's a great idea. And, I was tattooing my friend on her back, […] and then when I showed her afterwards, she was like, "Oh. I didn't know that's what I was getting." And I was like, "Oh, God." I was like, "What did you think you were getting?" She's like, "Doesn't matter. Like, I like it either way," and I was lucky she was cool about it. But do you know who was not cool about it? (New Perspective) Her mom, the next day at the wedding, when she walked down the aisle, as one of the maids of honor in a backless dress, and (*this*/ ✓ *a*/*the), like, red, raw, scabbing tattoo. And her mom was filthy with me. She was

——like, rassed at me at the wedding. She was so angry, and I thought, "I really shouldn't do this anymore."

（*The Tonight Show*, 2020.2.5. 括弧は引用者）

　指示対象であるタトゥーは先行文脈で導入されており、また、that や it などの代名詞での指示を受けているため、discourse-old（かつ hearer-old＊5）である。ここで注目すべきは、この指示対象が red, raw という新しい情報を伴っている点である。つまり、指示対象は指示レベルでは古いが、叙述レベルでは新しい。ここで、話者はこの新しい属性を伴ったタトゥーを再構築することを聴者に意図しているのである。このような話者の意図の鍵は談話における話者の視点の変化にある。すなわち、話者は不定の this が現れるストーリーの一幕を、前日のパーティーについて話している先行談話とは異なる結婚式当日の視点（より正確には友人の母の視点）から語っており、この新たな視点から指示対象の再構築を意図しているのである。したがって、this は指示的である。

　次の例においても同様のことが言える。(4) では、アメリカの俳優 Alison Brie が映画撮影のためにコロンビアのジャングルで過ごした時のことについて話している。ターゲットの指示対象はそのジャングルで滞在した家にいたという2羽の鳥であり、6行目で初めてこの鳥に言及している。Alison は、夜中に聞こえていたうるさい音も初めはジャングルだからだろうくらいに思っていたものの、3日目までにはまるで壁の中にいるようだと思うほどにその音があまりにも大きくなったため、音の原因を探すために家を探索することにしたという。この時のことについて話し始める "And sure enough,..."（20行目）からの1文で、その時に見つけた2羽の鳥に不定の these で言及している。

(4)

1　Alison: We shot the first half of the movie in Bogota, which is
2　　　　　a big city. Really fun. Great restaurants. And then
3　　　　　we moved to the jungle for the second half of the

4   shoot.
5 Jimmy: Yes.
6 Alison: I lived in a house with two birds.
7 Jimmy: You lived with them?
8 Alison: I lived in the birds' house is another way to put it.
9   [7 lines omitted]
10 Alison: And the first couple of days that I'm there, I drop my
11   stuff, I'm working, and in the middle of the night, I
12   just heard a lot of loud squawking.
13 Jimmy: Yeah.
14 Alison: And I just sort of thought, "I'm in the jungle now."
15 Jimmy: Yes.
16 Alison: Like, you know.
17 Jimmy: Get used to it. This is what it is—the jungle.
18 Alison: But by the third day I was like, "This squawking is
19   crazy. It feels like they're in the walls." (New
20   Perspective) And sure enough, I walk—I do some
21   exploring around the house, and I walk around the
22   side of the house and built into the house is a bird
23   cage with *these* two beautiful macaws, like *these*
24   large, colorful birds.
25 Jimmy: Ooh. [Shows a photo of the birds]
26 Alison: These birds are in a cage built into the side of the
27   house.
28   I'm like, "What's happening?"
29 Jimmy: Wow.   (*The Tonight Show*, 2022.4.5. 括弧は引用者)

この指示対象は、Alison が鳥の話をし始めた時点（6行目）で既に導入されているため、discourse-old（かつ hearer-old）である。しかし、beautiful, large, colorful という新しい情報を伴い、また、鳥の種類（macaw）が特定されているため、指示レベルでは古いが叙述レベルでは新しい。家の探索の場面（20-24行目）において、

Alison はこれらの新しい属性を伴った指示対象を再構築することを Jimmy に意図しているのである。ここでもまた、20 行目以降の話者の視点は、騒音についてどう思っていたかを述べている先行談話（10–19 行目）とは異なる。言い換えれば、家の探索に先行する談話は、驚きの音調と表情豊かなジェスチャーを伴って発話されるストーリーのオチ（22–24 行目）の前置きとしての位置づけである。

　上記の分析を踏まえ、Marchant (1994) が不定の this の叙述用法として説明している（2）を再考したい。既に見たように、ターゲットの指示対象は不定の this での指示に先立って導入されており、man, guy, he で指示されている。したがって、this drama teacher は指示レベルでは古いが叙述レベルでは新しい。では、このような不定の this は「叙述用法」と言えるのだろうか。そうであるならば、2 節で言及したように、叙述の NP に内在する指示表現はなく、したがって、話者は指示することを意図せず、また、聴者は指示の解決を試みないということになる。しかし、(3) と (4) で見たように、いずれの例においても、話者は this NP によってもたらされる新しい属性と共に指示対象を再構築することを聴者に意図しているのであり、これは話者の指示の意図を肯定する。すなわち、例えば "(I met a guy.) He is a drama teacher." のような帰属的構造において、叙述補部 a drama teacher によってもたらされる性質は、それが帰属される主語 He を修飾するが、(2) における NP drama teacher は、既に構築されている指示対象を修飾することがその役割なのではなく、"And so here I am..." で切り替わる新たな視点から、演劇教師であるという性質と共にその男性を再構築することを意図するものである。したがって、(2)–(4) の不定の this は叙述用法ではなく指示的用法である。

　本節では、既に談話に導入されている指示対象に伴う不定の this について論じ、その使用に際して、話者は新たな視点から新しい属性を伴った指示対象を再構築することを聴者に意図していることを示した。ここで明確にしておきたいのは、このような不定の this が、Gundel et al. (1988) のいう informative *this* とその本質を異にするということである。次節では、これら 2 つの this の違いを見るこ

とにより、不定のthisに伴う（指示レベルでは古いが）叙述レベルで新しい指示対象が指示的であることを明示したい。

3.2 不定のthisとinformative *this*

本節では、叙述レベルで新しい指示対象と共に使われる不定のthisとinformative *this* は、新しい情報を伴う既出の指示対象に対して使われるという点で共通するが、指示詞としての基本的な機能において異なることを示す。

Gundel et al. (1988) は、非対話型のジャンルのみで見つかり、より多くの情報を伴って指示対象を再描写するthisをinformative *this* と呼んでいる。このthisは、典型的に既にin focusにある指示対象を再描写し、追加の情報を含まなければ無強勢の代名詞で指示できるという。(5) の新聞のストーリーでは、このテキストのトピックであるJudge Kennedyが、次の文でthisを伴うNPで再描写されているが、このNPは、thisに伴う一連の新しい情報を含まなければ、最も強い指示表現形式である代名詞heで置き換えることができる（Gundel et al. (1988)）。

(5) Nearly lost in the polemic was Judge Kennedy himself. That was ironic, because in many ways (*this*/*a) former small-city lawyer with the stable marriage and three attractive children and the fine reputation appears to personify just those values that made the image of Ronald Reagan so attractive after the convulsions of the 1960's and 1970's.

（Gudel et al. (1988: 220), 丸括弧は引用者）

Oh (2001) もまた、同様のthis、特に広告において製品に言及する際に使われるthisについて論じている。Oh (2001) は、回復不可能なもの（new）として扱われる情報は、必ずしもこれまでに言及されてこなかったものであるとは限らないとし、これにより、既に「与えられた（given）」実体がthisによる指示を受けるための「新しさ（newness）」を維持できると指摘している。広告者は、製

品の新しい側面を強調し、その製品を異なる視点から見ることを読者に知らせたい時に it よりも this を好むという。例えば、(6) では Dazzling White というホワイトニングの歯磨き粉についての新しい情報、すなわち「臨床的に実証されている」という情報が強調されているが、この情報が付加されることにより、読者は紛れもなくその商品をより魅力的なものとして認識するだろう。

(6) Dazzling White is the whitening toothpaste with safe, maximum strength peroxide whitening power. It can safely whiten teeth up to 5 shades. (*This/*A*) *revolutionary, clinically proven brush-in formula* is recommended by dentists for at-home use.　　(Oh (2001: 136), 丸括弧は引用者)

既に述べたように、叙述レベルで新しい指示対象に伴う不定の this と informative *this* には、新しい情報をもたらす既出の実体と共に使われるという共通点がある。一方で、両者には（それらが使われる文章のジャンルやスタイルを超えた）ある重要な側面において決定的な違いがある。それは、this が聴者と共有された発話状況に存在する実体を指示するかのような直示的性質を持つのか、あるいは先行談話で共有された実体を同一指示するという照応的性質を持つのかの違いである。

(5) と (6) から分かるように、informative *this* に先行される NP は、追加の情報を含まなければ最も強い指示表現形式である代名詞で置き換えられる一方、不定の this を伴う NP を代名詞で置き換えることはできない（このような違いは、それぞれを不定冠詞で置き換えた時の文法性にも表れている）。これは一見、指示対象についての聴者の認知ステータス、すなわち、指示対象が in focus にあるか否かに帰属できるように思われるかもしれない。しかし、本稿で見てきたように、不定の this も in focus にある指示対象に対して使われうるため、その理由を認知ステータスに帰属することはできない。

ここで重要なのは、指示対象についての認知ステータスではなく、

thisの機能、すなわち、informative *this* は照応的に、一方の不定のthisは直示的に機能しているという点である。つまり、前者が「聴者が既に注意を向けている特定の項目に対する焦点を維持する（Ehlich（1982: 330)、訳は引用者）」ことを受け手に要求するのに対して、不定のthisは前に導入された項目を新たな視点*6から再構築することを聴者に意図するという点で両者は性質を異にする。新しい情報をもたらす既出の実体と共に使われるという核となる特徴を共有するthisの2つの用法のこのような違いは、不定のthisの指示的/直示的性質を鮮明にする。

　本節では、不定のthisは指示レベル、あるいは叙述レベルの新しさを伴い、後者の場合の不定のthisもまた（叙述用法ではなく）指示的/直示的用法であることを示した。これまでの議論を踏まえ、不定のthisに伴う指示対象の新しさに対する疑問への答えとして、不定のthisの特徴を次のようにまとめたい。

(7) 不定のthisは常に（指示的または叙述的）新しさを伴う*7。典型的には新しい指示対象を導入し、したがって、指示対象は指示レベルで新しいが、既に談話に導入されているものに伴うこともあり、この時、形容詞による修飾などにより新しい情報を伴うことから、指示対象は叙述レベルで新しい。後者の場合、不定のthisは既出の指示対象を新たな視点から新しい属性と共に再構築することを聴者に指示する。つまり、いずれの場合においても、不定のthis（を伴うNP）は、指示内容を伝達する指示的性質、また、聴者と共有された発話状況に存在する（かのように）実体を指す直示的性質を有する。

　最後に、4節で不定のthisと（不）定冠詞の選択についての一考を通して、談話における不定のthisの役割とその使用可能性へ示唆を与えたい。

4. 不定の this と（不）定冠詞の選択

不定の this は不定冠詞 a[n] と置き換えられるため、その特徴は不定冠詞との比較の観点から論じられてきた。しかし、これは不定の this の使用が、不定冠詞が使われうる文脈に限定されることを意味するのだろうか。多くの文献において、不定の this は定冠詞と代替不可能であることが指摘されているが、それは、それぞれが指示対象についての聴者の異なる認知ステータスを前提とするためである。すなわち、不定の this が、話者が想定する特定の実体の存在を示すのに対して、the の使用は聴者が特定することのできる唯一的な指示対象の存在を知らせる（Prince (1981), Marchant (1994), Ionin (2006) 参照）。Ionin (2006: 193) はさらに踏み込んだ議論を展開し、「全ての特定的定の環境において、不定の this ではなく the が使われるだろう（訳は引用者）」とも述べている。

定冠詞は不定冠詞や不定の this よりも高次の認知ステータスを満たすため、聴者が指示対象を唯一的に特定できる時にはいつでも定冠詞が使われるというのは一見妥当であるように思われる。さらに、本稿を通して、同じ文脈において話者は、不定の this の代わりに不定冠詞を使うことができても、定冠詞を使うことはできないことを見てきた。しかし、依然として不定の this と（不）定冠詞との代替可能性についての疑問は残る。なぜなら、(8) のように this が a と the の両方と置き換えられるものが散見されるからである。

(8) では、コロンビアの歌手 Maluma と Jimmy が、アメリカで毎年開催されるファッションの祭典 Met Gala で Katy Perry が着ていたハンバーガーの衣装について話している。両者がこの会話に先行して彼女の衣装について知っており、また、その写真が会話中に提示されているため、this と共に現れる 26 行目までにその衣装は複数回言及されている。

(8)

1　Maluma: Her outfit was amazing. A chandelier and after that a
2　　　　　　hamburger.

3	Jimmy:	Yeah. She started off the night as a chandelier.
4		[Shows a photo of her in a chandelier outfit]
5		Which I love Katy Perry for doing that.
6	Maluma:	Hey, Katy, I love you. I'm not making fun of you.
7	Jimmy:	No, no, no. No, no. I love her. I think she's great.
8		But this is even better. She topped this by changing
9		into a hamburger outfit. [Switches the photo to the
10		one she is wearing a hamburger outfit] This is the
11		real deal.
12	Maluma:	Dude, I love it.
13	Jimmy:	I love it, too. [Puts away the photo] Did you see
14		the video of her with J.Lo in the women's room?
15	Maluma:	Yeah.
16	Jimmy:	She was changing into her hamburger outfit.
17	Maluma:	That was — you know, that was so crazy because
18		the chandelier was her first outfit, right? So, when
19		we went to the table, she wasn't there with us but
20		— so I was asking to everybody, "Hey, where is
21		Katy Perry?" Everybody was "No, she's changing."
22		Changing? She was just wearing a chandelier?
23	Jimmy:	Yeah. What's she changing into? Yeah. How can
24		you top a chandelier?
25	Maluma:	Exactly, and then she came to the table, man, with
26		(*this*/ ✓ *a*/ ✓ *the*) huge, huge hamburger outfit.

(*The Tonight Show*, 2019.05.15. 括弧は引用者)

　Maluma の最終発話に現れるこの this は不定の this である。なぜなら、不定冠詞と置き換えることができ、叙述レベルで新しい指示対象に使われる不定の this の特徴を満たすからである。すなわち、指示対象は huge という修飾語を通して新しい情報をもたらし、また、Maluma は17行目 "That was ..." から、Met Gala での個人的な経験の視点から話をしている。ここで、彼はこの新しい視点か

不定の this の新しさについての一考察　33

ら新しい性質と共に指示対象であるハンバーガーの衣装を再構築することをJimmyに意図しているのである。しかし、一方でこのthisは定冠詞とも置き換えられることに注目したい。これはMalumaとJimmyとの間でKatyのハンバーガーの衣装が視覚的に共有されており、したがって、Jimmyにとってその衣装は唯一的に特定可能だからである。つまり、Jimmyは（たとえ指示対象が先行談話で明示的に表現されていない言語的に新しい情報hugeを伴うとしても）、指示表現のみをもってその表示を回復することができる（Gundel et al. (1993: 277–278) 参照）。

　以上の考察を踏まえると、指示対象が唯一的に特定可能である時にはいつでも定冠詞が使われるとは限らない。叙述レベルで新しい指示対象に使われる不定のthisの条件、すなわち新しい情報をもたらし、話者の視点の変化を含むという2つの条件を満し、同時に唯一的に特定可能であるという定冠詞の使用のための認知ステータスが満たされる時、話者は不定のthisと定冠詞のいずれかを選択できると言えよう*8。

　とはいえ、それぞれの指示表現が異なる処理的手続きを指示するものであることには変わりない。つまり、定冠詞の使用が既に話者と共有されている唯一的な指示対象を想定することを聴者に予期するのに対して、不定のthisは共有されている視点とは異なる話者の視点から指示対象を再構築することを聴者に意図する。言い換えれば、表示を「回復」することを聴者に指示する定冠詞と異なり、不定のthisは別の表示を「構築」することを聴者に指示する（Gundel et al. (1993) 参照）。したがって、話者が不定のthisの機能を活かしたい時に定冠詞よりも不定のthisが優先されると言える（不定のthisとa[n]の選択についても同様である）。この観察はより広い文脈での不定のthisの使用可能性を示唆すると共に、談話における不定のthis特有の役割を浮き彫りにする。

5. おわりに

　本稿は、指示詞thisの一般的な定の用法とは異なる「不定の

this」に焦点を当てた。新しい実体を談話に導入し、不定冠詞と置き換えられることからその名が付けられているこの this が、既に談話に導入されている指示対象に対して用いられる場合もあることを指摘する研究があることを踏まえ、本稿では不定の this に伴う指示対象の新しさについて考察した。

　不定の this が既出の実体に対して使われる場合について論じるにあたり、まず、2 節でそれを不定の this の叙述用法として位置付ける Marchant（1994）を概観した。そして、この this が帰属的構造 X is a[n] NP に現れる不定冠詞の持つ叙述用法と同じように考えられると結論付けるための議論が十分であるとは言えないこと、また、X is a[n] NP 以外の統語構造に現れる不定の this に対して十分な説明が与えられていないことを踏まえ、3 節でさらなるデータベースの分析を行った。その結果、一見相反するように思われる不定の this の 2 つの事例、すなわち、不定の this が新しい実体を談話に導入する場合と既出の実体に伴う場合を、それぞれ指示的な新しさと叙述的な新しさの観点から捉え直すことにより、不定の this は常に新しさを伴うと一般化できることが示された。不定の this が叙述的に新しい指示対象に対して使われる時、話者は新たな視点から新たな性質と共に指示対象を再構築することを聴者に意図している。つまり、この場合の不定の this NP は、指示内容を伝達する指示的なものであり、また、（指示的に）新しい指示対象に対して使われる場合同様に、聴者と共有された発話状況に存在する実体を指すかのような直示的性質を持つ。続いて、3.2 節では叙述的に新しい指示対象に伴う不定の this と informative *this* の違いを見ることにより、不定の this の指示的/直示的性質を明確化した。両者は、新しい情報を伴う既出の実体に対して使われるという重要な特徴を共有するが、直示的であるか照応的かであるというその基本的な部分において性質を異にする。最後に、4 節で定冠詞の使用が想定される文脈における不定の this の使用を観察することにより、不定の this の使用範囲の可能性、すなわち、不定冠詞だけでなく、定冠詞の使用が容認される文脈で使用されうる可能性を示唆するとともに、既に聴者と共有されている指示対象の表示の「回復」ではなく「構築」

の指示という不定の this が談話で果たす役割を明らかにした。

　本稿は、指示表現の選択に関して次のような示唆を与えると考える。まず、高次の認知ステータスが満たされ、したがって、話者が定冠詞 the のようなより高次の形式を使うことができる場合でも、不定の this と不定冠詞 a[n] のようなより低次の指示表現形式が使われる可能性が示される。また、指示表現形式の選択及び容認度に影響を与える認知ステータス以外の要素として、指示対象が指示レベルで新しいのか叙述レベルで新しいのかという新しさの概念、話者がどのような視点からどのような意図をもって実体を指示するのかという話者の視点と意図、さらには、談話がフォーマルであるのかインフォーマルであるのかという談話のスタイルの意義が示唆されるだろう。

注
＊1　不定の this で導入される指示対象は後続談話で繰り返し言及される傾向があることから、"Listen to *this* (*that): John will move to Hawaii."（Diessel (1999: 102)）に例示される、this が後続談話を指す指示代名詞の後方照応用法との関連が指摘されている。しかし、(1) のように指示対象への言及が一度限りであるような場合も見受けられることから、荒木 (2023) では不定の this を後方照応用法ではなく、"Look at *this* cat." のような発話に代表される、聴者と共有された発話状況に存在する実体を指す空間の直示用法との関連から論じている。
＊2　指示表現の形式に関連して6つの認知状態が存在し、話者は、ある特定の形式を使用する時、関連する聴者の認知ステータスが満たされていると想定する。それらの認知ステータスのうち、最上位にあるのが in focus であり、例えば、代名詞 it の使用は、指示対象が短期記憶にあるだけでなく、現在の注意の中心にあることを表す（Gundel et al. (1993)）。
＊3　以後、例文中の✓と＊は、不定の this を不定冠詞または定冠詞で置き換えた時の文法性を表し、それぞれ「文法的（自然）」「非文法的」であることを示す。
＊4　本稿では、既出の実体が同じ文の繰り返し文で不定の指示を受けているものや、this が不定と無強勢の照応用法との間で曖昧であるものについては分析対象から除外する。例えば、(ic) に現れる lady は、(ia) の繰り返しと考えられる文で再び不定表現を用いた指示を受けている。
　(i) a. there's *a* lady that went on a roller coaster.　(introduction of referent)

b. No, not really a roller coaster. You know Knotts Berry Farm, that thing that goes up?（break）
　　c. There's *this* lady that went on....（recycle of introduction of referent）
　　　　　　　　　　　　　　　　　　　　　　　　　（Wald (1983: 111)）

*5　hearer-new/hearer-old は、ある実体を聴者が既に知っているか否かという聴者に関する情報ステータスを、discourse-new/discourse-old は、ある実体が先行談話に既に現れているか否かという談話に関する情報ステータスを示す。これら2つのステータスは部分的に相互に独立しており、discourse-old は hearer-old を、hearer-new は discourse-new を含意する（Prince (1992)）。

*6　Oh (2001) のいう「視点の変化」と不定の this の使用における「視点の変化」の意味するところは異なる。すなわち、informative *this* が、指示対象への注意を維持しつつ、それを異なる角度から見ることを受け手に要求する一方、不定の this は、this が現れるまでの談話の視点とは異なる（過去のある地点の）話者の視点を適応するように受け手を導く。つまり、前者は問題となっている指示対象に対する受け手の中での見方の変化、後者は聴者自身の視点から他者（すなわち、話者）の視点への変化である。

*7　不定の this の新しさはこの2種類に限られないと思われる。Wald (1983) は、不定冠詞 a[n] や不定の this で導入された指示対象が、談話の後半で再び不定のもの（indefinites）として言及される事例を観察しており、彼の考察によれば、既に知られている指示対象を不定のものとして示すことは、新しい談話単位（discourse unit）への移行を意味する。これは、（不）定冠詞による標識が談話単位ごとに規定され、それぞれの談話単位における最初の指示の全てを不定冠詞で示すことができるようになったという歴史的進化に由来する。不定の this で標される既出の指示対象が何ら新しい情報を伴わない事例の存在は、不定の this が談話単位の新しさの点から説明されうる可能性を示唆する。

*8　不定冠詞と不定の this の選択において、後者の使用は任意的であると言われているが、a[n] よりも this が優先される場合もある。例えば、「不定冠詞（の使用）では、そもそもなぜその発言がなされるのかを説明するのに十分な情報が提供されない（Ionin (2006: 194)、訳は引用者）」(ii) のような場合である。

　　(ii) A: Why do you like him?
　　　　 B: Oh, he has this/#a nose...　　　　　　　　（Ionin (2006: 194)）

参考文献

荒木琴乃 (2023)「不定の this の直示性についての一考察」『英語学英米文学論集』49: 43–60. 奈良女子大学英語英米文学会.
Cheshire, Jenny (1989) Addressee-Oriented Features in Spoken Discourse. *York Papers in Linguistics* 13: 49–63.
Cornish, Francis (2001) 'Modal' *That* as Determiner and Pronoun: the Primacy of the Cognitive-Interactional Dimension. *English Language and Linguistics* 5 (2): 297–315.
Diessel, Holger (1999) *Demonstratives: Form, Function, and Grammaticalization.* Amsterdam: John Benjamins.

Diessel, Holger (2006) Demonstratives, Joint Attention, and the Emergence of Grammar. *Cognitive Linguistics* 17 (4): 463–489.

Ehlich, Konrad (1982) Anaphora and Deixis: Same, Similar, or Different?. In Jarvella, Robert J. and Wolfgang Klein (eds.) *Speech, Place, and Action: Studies in Deixis and Related Topics*, 315–338. New York: John Wiley & Sons.

Gernsbacher, Morton A. and Suzanne Shroyer (1989) The Cataphoric Use of the Indefinite *This* in Spoken Narratives. *Memory & Cognition* 17 (5): 536–540.

Gundel, Jeanette, Nancy Hedberg and Ron Zacharski (1988) On the Generation and Interpretation of Demonstrative Expressions. *Proceedings of the 12th conference on Computational linguistics* 1: 216–221.

Gundel, Jeanette K., Nancy Hedberg and Ron Zacharski (1993) Cognitive Status and the Form of Referring Expressions in Discourse. *Language* 69: 274–304.

Huddleston, Rodney and Geoffrey K. Pullum (eds.) (2015) *A Student's Introduction to English Grammar*. Cambridge: Cambridge University Press.

Ionin, Tania (2006) *This* is Definitely Specific: Specificity and Definiteness in Article Systems. *Natural Language Semantics* 14: 175–234.

Lakoff, Robin (1974) Remarks on *This* and *That*. *Papers from the 10th Regional Meeting of the Chicago Linguistic Society*, 345–356.

Lindemann, Sofiana (2020) *Special Indefinites in Sentence and Discourse*. Tübingen: Francke Attempto Verlag.

Lyons, John (1977) *Semantics: Volume 2*. Cambridge: Cambridge University Press.

Lyons, John (1982) Deixis and Subjectivity: *Loquor, ergo sum*? In Robert J. Jarvella and Wolfgang Klein (eds.) *Speech, Place, and Action: Studies in Deixis and Related Topics*, 101–124. New York: John Wiley & Sons.

Marchant, Alison A.H. (1994) Indefinite *This* and the Givenness Hierarchy. *Theses (Dept. of Linguistics) Simon Fraser University*, 1–68.

Oh, Sun-Young (2001) A Focus-Based Study of English Demonstrative Reference. *Journal of English Linguistics* 29 (2): 124–148.

Prince, Ellen F. (1981) On the Inferencing of Indefinite-*This* NPs. In Aravind K. Joshi, Bonnie L. Webber and Ivan A. Sag (eds.) *Elements of Discourse Understanding*, 231–250. Cambridge: Cambridge University Press.

Prince, Ellen F. (1992) The ZPD Letter: Subjects, Definiteness, and Information-Status. In William C. Mann and Sandra A. Thompson (eds.) *Discourse Description: Diverse Linguistic Analyses of a Fund-Raising Text*, 295–325. Amsterdam: John Benjamins.

Wald, Benji (1983) Referents and Topics within and across Discourse Units: Observations from Current Vernacular English. In Flora Klein-Andreu (eds.) *Discourse Perspectives on Syntax*, 91–118. New York: Academic Press.

Ward, Gregory and Betty Birner（1995）Definiteness and the English Existential. *Language* 71 (4): 722–742.

Wright, Sue E. and Thomas Givón（1987）The Pragmatics of Indefinite Reference: Quantified Text-Based Studies. *Studies in Language* 11: 1–33.

用例出典

The Tonight Show. Margot Robbie Retires from Tattooing Friends After Almost Ruining a Wedding, 2020.2.05.〈https:www.youtube.comwatch?v=mFNeNnSrep4&list=RDm7hUc56N0RA&index=46〉参照日 2024.3.17.

The Tonight Show. Alison Brie Shared a House with Birds in Colombia, 2022.4.5.〈https:www.youtube.comwatch?v=mhfAq6NyWsc〉参照日 2024.3.17.

The Tonight Show. Maluma Spills on Katy Perry's Burger Costume Madness at the Met Gala, 2019.05.15.〈https:www.youtube.comwatch?v=eeiCSi6wsT4〉参照日 2024.3.17.

認識的用法の Must と Will の使用について

松永香奈

1. はじめに

認識的モダリティ（epistemic modality）は、命題の真実性に対する話者の判断や態度に関わるものとされており、認識的用法の must と will は、命題が真であると話者が自信を持って判断するときに用いられる。(1) は認識的用法の must と will が使用された例である。

(1) A: Someone's knocking at the door.
    B: That *must/will* be Linda.

（柏野（2012: 32））

しかし、これらは全く同じ状況で用いられるわけではない。本稿では、認識的 must と will が現在時に言及して用いられる場合の違いについて明らかにすることを目的とする。証拠性（evidentiality）と因果性（causality）という2つの観点から議論するが、証拠性では説明できない例を因果性で説明できることから、因果性が must と will の違いにおいて大きな影響を及ぼすということを提案する。

2. 認識的用法 Must と Will の特徴

本節では、認識的用法の must と will の特徴を確認する。はじめに must の特徴を、次項で will の特徴を扱う。

2.1 Must の特徴

Coates（1983）によると、認識的 must は命題の真実性に対する

話者の自信を表す。その話者の自信は、話者が知っている事実に基づく推論の論理的プロセスによるものである。また、認識的 must を使うとき、命題には現在や過去の事象が表れるが、通常、未来の事象を表すことはできない。これらの例を（2）に示す。

(2) a. The ground *must* be wet.
　　b. It *must* have rained yesterday.
　　c.* The plane *must* land in a few minutes.

（Rivière (1981: 181)）

さらに、(3) と (4) のように、I'm sure, surely, certain などの表現や、I think, I mean, I suppose などのヘッジ表現とよく共起する（Coates (1983)）。

(3) there /*must* be a 'lot more 'to it than: that#*I'm sure* it 'wasn't just that# - because they ap/pear to / ... / get /on 'very well#

（Coates (1983: 41)）

(4)　　B: /is it, nice# /getting it sort of settled#
　　NSC: (laughs) I think it's nice to have a few sort of em - pinpoints in the future.. -
　　B: /*I think* it '*must* be, very 'nice#　　（ibid.: 41）

2.2　Will の特徴

Coates (1983) によると、認識的用法の will は命題の真実性に対する話者の自信を表している。その命題には現在の事象のみ表れる。これらの例を (5) に示す。

(5) a. A commotion in the hall ... "That *will* be Celia," said Janet.
　　b. that *will* be Celia ≡ [I predict [that is Celia]]

（ibid.: 177–178）

また、認識的 will は、I'm (quite) sure, certain, almost definitely などの表現とよく共起する。

(6) *I am sure* he *will* now talk about how the earlier materials were all full of errors and thus everyone has to re-train, once again, from the ground up. (COCA)

3. 証拠性

本節では、証拠性の観点から認識的 must と will を考察する。初項では先行研究として柏野 (2012) を参照し、次項では柏野の論に基づきデータを検証する。最後に証拠性の観点で認識的 must と will について議論する。

3.1 先行研究

柏野 (2012) は、命題が現在時に言及して使用されるときの認識的 must と will について議論している。認識的 must を使う場合は、「入手できる証拠」から確信を持って推論することを表し、その「入手できる証拠」は発話の直前に得られている。一方、認識的 will は、「以前からの知識」に基づき確信を持って予測することを表す。ここでの「以前からの知識」とは、以前からの知識、常識、経験などを示している。また、「以前からの知識」は発話時より少し前に獲得されている。これらを表す例文が (7) である。

(7) John *will* be in his office now. Yes, the lights are on, so he *must* be there.
（ジョンはいまオフィスにいると思う。ほら、明かりがついているからきっといるよ。）
(Palmer (1979: 47), 柏野 (2012) による翻訳)

ただし、must を使う場合、「以前からの知識」に基づく推論も可能であると言われている。

(8) (Epistemic) *must* means that the speaker has drawn a conclusion from things already known or observed.

（認識的な意味を表す）*must* はすでに知られている、あるいは観察されている事柄から話し手が結論を引き出すという意味を表す。

(Quirk et al. (1985: 225)，柏野（2012）による翻訳)

(9) The doorbell rang. Thornton looked surprised. "That *must* be Judge Winsted and John Randall," Daley said quickly. "I took the liberty of asking them to join us."

(H. Robbins, *The Lonely Lady*)

玄関のベルが鳴った。ソーントンは驚いたような表情を見せた。「きっとウィンステッド判事とジョン・ランドールですよ」と（他人の家にいる）デイリーはすかさず言った。「勝手ですが、来るように頼んでおいたのです」

(柏野（2012: 36))

以上のことから、認識的 must は will よりも使用範囲が広く、無標の助動詞と言われている。

3.2 証拠性に関する分析

柏野（2012）の論に基づき must と will のデータを検証する。まずは、must についての例を参照されたい*1。

(10) His forehead is hot and clammy. He said, "I *must* have a temperature."

(10) で話者は、発話の直前に「彼（話者自身）の額が熱く、湿っぽい」という証拠を入手し、その証拠に基づき「私は熱があるにちがいない」と推論している。その証拠は発話の直前に入手されており、柏野の言う「入手できる証拠」に相当すると考えられる。もしくは、熱があるとき額は熱くて湿っぽいという知識をもとに推論している。その知識というのはある種の一般常識であり、発話時に

獲得されたものでもなく、以前から話者の中に持っていた知識である。そのため、(10) は以前からの知識に基づく推論ともいえる。よって、(10) は「入手できる証拠」「以前からの知識」の両方に基づく推論であるといえる。

次の例 (11) は小説からの実例である。

(11) [The scene after the main character, Lucy, exchanged a room with Mr Emerson.]
It was then that she saw, pinned up over the washstand, a sheet of paper on which was scrawled an enormous note of interrogation. Nothing more. [...] She was seized with an impulse to destroy it, but fortunately remembered that she had no right to do so, since it *must* be the property of young Mr Emerson.　　　(E. M. Forster, *A Room with a View*)
ミス・バートレットは洗面台の上にピンで留めてある一枚の紙に気がついた。紙には大きな疑問符が書いてあるだけだった。ほかには何も書かれていなかった。(中略) 彼女は破り捨てたい衝動に駆られたが、幸いなことに、その張り紙は若い方のエマーソンの所有物で、自分にはそんなことをする権利がないことを思い出した。

(11) で話者は Mr Emerson と交換した部屋に紙が留めてあることに気が付く。彼の部屋に留めてあったその紙を証拠にその紙が Mr Emerson の所有物であることを推論している。この証拠は発話時に入手可能であり、柏野のいう「入手できる証拠」に相当すると考えられる。一方で、この部屋は先ほどまで Mr Emerson が使っていたという話者の中にある以前からの知識に基づく推論であるともいえる。そのため、(11) も「入手できる証拠」と「以前からの知識」の両方に基づく推論をしていると考えられる。

(10)–(11) より、must を用いたとき、「入手できる証拠」「以前からの知識」のどちらに基づく推論も可能であるとわかる。

次に、認識的 will を用いた例を検証する。

(12) Someone is in the office now, so the lights *will* be on.

　(12)で話者が、誰かがオフィスにいるということを証拠に予測した場合は、これは「入手できる証拠」に基づく予測であるといえる。もしくは、話者が、誰かがオフィスにいるときは普通明かりがついているという知識をもとに予測したとすれば、これは「以前からの知識」に基づく予測であるといえる。
　(13)は小説からの実例である。

(13) 'Come away from the window, dear,' said Miss Bartlett. 'You *will* be seen from the road.'
(E. M. Forster, *A Room with a View*)
「窓から離れなさい。」バートレットさんが言った。「道路から丸見えよ」
(訳は引用者)

　(13)の話者が、聞き手が窓の近くにいるという発話時に入手できる証拠をもとに予測しているとすれば、これは「入手できる証拠」に基づく予測である。一方で、窓の近くにいたら外から見えるという話者の中に以前からある知識をもとに予測しているならば、これは「以前からの知識」に基づく予測であるといえる。
　柏野によると、認識的 will は「以前からの知識」に基づく予測のみ容認できるとあったが、(12)–(13)より、「入手できる証拠」「以前からの知識」のどちらに基づく予測も可能であると言えるのではないだろうか。
　しかし、「入手できる証拠」「以前からの知識」のどちらにも基づくことが想定されていても、will が容認不可となる例もある。

(14) [The speaker's son is in another room. When his son is awake, he is always noisy.]
　　　*It is so quiet, so he *will* be asleep now.

　(14)で話者は、とても静かであるということを証拠に予測して

いるので、「入手できる証拠」に基づく予測だといえる。または、起きているときはうるさいという話者の中に前からある知識をもとに予測したと考えると、これは「以前からの知識」に基づく予測である。このように、(14) は「入手できる証拠」「以前からの知識」のどちらに基づく予測も可能であるが、容認不可となっている。(14) からもわかるように、証拠性ではwillの容認度に差が出ることの説明がつかない。よって、これらの容認度に他の要因が関係していると考えられる。

4. 因果性の方向性

本節では、認識的mustとwillの使用に関して、因果性の方向を新たな条件として提唱する。因果性の先行研究としてRivière (1981) を取り上げ、その後、因果性が認識的mustとwillの使用法に導入できるかどうか検証する。

4.1 先行研究

4.1.1 Rivière (1981)

Rivière (1981) は、蓋然性を表すshouldについて議論し、mustと比較している。多少の意味の違いはあるが、(15) のように両者は置き換え可能な場合がある。

(15) a. According to the schedule, they *must* be working on the engine now.
　　 b. According to the schedule, they *should* be working on the engine now. 　　　　　(Rivière (1981: 181))

しかし、(16) のようにmustをshouldで置き換えることが不可能な場合もある。

(16) a. So you know Albert Smith, the poet, you *must* read a lot.

  b. *So you know Albert Smith, the poet, you *should* read a lot. (ibid.: 181)

次に、(17) を例に命題 PQ の関係性について考察する。

(17) P- You live in Oxford, Q- you *must/should* know Prof. Fen then. (ibid.: 182)

 話者は命題 P (You live in Oxford) から、命題 Q で示された事象 (you know Prof. Fen) を推論する。このときの PQ の現実世界における因果関係を考えると、(18) のようになる。

(18) (a = P) You live in Oxford.
   (b = Q) You know Prof. Fen.
   (a) is the cause of (b). (ibid.: 182)

 (18) に表れる因果関係を言い換えると、「Oxford に住んでいることで、Prof. Fen と知り合いになれる (Living in Oxford enables you to know Prof. Fen)」となる。(18) から引き出された (19) について、(i) は (ii) の原因であり、話者は (i) (=原因) から (ii) (=結果) を推論している。この場合、must / should の両方が適格となる。

(19) a. (i) You live in Oxford, (ii) you *must* know Prof. Fen then.
   b. (i) You live in Oxford, (ii) you *should* know Prof. Fen then.
   (i) is the cause of (ii)
   from (i) the speaker infers (ii) (*must/should*).
(ibid.: 183, 一部改変)

 また、(18) から (20a) を引き出すことも可能だが、(20b) は

不適格となる。このとき、話者は（ii）（＝結果）から（i）（＝原因）を推論している。

(20) a.　(ii) You know Prof. Fen, (i) you *must* live in Oxford.
　　 b. * (ii) You know Prof. Fen, (i) you *should* live in Oxford.
　　　　(i) is the cause of (ii)
　　　　from (ii) the speaker infers (i) (*must*/ **should*)

(ibid.: 183)

　これらの例からRivièreは次のような仮説を導く。mustは因果関係の双方向からの推論が可能である。つまり、原因から結果への推論、結果から原因への推論の両方が可能である。一方shouldは、因果関係の単方向の推論、つまり、原因から結果を推論するもののみ可能である。

4.2　因果性に関する分析

　本項では、前項でみた因果性の観点からmust/willのデータを分析する。Rivière（1981）によると、mustを使う場合、原因から結果、結果から原因の双方向からの推論が可能である一方、shouldは原因から結果という単方向の推論のみ可能である。これらをmustとwillの比較に適用し、例文を検証する。また、例文中の命題はすべて現在の事象を表すものとする。

4.2.1　Mustを使用した例文の検証

　例文はthe asserted clause（主張している節）とthe inferred clause（推論節）の2つの部分で構成されている。それぞれの節の命題について、現実世界における因果関係を考え因果性の方向について考察する。また、例文の容認度は英語母語話者により判断されたものである。

(21) a. He is working too much these days, so he *must* be tired.

b. He is tired, so he *must* be working too much these days.

　(21)に表れている2つの命題について、現実世界における因果関係を考えると、「He is working too much these days」が原因、「he is tired」が結果である。

　(22)　(i) He is working too much these days.
　　　 (ii) He is tired.
　　　 (i) is the cause of (ii)

　(23)で示すように、(21a)で話者は「He is working too much these days」から「he is tired」を推論しているため、これは原因から結果を推論していることになる。

　(23)　(i) He is working too much these days, so (ii) he *must* be tired.
　　　 (i) is the cause of (ii)
　　　 from (i), the speaker infers (ii)

　一方、(21b)で話者は、「He is tired」から「he is working too much these days」を推論しているため、これは結果から原因を推論していることになる。これを(24)で示す。

　(24)　(ii) He is tired, so (i) he *must* be working too much these days.
　　　 (i) is the cause of (ii)
　　　 from (ii), the speaker infers (i)

　(21)-(24)より、must の因果性は双方向的であることがわかる。

4.2.2　Will を使用した例文の検証
　次に、will の因果性について、must と同じ手順で検証していく。

(25) [If he is hungover, he is always in a bad mood.]
   a.　He is hungover, so he *will* be in a bad mood now.
   b.　*He is in a bad mood now, so he *will* be hungover.

(25)にあらわれる2つの命題について、現実世界における因果関係を考えると、「He is hungover」が原因、「He is in a bad mood now」が結果となる。

(26) (i) He is hungover.
　　 (ii) He is in a bad mood now.
　　 (i) is the cause of (ii)

(27)で示すように、(25a)で話者は「He is hungover」から「he is in a bad mood now」を予測しているため、これは原因から結果を予測していると考えられる。

(27) (i) He is hungover, so (ii) he *will* be in a bad mood now.
　　 (i) is the cause of (ii)
　　 from (i), the speaker predicts (ii)

一方、(28)にもあるように、(25b)で話者は、「He is in a bad mood now」から「he is hungover」を予測しているため、これは結果から原因を予測していることになる。このとき、willは容認されない。

(28) *(ii) He is in bad mood now, so (i) he *will* be hungover.
　　 (i) is the cause of (ii)
　　 from (ii), the speaker predicts (i)

(25)–(28)より、willの因果性は原因から結果に向かう予測のみであり、単方向的である。

5. 認識的 Must と Will の用法に関する考察

　本節では、2つの観点の証拠性と因果性をふまえて、認識的 must と will の用法について議論する。まずは、証拠性の観点から (29) を考察する。

(29) a. He is working too much these days, so he { *must/will* } be tired.
　　 b. He looks tired, so he { *must/*will* } be working too much these days.

　(29a) は、話者が発話時に、彼が働き過ぎている様子を実際に見て推論していると捉えると、入手できる証拠に基づく推論となる。話者が発話時に実際の様子を見ていない、または、「彼」の噂話をしている場面を想定すると、以前からの知識に基づく推論と考えられる。(29b) について、話者が発話時に、彼が疲れている様子を実際に見て推論しているとすると、入手できる証拠に基づく推論となり、話者が発話時に、実際に彼が疲れている様子を見ていない、または、噂話をしている場面を想定すると、以前からの知識に基づく推論と考えられる。

　以上を踏まえると、(29a, b) では、どちらの例でも「入手できる証拠」「以前からの知識」それぞれに基づく推論が可能であるが、(29b) でのみ will は容認不可になっている。したがって、証拠性では (29b) で will が容認不可である理由が説明できない。

　ここで、もうひとつの観点である因果性から (29) を考察する。
　(29) にあらわれる2つの命題について、現実世界における因果関係は (30) の通りである

(30) (i) He is working too much these days.
　　 (ii) He is tired.
　　 (i) is the cause of (ii)

(31) にも示すように、(29a) では、話者は (i)（＝原因）から (ii)（＝結果）を推論している。この場合、must と will の両方が容認されている。一方で、(29b) では、話者は (ii)（＝結果）から (i)（＝原因）を推論している。この場合、must のみ容認可能であり、will は容認されない。

(31) a. (i) He is working too much these days, so (ii) he {*must* / *will*} be tired.
b. (ii) He looks tired, so (i) he {*must*/*will} be working too much these days.

このように、因果性では、(29b)（＝(31b)）で will が容認不可である理由を説明できる。
よって、認識的 must と will の違いにおいて、因果性による影響がより大きいということがわかる。

6. おわりに

本稿では、認識的用法の must と will が現在時に言及して用いられる場合の違いについて、証拠性と因果性の観点から議論した。証拠性からみると、認識的 must は「入手できる証拠」「以前からの知識」に基づく推論を表し、認識的 will は「以前からの知識」に基づく予測を表すとされていたが、「入手できる証拠」に基づく予測も可能であることがわかった。
因果性では、例文中の2つの命題において、現実世界における因果関係を考察し、原因から結果へ向かう推論、結果から原因へ向かう推論のどちらが当てはまるかを考察した。その結果、認識的 must は双方向からの推論が可能、言い換えると、原因から結果の推論、結果から原因の推論の両方が可能である。一方で、認識的 will は原因から結果に向かう予測、つまり、単方向の予測のみ可能であることがわかった。
また、5節で議論したように、証拠性で説明できない例も、因果

性では説明可能であることから、認識的 must と will の使用には因果性がより大きな影響を及ぼすと結論付けられる。

注
＊1 (10)のような出典記載のない例は、インフォーマント調査を実施して英語母語話者に判断を確認したものである。

参考文献
Coates, Jennifer (1983) *The Semantics of the Modal Auxiliaries*. London: Croom Helm.（コーツ・ジェニファー　澤田治美訳（1992）『英語法助動詞の意味論』研究社.）
コーツ，ジェニファー（1992）『英語法助動詞の意味論』澤田治美訳，研究社.
東森勲・吉村あき子（2003）『関連性理論の新展開―認知とコミュニケーション』研究社.
Huddleston, Rodney D. (2002) *Library or Congress Cataloguing in Publication Data*. Cambridge: Cambridge University Press.
柏野健次（2012）『英語語法詳解 ―英語語法学の確立へ向けて』三省堂.
松木正恵（1993）「文末表現と視点」『早稲田大学日本語研究教育センター紀要』5: 27–51. 早稲田大学日本語研究教育センター.
中野清治（2014）『英語の法助動詞』開拓社.
Palmer, F. R. (1979) *Modality and the English Modals*. London: Longman.
Palmer, F. R. (1986) *Mood and Modality*. Cambridge: Cambridge University Press.
Quirk, Randolph, Sidney Greenbaum, Geoffrey Leech, Jan Svartvik (1985) *A Comprehensive Grammar of the English Language*. London: Longman.
Rivière, Claude (1981) Is *Should* a Weaker *Must*? *Journal of Linguistics* 17 (2): 179–195.
澤田治美（2006）『モダリティ』開拓社.
澤田治美（2018）『意味解釈の中のモダリティ』上，開拓社.
澤田治美（2018）『意味解釈の中のモダリティ』下，開拓社.
Sinclair, John (1995) *Collins COBUILD English Dictionary*. London: Harper Collins.
Sweetser, Eve (1991) *From Etymology to Pragmatics: Metaphorical and Cultural Aspects of Semantic Structure*. Cambridge: Cambridge University Press.

例文出典
Corpus of Contemporary American English (https://www.english-corpora.org/coca/).
Forster, E. M. (2000) *A Room with a View*. London: Penguin Books Ltd.

Fall + Adjective 構文の持つ状態変化の意味に関する研究

北嶋穏香

1. はじめに

　英語では移動動詞を用いて状態の変化を表わす用法がある。代表的な研究として、Clark（1974）のgoとcomeの状態変化の意味についての研究があり、他にもRadden（1996）などが同様の研究を行ってきた。英語動詞fallにも同様に状態変化を意味する用法があり、fallの補部としてasleepやsilentといった形容詞を持つパターン、in loveやinto povertyといった前置詞句を伴うパターン、そしてvictimなどの名詞を持つパターンがある。本研究ではその中でもfallが形容詞を補部として持つ形式に焦点を当てており、この形式のことを *fall* + adjective 構文*1と呼ぶこととする。従来の研究ではfallの状態変化の意味の議論において、fall asleep、fall silentなどの抽象的な状態変化を表わす *fall* + adjective 構文で表される状態変化の意味はfallの最も中心的な意味である「落ちる」にあたる意味からメタファーによって派生していると述べられてきた。しかし、実際にデータを観察すると「落ちる」という意味からの派生だけでは十分に *fall* + adjective 構文の状態変化の意味を言い表すことができないことが分かった。本研究はコーパス検索によって収集したデータを分析することで、従来の研究では明らかにできていない *fall* + adjective 構文で表される状態変化の意味を詳細に記述し、さらに状態変化の意味がどのように拡大してきたのかを通時的データを用いて明らかにすることを目的としている。

2. 先行研究

　この節では先行研究として、*fall* + adjective 構文で表される状態

変化の意味を論じるために重要となる fall の意味についての記述と、fall の意味の広がり方について論じた 2 つの先行研究を見ていく。

2.1 Fall の 2 つの物理的意味と状態変化の意味

Fall は本研究の焦点である状態変化の意味の他に多くの意味を持っており、そのことは辞書の記述からもわかる。ここではこの後の議論で重要となる fall の 2 つの物理的な意味と状態変化の意味について、*The Oxford English Dictionary*（以下、OED とする）の記述を引用する。

物理的意味のうち、一つ目はもっとも中心的な意味であり、日本語では「落ちる」で言い換えられる意味である。以下がその意味の定義である。

（1）to descend freely（primarily by 'weight'or gravity）

(OED Vol.IV: 38)

この意味は fall の全ての意味の中で中心となる意味で、この意味を核として様々な意味が派生している。

別の物理的意味として、日本語の「倒れる」に相当する意味も *fall* + adjective 構文の状態変化の意味を論じる上で重要となる。以下が fall の「倒れる」に相当する意味の定義である。

（2）to lose the erect position（primarily with suddenness）

(OED Vol.IV: 39)

「倒れる」に関連する意味として、OED は "to drop down wounded or dead; to die by violence"（OED Vol.IV: 39）という定義を記しており、fall dead がその例として挙げられている。

そして最後に、状態変化の意味については OED では以下の（3）のように定義づけている。

（3）to pass suddenly, accidentally, or in the course of events, into a certain condition　　　　　　　　　（OED Vol.IV: 40）

　この意味において fall は形容詞や前置詞句などの補部を持ち、OED にはそういった補部が大抵好ましくない状態や普通の出来事の流れの中で起こる状態を指すと記述されている。
　fall には他にも様々な意味があるが、本稿では状態変化の意味に焦点を当て、その意味の拡張を議論する上で物理的な意味である「落ちる」と「倒れる」の意味が重要な役割を果たす。

2.2　Fall の意味のネットワーク

　Fall が多くの意味を持つことは前述したとおりであるが、Iwata (1998) がそれらの意味をネットワークという形でまとめている。Iwata (1998) は、fall は 9 個の意味から成り、状態変化の意味に関しては中心的な意味である「落ちる」の意味から PROPERTIES ARE LOCATIONS*2 というメタファーを介して派生していると述べている。以下の (4) は状態変化を表す *fall + adjective* 構文の例として Iwata (1998) が挙げている例である。

(4)　a. He fell silent.
　　　b. Has she fallen ill again?
　　　c. He fell asleep.　　　　　　　　　　　　（Iwata (1998)）

Iwata は主語が陥る状態の種類を特定するメタファーでさらに細かく分類することが可能だと述べており、(4b) の ill という状態の場合、人は病気になるとたいてい身体を横たえることから SICKNESS IS DOWN というメタファーに分けることができ、(4c) の場合は眠っている状態は無意識の状態と捉えられ、さらに無意識の状態の時も体を横たえることから、UNCONSCIOUS IS DOWN というメタファーで分けることができると主張している。
　さらにもう一点、瀬戸他 (2007) による『英語多義ネットワーク辞典』の中でも fall の意味のネットワークに関する記述があり、そこでも同様に状態変化の意味が中心的意味である「落ちる」の意

味からメタファーに沿って派生しているという記述があり、さらには *fall* + adjective 構文が suddenly や immediately のような副詞と共起する頻度が高いことを指摘している。

2.3　先行研究の問題点と本研究の観点

前の項では fall の状態変化の意味についての先行研究を確認したが、それらは十分に fall の状態変化の意味を言い表せているとは言えない。この項では先行研究の問題点を2点挙げる。

はじめに、Iwata（1998）では状態変化の意味はメタファーで細分化することができると述べているが、いくつかの *fall* + adjective 構文では補部となる形容詞が「下」に関する概念と関連がないことによりメタファーで説明できないものがある。以下の（5）がその一例であり、The Corpus of Contemporary American English（以下、COCA とする）から引用している。

(5) She lifted her thick Los Angeles Yellow Pages beside the phone; the book *fell open* as though exhausted.　　　（COCA）

（5）の fell open は「本が開く」という状態変化を表している。ここで表されているのは物理的変化であり、open という状態は「下」に関する概念と関連がない。そのため、fall asleep や fall ill などと同様にメタファーで説明することが難しい。

2つ目の問題点は意味の拡張の流れに関することである。先行研究では状態変化の意味は「落ちる」の意味から PROPERTIES ARE LOCATIONS というメタファーを経由して意味の拡張が起きていると述べられているが、*fall* + adjective 構文の中には「倒れる」の意味との関連が強いと思われるものがある。その一例が（6）である。

(6) Mother points the gun at Wydell's head and fires. He *falls dead* to the floor.　　　（COCA）

（6）では falls dead は副詞句 to the floor を伴い、dead「死んだ」

状態へ変化し、バランスを失い、床に倒れるという一連の出来事が表されている。このとき、より関連する意味は「落ちる」の意味ではなく、「倒れる」の意味である。ここから言えることとして、すべての状態変化を表わす *fall* + adjective 構文が「落ちる」の意味からメタファーを経由して派生しているわけではなく、いくつかは「倒れる」の意味から派生しているということが考えられる。この点は先行研究では十分に説明できていない部分である。

　以上のことを踏まえて、本研究では *fall* の状態変化の意味を詳細に記述し、*fall* + adjective 構文で表される状態変化の意味が「落ちる」の意味からだけでなく「倒れる」の意味からも派生しているということを明らかにしていく。

3. 状態変化の意味の4つのサブセンス

　本研究では *fall* + adjective 構文のデータを収集するのに、前述したとおり英語コーパスである British National Corpus（以下、BNC とする）と COCA を用いている。コーパス検索で収集できたデータを観察・分析したうえで、本研究では *fall* + adjective 構文で表される状態変化の意味は4つに細分化することが可能だと主張する。細分化した一つひとつの意味をサブセンスと称し、それぞれのサブセンスを該当する *fall* + adjective 構文を用いて以下の各項で詳細に確認していく。

3.1　サブセンス1

　サブセンス1は物理的移動の意味と状態変化の意味の両方を持つサブセンスである。前節で言及したように、*fall* には「落ちる」と「倒れる」、2つの物理的意味があり、サブセンス1ではどちらかの物理的意味に加えて抽象的な状態変化の意味が表されている。

　「落ちる」の意味と状態変化の意味を表わしている例として以下の（7）–（8）を挙げる。

　（7）Two pirates *fell dead* into the hole.　　　　　　　　（COCA）

(8) And then a different kind of blackness stole over me and I *fell unconscious* to the bottom of the small vessel. （COCA）

　(7) の fell dead は直後に into the hole という副詞句を伴うことで、主語である two pirates が穴の中に落下したのと同時に dead「死んだ」状態になったことを表わしている。(8) の fell unconscious も直後に副詞句 to the bottom of the small vessel を伴い、主語の I が小さな船の船底に落下し、さらに unconscious「意識を失った」状態になったという状態の変化を表わしている。
　サブセンス 1 に含まれる構文には「倒れる」の意味に加えて状態の変化を表わす構文もあり、その例としてここでは以下の 2 例を挙げる。

(9) Mother points the gun at Wydell's head and fires. He *falls dead* to the floor.　　　　　　　　　　　　　　　(= (6))
(10) The child danced until he *fell exhausted* to the floor.
　　　　　　　　　　　　　　　　　　　　　　　（COCA）

　(9) の falls dead は後に to the floor という副詞句を伴っており、床に向かって倒れこんでいるということが読み取れる。(7) の fell dead とは異なり、物理的移動としては「倒れる」の意味を表わしており、さらに dead「死んだ」状態への変化の意味を持っている。(10) の fell exhausted も直後に副詞句 to the floor を伴っており、床に向かって倒れるという「倒れる」の意味と exhausted「疲れた」状態への変化を表わしている。
　以上、(7)–(10) ではサブセンス 1 に含まれる fall の持つ物理的移動の意味と fall の後に続く形容詞の状態への変化の意味の両方を持つ構文を確認した。サブセンス 1 に含まれる構文の特徴としては、多くが直後に副詞句を伴い、それらの副詞句が主語位置の名詞が落下する地点、もしくは倒れる方向性を提示して物理的移動の意味を強くしているところにある。

3.2　サブセンス2

サブセンス2に含まれる構文は前節の先行研究の例として挙げられてきた抽象的な状態変化を表わすもので、非常に構文の種類が多い。そのため、Iwata（1998）でも言われているようにメタファーでどの状態に陥るかをさらに細かく分類することができるのだが、このメタファーは fall とその後に続く形容詞がコロケーションをなす一つの動機付けとして働いていると本研究では捉えている*3。ここでは以下の（11）–（13）のデータを用いて説明していく。

(11) Jim lay back on the bale of hay and immediately *fell asleep*, still grasping the barrel of his rifle.　　　　(BNC)

(12) For the closing phrases, by which time she'd completely lost it and was just plain screaming, we all *fell silent*, because it was awesome...　　　　(BNC)

(13) However, on the pre-Broadway run in Philadelphia, Mostel *fell ill* and died after only one performance. (BNC)

（11）の fell asleep という構文に関しては、asleep「眠った」状態が意識の無い状態であることから、Iwata（1998）でも言われているように、UNCONSCIOUS IS DOWN*4 というメタファーで fall と asleep の結びつきを動機づけることができる。このとき fall の物理的移動の意味は実際には現れておらず、「落ちる」の意味から PROPERTIES ARE LOCATIONS というメタファーに沿って派生することで asleep が場所として見立てられ、その場所として見立てられた asleep という状態に落ちることで抽象的な状態の変化を表わすことが可能となっている。サブセンス2に含まれる構文はこのような見立ての構造によって状態変化の意味をもっていると説明することができる。

（12）の fell silent に関しては音量の大小という観点で考えることで LESS IS DOWN というメタファーで fall と silent の結びつきを動機づけることができ、（13）の fell ill については SICKNESS AND DEATH ARE DOWN というメタファーで fall と ill のコロケーション

を説明することができる。

　サブセンス2に含まれる構文は他にも多くあるが、特徴としてはfallと補部となる形容詞の結びつきが「下」という概念に関するメタファーで説明することができ、表される状態は抽象的である。サブセンス2は「落ちる」の意味からメタファーによって派生しており、「倒れる」の意味の影響は見られない。

3.3　サブセンス3

　サブセンス3に含まれる構文はfall open、fall closed/shutに限られており、構文内の形容詞はサブセンス2と異なり「下」という概念と関連がないため、サブセンス2のようにfallと形容詞との結びつきを説明することはできない。それではどのような構造がfall open、fall closed/shutに見られるだろうか。まずは、以下の2つの例を挙げる。

(14) Her mouth *fell open*.　　　　　　　　　　(COCA)
(15) She pressed her cheek against his silent chest, let her eyes *fall closed*.　　　　　　　　　　(COCA)

　(14)のfell openはher mouth「彼女の口」がopen「開いた」状態になることを表わしているが、この状態変化の過程を考えると、顎が下がり最終的に口が開いた状態になることから、「落ちる」という物理的移動の結果openという状態への変化が生じている結果構文的な構造になっていると説明される。

　(15)も(14)と同様に結果構文的な状態の変化を表わしており、her eyes「彼女の目」がclosed「閉じた」状態になるとき、まぶたが下がり最終的に目が閉じた状態になることから「落ちる」という物理的移動の結果closedという状態への変化が生じていると説明できる。

　物理的移動の結果生じる状態変化の意味に関して、物体が倒れる、もしくは倒れる時の軌道と近い弧を描くような軌道を描くことによって、openもしくはclosed/shutの状態への変化が生じる事例もあ

る。「倒れる」ときの物理的移動では以下の図1のように、ヒトやモノの上部が下方向に向かって倒れこむことでその上部が弧を描くような軌道となる。以上のことを踏まえて以下の（16）–(20) を見ていく。

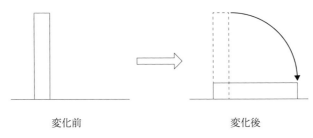

図1 「倒れる」ときのイメージスキーマ

まず fall open という構文についてであるが、この構文は様々なものが弧を描くような軌道で移動した結果、open「開いた」状態になることを表わすことがあり、(16) は fell open で書籍が開いたことを表わしている。

(16) She lifted her thick Los Angeles Yellow Pages beside the phone; the book *fell open* as though exhausted. 　(= (5))

(16) で表されている状態の変化を表わすと以下の図2のようになる。

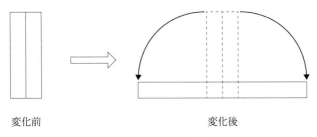

図2 本が開くときのイメージスキーマ（側面から見た図）

(16) では手に持った本が疲れたかのように開くという文脈であるため、図2のようなイメージスキーマが考えられる。本が開くと

き、本の両端は弧を描くようにして移動して最終的に開いた状態になる。この軌道が「倒れる」ときの軌道と近いことから、この場合の fall open の状態変化の意味は「倒れる」の意味から派生していると考えられる。

　これと同様の考え方ができる fall open の事例は他にもあり、以下の（17）ではドアが開いた状態になったことを fell open で表現している。

(17) She moved on to the next door, and idly twisted the doorknob, and she gave a little gasp as the door *fell open*. She peered into the entryway.　　　　　　　　(COCA)

　(17) でドアが開くときの様子として、以下の図3のようにあらわすことができ、ドアを押して開ける場合でも引いて開ける場合でも、どちらもドアの端は弧を描いた軌道で移動し、その結果 open「開いた」状態に変化すると考えられる。このことから、ドアが開いた状態になることを表わす fall open も「倒れる」の意味から派生していると考えられる。

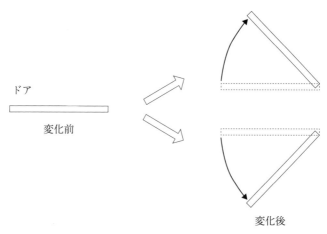

図3　ドアが開くときのイメージスキーマ（上から見た図）

　以下の2つの例の fall open の事例についても考えてみる。

(18) In Bosch's new posture the leather bomber jacket he was wearing *fell open* and McCaleb could see the pistol holstered on his hip. (COCA)

(19) Only whiles he was coming aboard he kind of stumbled and the whole suitcase full of money *fell open*. (COCA)

(18)ではジャケットが開いた状態になったことを fell open で表している。この時の様子は以下の図4のようになる。

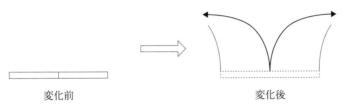

図4　ジャケットが開くときのイメージスキーマ（上から見た図）

図4からもわかるように、ジャケットの端は弧を描くような軌道で移動し、その移動の結果開いた状態になる。このときの軌道は「倒れる」ときの軌道と近いことから、この場合の fall open も「倒れる」の意味から派生していると考えられる。

そして fall open の最後の例として（19）では he がつまずいて手に持っていたスーツケースが開いた状態になったことを fell open で表しており、以下の図5のようなイメージスキーマで表される。

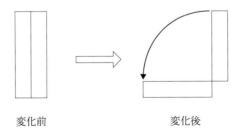

図5　スーツケースが開くときのイメージスキーマ（側面から見た図）

これまでと同様に、図5ではスーツケースの端が弧を描くように

して移動した結果、開いた状態になることを表わしており、「倒れる」ときと非常に近い軌道であることが考えられる。

Fall closed/shut も「倒れる」の意味から派生していると考えられる事例があり、(20) がその例である。

(20) The door *fell shut*. (COCA)

(20) はドアが閉じた状態になったことを fell shut で表しているもので、そのとき図6で表されるような弧を描くような軌道で移動した結果開いた状態になることから、この場合の fall shut は「倒れる」の意味から派生していると考えられる。

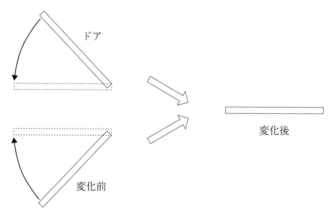

図6　ドアが閉まるときのイメージスキーマ（上から見た図）

以上、fall open、fall closed/ shut の状態変化を表わす意味について特徴をまとめると、これらの構文では fall の物理的移動に近い移動がなされた結果、open もしくは closed/shut の状態になるという結果構文的な状態変化がみられるといえる。また、サブセンス3に含まれる構文には「落ちる」の意味よりも「倒れる」の意味と関連が強いと考えられる事例も多く観察できたことから、fall の状態変化の意味は「落ちる」の意味だけでなく「倒れる」の意味からも派生しているという主張の一つの根拠が見つけられたといえる。

3.4 サブセンス4

最後、サブセンス4に含まれる構文は他のサブセンスの構文よりも fall の物理的意味が薄れており、さらに fall の補部となる形容詞に「下」の概念との結びつきはほとんど見られない。そのため、サブセンス1・2と比べて周辺的なサブセンスであるといえる。ここでは、以下の3例を取り上げる。

(21) He'd had the party catered, another expense, but by now he was *falling free* and money did not matter. (COCA)
(22) The knot in his shirt had *fallen loose*, and the open edges flapped back from his pale, adolescent belly in the gust of a passing car. (COCA)
(23) ... a bank loan may *fall due* three months after the balance sheet date... (BNC)

(21) の falling free は主語の he「彼」がパーティーの準備の手間が省け自由になったという状態の変化を表わしているもので、free という形容詞は「下」という概念との関連はなく fall とコロケーションをなす要因が説明できない。同様に (22) の fallen loose はシャツの結び目がゆるんだ状態になることを表わしており、loose という物理的変化には「下」という概念との関連は見られない。そして、(23) では銀行のローンが貸借対照表日の3ヵ月後に返済期限になることを表わしており、due という形容詞も「下」という概念との関連が見られないため fall とコロケーションをなす要因が説明できないものである。

サブセンス4に含まれる構文はサブセンス1よりも fall の物理的意味が状態変化とともに表わされず、さらに fall の補部となる形容詞に「下」という概念との関連が見られない。このことから考えられるのは、サブセンス4に含まれる *fall + adjective* 構文は中心的なサブセンスの形式と状態変化の意味を引き継いで、fall の物理的意味や補部となる形容詞の条件を漂白化して派生しているということである。サブセンス4にまで漂白化されず残った意味については今

後明らかにしていきたい。

　以上が *fall* + adjective 構文で表される状態変化の意味の 4 つのサブセンスである。*fall* + adjective で表される詳細な状態変化の意味が明らかになったうえで、この状態変化の意味はこれまでどのように拡大してきたのだろうか。次節ではその状態変化の拡張の流れについて通時的データを用いて検討していく。

4. 状態変化の意味の拡張の変遷

　前節の *fall* + adjective 構文で表される状態変化の意味の 4 つのサブセンスを踏まえて、この節では意味の拡張のプロセスを考える。ここではそれぞれの構文の初出の年代を OED と 2 つの英語コーパス Early English Books Online（以下、EEBO とする）と The Corpus of Historical American English を用いて調査しており、それらは *fall* + adjective 構文の状態変化の意味の拡張のプロセスを想定する上でのサポートデータとなっている。調査の結果をまとめたものが以下の表 1 である。

　はじめにサブセンス 1 に含まれる構文の中で最も代表的な構文である fall dead は OED 内で 1300 年に出現しており、当時は以下の (24) のように ful ded という形で出現している。

　　(24) As he homeward wende He *ful ded*.　　（OED Vol. IV）

　そして同様に 1300 年に出現しているサブセンス 2 に含まれる fall asleep のデータが OED で見つかった。

　　(25) pe king he sal gar *fall o-slepe*.　　（OED Vol.I）

　サブセンス 3 に含まれる構文に関しては fall open が fall shut/closed に比べて早く出現しており、EEBO で 1583 年の以下のデータが見つかった。

表1 *fall*+ adjective 構文の初出の年代

年	サブセンス1	サブセンス2	サブセンス3	サブセンス4
1300	○ 1300 *fall dead*	○ 1300 *fall asleep*		
1400				
1500		○ 1499 *fall sick*		
1600	○ 1598 *fall senseless*	○ 1567 *fall ill* ○ 1602 *fall vacant* ○ 1622 *fall silent*	○ 1583 *fall open*	○ 1585 *fall loose* ○ 1615 *fall due*
1700				
1800				
1900	○ 1820 *fall exhausted* ○ 1873 *fall unconscious*			

(26) the bible as god would haue it, *fell open* vpon the first chapter of iosua, where he found so conuenient a piece of scripture for that tyme, that the lyke he coulde not haue chosen in all the bible　　　　　　　　　　(EEBO)

そしてサブセンス4に含まれる構文に関しては (27) の fall loose のデータが1585年に、(28) の fall due のデータが1615年に出現していることが分かった。

(27) the crie of daniell stopped the mouthes of lions, paul and sylas being in bondes praied and their chaines *fell loose* from them, the doores opened and gaue them passage

(EEBO)

(28) the fruits, hire of houses, farmes, and reuenues of seigneuries, lands, tenths, fishing, rents, and other reuenues of lands, which (according to the treatie) haue beene restored, or ought to be, *falling due* after the ninth of Aprill, in the yeare 1609, shall be payed for the whole yeare vnto the proprietaries, their heires, or to them that pretend any action

(EEBO)

以上のデータを踏まえて、*fall* + adjective 構文の表す状態変化の意味の派生の流れを考えると以下の図7のようにまとめられる。

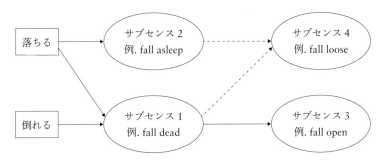

図7　*fall* + adjective 構文の状態変化の意味拡張のプロセス＊5

　まず、サブセンス1・2は *fall* + adjective 構文で表される中心的な意味であり、サブセンス1は物理的意味である「落ちる」もしくは「倒れる」の両方から派生しており、サブセンス2は物理的意味の「落ちる」からメタファーを経由して派生していると考えられる。そして、サブセンス3はfall open、fall closed/shutで物理的な状態変化を表わし、さらに物理的な「落ちる」もしくは「倒れる」の動きの結果、openまたはclosed/shutの状態に変化することから、物理的移動の意味を保持するサブセンス1からの派生であると考えられる。最後、最も周辺的な状態変化の意味であるサブセンス4は

補部となる形容詞に「下」という概念との関連がないことから、中心的なサブセンス1・2からの派生に漂白化*6が関わっているというふうに考えられる。

以上の派生のプロセスを先ほど提示したそれぞれの構文の初出の年代に関するデータに関して、サブセンス1・2の代表的構文であるfall deadとfall asleepはどちらも1300年と今回調査した構文の中では最も早くに出現しており、それに遅れる形でサブセンス3・4に含まれる構文が出現していることから、サブセンス1・2からサブセンス3・4が派生したという説を支持している。

5. まとめ

本研究では、先行研究で示されてきたfallの状態変化の意味の派生の流れに異を唱えており、fallの状態変化の意味は「落ちる」の意味からだけでなく「倒れる」の意味からも派生していると主張する。*Fall* + adjectiveで表される状態変化の意味をサブセンス1–4に分類し、それぞれの詳細な意味と構文を記述したうえで、初出の年代に関するデータをサポートデータとして用いることでサブセンスの派生の流れを検討した。本研究の成果は、*fall* + adjective構文で表される状態変化の意味が「落ちる」という物理的意味だけでなく、「倒れる」という物理的意味とも関連しているということを主張した点にある。

今後の研究では、それぞれの*fall* + adjective構文の初出の年代をより詳細に調査し、さらにサブセンス4への意味の漂白化のかかわる派生のプロセスをより詳細にすることで、状態変化の意味の派生の流れについての説を強固なものにしていく。

注
*1 Fallの多くの意味において、補部として形容詞を伴うことはないが、今回対象とする状態変化の意味を表わす場合には補部として形容詞を伴う。この

通常の形式とは異なる点を考慮して本研究では fall + adjective の形式を構文として扱っている。

*2　Iwata（1998）は「落ちる」の意味から状態変化の派生において PROPERTIES ARE LOCATIONS というメタファーを用いてその見立ての構造を説明しているが、Radden（1996）は CHANGE OF STATE IS CHANGE OF LOCATION もしくは CHANGE IS MOTION というメタファーを用いて同じ構造を説明している。

*3　本研究では fall とその補部となる形容詞の結びつきを説明するのに Lakoff and Johnson（1980）で提唱されている Orientational metaphor（日本語では「方向付けのメタファー」とされている）を用いて説明している。このメタファーは相反する概念（例えば、上と下）が関係し合うことで全体的な概念体系を形成している。本研究では上と下の概念に関係するメタファーを用いており、この空間的な方向性は我々人間の身体的・文化的経験をもとにしている。

*4　Lakoff and Johnson（1980）にて、UNCONSCIOUS IS DOWN というメタファーは CONSCIOUS IS UP というメタファーとセットで紹介されており、人は意識があるときは身体が起き上がっている、それに対して意識を失った状態のときは身体を横たえているという身体的基盤に基づいている。

*5　矢印は派生の流れを示しており、破線の矢印は漂白化による派生であるということを示している。

*6　漂白化とは、意味の派生・拡張のプロセスの中で意味が弱化されること、もしくは意味が消失することを言うが、ある意味が完全に消失してしまうことは考えられず、ある程度保持していると考えられる。

参考文献

Brugman, Claudia M. (1988) *The Story of Over: Polysemy, Semantics, and the Structure of the Lexicon*. New York: Garland.

Clark, Eve V. (1974) Normal States and Evaluative Viewpoints. *Language* 50 (2): 316–332.

Iwata, Seiji (1998) *A Lexical Network Approach to Verbal Semantics*. Tokyo: Kaitakusha.

Lakoff, George and Mark Johnson (1980) *Metaphors We Live By*. Chicago: University of Chicago Press.（G・レイコフ・M・ジョンソン　渡部昇一・楠瀬淳三・下谷和幸訳（1986）『レトリックと人生』大修館書店.）

Radden, Günter (1996) Motion Metaphorized: The Case of Coming and Going. In Eugene H. Casad. (ed.) *Cognitive Linguistics in the Redwoods: The Expression of a New Paradigm in Linguistics*, 423–458. Berlin and New York: Mouton de Gruyter.

瀬戸賢一（主幹），武田勝昭・山口治彦・小森道彦・宮畑一範・辻本智子（編）（2007）『英語多義ネットワーク辞典』小学館.

辞書

Murray, James A. H., Henry Bradley, W. A. Craigie and C. T. Onions (eds.) (1961) *The Oxford English Dictionary*. Oxford: The Clarendon Press.

コーパス

BNC: British National Corpus（Sketch Engineで検索）（2024年2月に検索）

COCA: Davies, Mark（2008–）*The Corpus of Contemporary American English*. Available online at https://www.english-corpora.org/coca/. （2024年2月に検索）

COHA: Davies, Mark（2010）*The Corpus of Historical American English*. https://www.english-corpora.org/coha/.（2024年2月に検索）

EEBO: Davies, Mark（2017）*Early English Books Online Corpus*. https://www.english-corpora.org/eebo/.（2024年2月に検索）

「さき」の時間用法の認知的分析

中口実優

1. はじめに

日本語の「さき」には空間用法と時間用法があり、「さき」が空間用法で用いられると「一寸先も見えない」のように、認知主体の前方の空間のみを指示する。一方、時間用法で用いられると、(1)に示すように未来方向と過去方向の両方を指示することができる。

(1) a. これからさき
　　b. 先の参院選を受けた臨時国会
　　c. 食事よりさきにお風呂に入る

(1a)の「さき」は、未来方向を指示し、(1b)と(1c)の「さき」は過去方向を指示する。「さき」と時間認識の関係についてはこれまで多くの研究がなされてきており、特に時間認識については、大きく分けて2通りあると考えられている。1つ目が、時間軸上に位置した認知主体が未来に向かう移動を時間の流れとみなす時間認識である。2つ目は、時間軸上に位置した認知主体は未来を向いて静止しており、その認知主体の前から後ろを時間が移動する、と捉える時間認識である。これまで「さき」に関する先行研究では、(1a)の「さき」は、前者の時間認識との関係で解釈され、(1b)と(1c)の「さき」は、後者の時間認識との関係のなかで解釈されてきた。しかし(1c)の「さき」を解釈する際、時間軸上に位置した認知主体の存在を感じず、この解釈には、(1b)と異なる時間認識が関係しているのではないかと思われる。そこで本稿では、「さき」の分析及びアンケートを通して、「さき」の時間用法を3つに分け、それぞれの用法が異なる時間認識と関係することを示す。

2. 先行研究

本節では「さき」の分析を行う前に、我々の時間認識と、日本語の「さき」についての先行研究を取り上げ論じる。

2.1 動的な時間認識

2.1.1 Lakoff and Johnson (1999)

Lakoff and Johnson (1999) は、観察者の位置を現在とし、その前方を未来、後方を過去とする、時間に関する最も基本的なメタファーがあると主張し、これを time orientation methaphor と呼んでいる。またこの下位メタファーとして、moving observer metaphor と moving time metaphor を位置づけている。前者は、時間軸上を移動する観察者の動きを時間の流れとみなし、観察者の前方を未来、後方を過去と捉える時間認識である。一方後者では、時間軸上に位置する観察者は動かず、物体が観察者の前から後ろへと過ぎ去る移動が時間の流れとみなされ、観察者の後方を過去、とする時間認識である。ここから、Lakoff and Johnson (1999) で主張される時間認識には、時間軸上に位置した認知主体と、その認知主体あるいは時間の動きが必ず含まれているといえる。

2.1.2 楢和 (1998)

楢和 (1998) は、Lakoff and Johnson (1999) と同様に、時間概念は、「時間軸上に未来を向いて存在している認知主体」という空間のメタファーによって理解されると考えている。そして、「うしろ」に対して非対称的な「まえ」という方向認識が、我々の時間認識の型の動機づけになっていると述べる。

楢和 (1998) は、図1に示すような時間認識の型を提示している。ここで時間の流れは、「主体の動き」、つまり時間軸上に位置する認知主体の未来へ向かう動きと、認知主体が移動するにつれて、前方にある物体が認知主体の方に近づいてくる「見かけ上の動き」の2つで示されている。

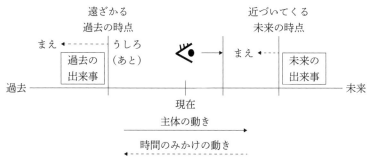

図1　楢和による時間認識の型（楢和（1998: 105））

　そして楢和（1998）は、「さき」の時間用法を図1の時間認識の型を用いて分析している。楢和（1998）によれば、「さき」は長く細い地形のイメージスキーマ*1をもっており、この「さき」のイメージスキーマの先端を認知主体の進行方向、つまり「主体の動き」に一致させた場合、「さき」は未来方向を指示し、「時間の見かけ上の動き」の進行方向に一致させた場合、「さき」は過去方向を指示するのだとしている。

　例えば（2）は、「さき」のイメージスキーマの先端が認知主体の進行方向に一致して、未来方向を示すと解釈される。

（2）サキが短い。　　　　　　　　　　　（楢和（1998: 109））

　反対に、以下の（3）のような例においては、「さき」のイメージスキーマの先端が「時間の見かけ上の動き」の方向に一致し、過去方向を示すと解釈される。

（3）a. サキの大戦　　　　　　　　　　（楢和（1998: 109））
　　 b. 食事よりサキにお風呂に入る　　　（楢和（1998: 110））

　参照点に目を向けると、（3a）の参照点は認知主体のいる発話時、（3b）は食事の時点である。楢和（1998）は、（3a）のように参照点が認知主体のいる発話時となる場合、「さき」で示される時点は発話時と連続性があると述べている。また、（3b）の「さき」は出

来事の順序を表すとし、食事をする時点とお風呂に入る時点を「さき」のイメージスキーマによって結ぶことで、一方の出来事の時点から他方の出来事の時点への方向性が与えられ、この方向性の先端を時間の「見かけ上の動き」の進行方向に重ねることによって、「さき」で示される順序を理解しているのだと説明する。

　以上から楢和（1998）で提示されている時間認識は、Lakoff and Johnson（1999）と同様に、時間軸上に未来を向いて存在する認知主体との関係で捉えられており、認知主体の移動や時間の流れといった動きを重視した、動的な時間認識である。

　ここで、(1c)に挙げた「食事よりさきにお風呂に入る」の「さき」について考えたい。楢和（1998）では、(3)で示されていたように、(1c)の「さき」は、時間軸上に位置する認知主体を想定した動的な時間認識を用いて説明されていた。しかし、「食事」と「お風呂」という2つの出来事の順序関係を表している(1c)の文を解釈する際に、時間軸上の認知主体や、認知主体の移動や時間の流れといった動きが想起されるのだろうか。この点について、次節以降、国広（1997）、碓井（2002, 2008）を取り上げ考えていきたい。

2.1.3　国広（1997）

　国広（1997）は、1つの現象素*2と視点の位置を組み合わせることによって、「さき」の多義を説明している。国広（1997）は、「さき」の現象素を、「方向性を持ったタテ長の物のBの部分」であるとし、図2のように示している。

　図2において、黒い矢印（→）は、AからBへの方向性を表しており、その先端（つまり、白い矢印（⇧）で示されたBの部分）が「さき」である。国広（1997）は、「さき」の時間義は、上記の現象素から派生した空間義からの時空比喩*3によって派生したものであるとし、「さき」の時間義として3つの場合を挙げている。まず1つ目を図3に示す。

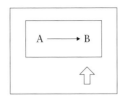

図2 「さき」の現象素(国広(1997: 250))

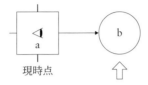

図3 「さき」の現象素の派生義(視点が現時点)(国広(1997: 252))

　図3において、時間はaからbへと流れており、aは発話時となる現時点、bは未来の時点を表している。ここでは、図2の「さき」の現象素にあった方向性の要素が時間の流れに置き換えられ、国広(1997)は、この時間の流れを「時の矢」と呼んでいる。また、観察者の視点は常にaの位置にあり、時の矢と共に時間の中を移動する。そのため時の矢の先端のbは、観察者の視点から見れば常に未来時にあり、ここから「さき」の未来時の意味が生まれるのだと説明する。以下の(4)は、図3で示される「さき」の例である。

(4) a. さきが思いやられる
　　 b. お先まっくら　　　　　　　　　　　　　(国広(1997: 252))

　次に国広(1997)は、図3の派生的な場合として、以下の図4に示す「さき」も挙げている。図4においても、視点は図3と同様に時の矢に乗っており、時間は過去から未来に向かって流れている。
　ここでは、観察者の視点が、時の流れの中に固定して横たわる「物語」に沿って移動するように捉えられ、この図で示される「さき」の例には、以下の(5)がある。

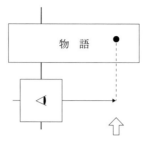

図4 「さき」の現象素の派生義（図3の派生的なケース）（国広（1997: 252））

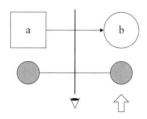

図5 「さき」の現象素の派生義（客観的視点）（国広（1997: 252））

(5) 物語のさき　　　　　　　　　　　　　　（国広（1997: 253））

　最後に、国広（1997）は「さき」の時間義の3つ目として、図5を提示している。

　国広（1997）は、図5の視点は時の矢上にはなく、「客観的視点」をとっている、という点で図3、図4とは大きく異なるとしている。図5において、aとbは2つの出来事を表しており、出来事はbからaの順で客観的視点の前を流れていると理解される。時間は図3、図4と同様に過去から未来に向かって流れているため、出来事bの方が時間的に早く視点の前を通過することになり、そのことを白い矢印（つまり「さき」）は表している。国広（1997）は、この「さき」は「順序」の意味を生み出す、としており、例として以下のようなものを挙げている。

(6) a. さきに出かける
　　 b. 代金をさきに払う　　　　　　　　　　（国広（1997: 254））

以上を踏まえると、国広（1997）では、(1c)「食事よりさきにお風呂に入る」の「さき」は図5の例ということになる。「食事をとる」という出来事が図5のa、「お風呂に入る」という出来事がbとなり、時間的に早く客観的視点の前を通過する「お風呂に入る」という出来事bが「さき」で示されていると解釈される。

2.1.4　楢和（1998）と国広（1997）の比較

　2.1.2、2.1.3節では楢和（1998）と国広（1997）での「さき」の分析について記述した。未来方向を指示する「さき」の両者の分析はよく似ており、本稿では、未来方向を指示する「さき」の分析には楢和（1998）の立場を採用する。過去方向を指示する「さき」に関しては、両者はどちらも時間の流れを重視した動的な時間認識をもとに分析を行っている点が共通している。一方、楢和は時間軸上に位置する認知主体を常に想定しているが、国広では、時間軸上の認知主体だけでなく客観的視点に位置する認知主体が想定されており、認知主体の視点の捉え方には両者において違いがみられる。

2.2　静的な時間認識

　本節では、動的な時間認識だけでなく、静的な時間認識の存在について言及している碓井（2002, 2008）を概観する。碓井（2002, 2008）は、静的な時間認識を以下のように図式化している。

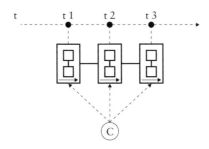

図6　碓井による静的な時間認識（碓井（2008: 19））

　図6では、出来事が発生した順に並べられている。ここでは、この出来事の順序関係のみがプロファイルされており、そのプロファ

イルされた順序関係を、認知主体が客観的な場所から眺めていることを図6は表している。碓井（2008）によれば、静的な時間認識においては、出来事同士の順序関係が重要であり、時間の持つ動きは背景化されていて認識されない。

2.3 まとめ

ここまでの先行研究をまとめると、Lakoff and Johnson（1999）と楢和（1998）では、時間認識における視点の問題に関して、時間軸上に位置する認知主体を常に想定している一方、国広（1997）や碓井（2002, 2008）では、時間軸上に位置する視点だけでなく、客観的な視点が想定されていた。また、碓井（2002, 2008）は、動的な時間認識だけでなく、静的な時間認識の存在を主張している。

ここで、(1c) の「さき」について改めて考えたい。(1c) の「さき」は、「食事」と「お風呂」という2つの出来事の順序関係を表しており、ここでは、時間の流れよりも順序関係に焦点があたっていると考えられる。ゆえに、(1c) を解釈する際には、碓井（2002, 2008）によって提示された静的な時間認識と関係づけて捉える必要があるのではないだろうか。さらに、認知主体の視点についても、時間軸上ではなく、客観的な視点を取る必要があると思われる。次節では、これらの点について考え、「さき」の時間用法が、時間認識とどのように関係し、私達が、その意味をどのように解釈しているのか、ということを明らかにする。

3. 分析

「さき」の時間用法と時間認識の関係を明らかにするため、本節では、「さき」の時間用法を「さき①」「さき②」「さき③」に分けて分析を行う*4。

3.1 「さき①」

まず、未来を表すさき①を検討する。以下の例 (7) の「さき」の参照点は、認知主体のいる発話時であり、(7) の「さき」は、

参照点からみた未来を表している。

(7) これから<u>先</u>、フィギュアスケートをやっていくとして、（後略）　　　　　　　　　　　　　　（『朝日新聞』2022 年 2 月 15 日朝刊）

さき①については、2.1.4 節で述べたように楢和（1998）の分析を採用し、以下に（7）の分析を短くまとめる。（7）の「さき」は、時間軸上に位置する認知主体が未来に向かって移動する「主体の動き」を時間の流れとみなす動的な時間認識と関係づけられ、この「主体の動き」の方向に「さき」のイメージスキーマが一致して、未来方向を示す、と考えられる。

3.2　過去方向を表す「さき②」

次に、さき②を分析する。(8) に示すように、さき②は、順序関係というよりも、過去の意味を強く喚起する。

(8) <u>先</u>の衆議院選挙では、4 年前の前回の選挙よりも 41 人多い、97 人の新人が当選しました。　　　　　（NHK NEWS WEB 記事）

楢和（1998）の時間認識の型を用いて（8）の「さき」の分析を試みると、この「さき」は「時間の見かけ上の動き」を時の流れとみなす時間認識と関係づけられ、「さき」のイメージスキーマが、「時間の見かけ上の動き」の進行方向に一致して過去方向を示す、と分析することができる。また、国広（1997）の説明に従えば、客観的視点から時の流れが捉えられる、「さき」の時間義の 3 つ目（図 5）に分類される。

しかし（8）の「さき」の解釈において、認知主体が客観的視点をとっている、という点には疑問が残る。(8) の「先の衆議院選挙」とは、発話時から最も近い時期に開かれた衆議院選挙を指している。つまり、さき②で示される過去の時点には発話時とのつながりがあり、このさき②で示される過去時を解釈する際には、発話時に位置する認知主体の存在を感じざるを得ない。ゆえに、認知主体

の視点として、国広（1997）の主張する客観的視点を想定することは難しく、さき②の示す時点は、楢和（1998）の主張するような、時間軸上に位置する認知主体を想定した時間認識との関係で解釈する必要がある。

　以下に、さき②のさらなる例（9）を挙げる。なお（9）の破線は、「さき」で示されている箇所を表している。

(9) 確かに、「持っていない人」には厳しい現実が待っているようだ。住宅専門のファイナンシャルプランナー（FP）の有田美津子さんが、「新築のマンションをご希望なさっていて、いろいろ調べているうちに、あまりに高すぎるのでバカバカしくなって、戸建てに希望をチェンジした方がいらっしゃいました」と言えば、プレ定年専門FPの三原由紀さんも、（中略）間違いなくフォローの風が吹いているのは「地方移住」を考えている場合だろう。先の住宅専門FPの有田さんが言う。「地方と言っても完全な田舎じゃなくて人口10万～15万人の地方都市なら、（後略）

（『週刊朝日』2022年10月28日、下線、破線は筆者）

　（9）の「さき」は楢和（1998）の時間認識の型にあてはめると、「時間の見かけ上の動き」を時の流れとみなす時間認識と関係づけられ、「時間の見かけ上の動き」の進行方向に「さき」のイメージスキーマが一致して過去方向を示す、というように分析される。一方、国広（1997）の説明に従えば、客観的視点から時の流れが捉えられる「さき」の時間義の3つ目（図5）に分類される。

　しかし（9）においても、（8）と同様に認知主体が客観的視点をとっているとするのは疑問である。（9）では、発話時よりも過去に登場した人物（有田さん）に言及するために「さき」が用いられており、この「さき」は、発話時からみた過去時を指している。つまり、（9）の「さき」も、発話時から捉えられた過去の時点を指示しているため、この「さき」の意味を解釈するには、現時点という時間軸上にいる認知主体の存在を想定する必要がある。

以上の分析から、過去の意味を強く表すさき②は、参照点が発話時に固定されるため、時間軸上に位置する認知主体が想起され、時間が、その認知主体の前から後ろへと流れていると捉える、動的な時間認識と関係していると述べることができる。

3.3　順序の意味を強く表す「さき③」

　次に、「さき」が過去の意味よりも、順序関係を強く表している場合の例を分析していく。

(10) a. 商品より<u>先</u>に請求の案内が届きました。

(Paidy ホームページ)

　　　b. 弟は私よりも<u>先</u>にバス停に着いた。　　　(Weblio)

　(10) の「さき」は、楢和 (1998) の分析では、(8) と (9) の「さき」と同様に説明される。つまり、(10) の「さき」は、「時間の見かけ上の動き」を時の流れとみなす時間認識と関係づけられ、「時間の見かけ上の動き」の進行方向に「さき」のイメージスキーマが一致して過去方向を示す、というように分析される。また国広 (1997) の分析では、(8) と (9) の「さき」と同様に、「さき」の時間義の3つ目 (図5) として説明される。

　以上を踏まえ、(10) の「さき」について考えたい。まず (10a) の「さき」に関しては、客観的視点をとる認知主体を想定する必要があると考える。なぜなら、(10a) の「さき」の参照点は「商品が届く」という出来事であり、参照点は発話時ではないため、(10a) において、時間軸上にある認知主体を参照とした時間の流れを想起することができないからである。また (10b) の「さき」においても参照点は「私がバス停に着く」出来事であり発話時ではないため、(10a) と同様に、客観的視点をとる認知主体を想定する必要があるだろう。さらに、(10) の両文が表しているのは、2つの出来事間の順序関係である。つまり、(10a) では、「商品が届く」出来事と「請求の案内が届く」出来事の順序関係、(10b) では、「私がバス停に着く」出来事と、「弟がバス停に着く」出来事の

順序関係に焦点があたっている。ゆえに、静的な時間認識との関係で捉える必要がある。

以上の分析から、(10)でみたようなさき③は、参照点が認知主体のいる発話時に固定されず、特定の出来事となり、その場合認知主体は、参照点となる出来事とさき③で示される出来事の順序関係を客観的な場所から眺めていることが想定される。さらに、ここで重要なのは2つの出来事同士の順序関係であることから、さき③は、動的な時間認識ではなく、静的な時間認識との関係で捉える必要があり、さき②とさき③の時間認識には違いがあるといえる。

3.4 まとめ

以上の分析から、「さき」の時間用法は、3つの異なる時間認識と関係していると述べることができる。

まずさき①では、認知主体は時間軸上に位置し、その認知主体の移動を時間の流れとみなす、動的な時間認識と関連して意味が理解される。よって、さき①は未来を指示する。

次に、過去方向を示す「さき」に関しては、時間認識の違いから、さき②とさき③に分ける必要がある。さき②では、参照点が発話時に固定されるため、時間軸上に位置する認知主体を想定することができ、時間の流れが強く意識される。そして、さき②では、その認知主体の前から後ろを物体が流れていく動きを時間の流れとみなす、動的な時間認識と関係づけて解釈される。その結果、さき②は、順序よりも、過去の意味を伝えると考えられる。

一方、さき③では、参照点が発話時に固定されず「特定の出来事」となり、解釈の際に時間軸上に位置する認知主体を想定することができない。ゆえに、認知主体は、客観的な場所から参照点ともう一方の出来事の順序関係を眺めていると想定される。そして、さき③は、時間の流れが強く意識されない静的な時間認識との関係で捉えられ、過去の意味よりも、順序関係を強く表すということができる。

4.「さき」に関する調査結果

本研究では、過去方向を示す「さき」について、3節で述べた、さき②とさき③の時間認識との関係が一般性をもつものかどうかを確認するため、アンケートを行った。本節では、そのアンケートについての結果と考察を述べる。

4.1 調査のプロセス

本アンケートは、27名の日本語母語話者に対して行った。参加者に対し、6つの例文を提示し、各例文に4つの設問を用意した。まず問1で、例文で用いられた「さき」の意味が過去か順序のどちらであるかを尋ね、問2で「さき」の参照点を尋ねた。問3では「さき」を理解する際の認知主体の位置について尋ね、時間軸上にあるのか、それとも客観的視点をとるのかを選択してもらった。最後に問4では、時間の流れの有無を問うた。以下の表に、アンケートで用いた例文と結果を示している。なお、表1には、問2で多くの参加者が、参照点は発話時であると答えた例文の結果を、表2には、多くの参加者が、参照点は発話時以外であると答えた例文の結果をまとめ、一覧にしている。

4.2 調査の結果

まず参照点が発話時となる表1の例文に関して、（ⅰ）「先の衆議院選挙」と（ⅱ）「先の大戦」では、全ての回答者がこの「さき」は「過去」の意味であると答えている。またこの2つの例文の認知主体の位置に関しては、8割以上の人が（a）、つまり認知主体は時間軸上に位置していると解釈できると答えた。そして、（ⅰ）と（ⅱ）の時間の流れに関しては、認知主体の前から後ろに流れる時の流れを感じると回答した人が8割を超える結果となった。よってこれらの結果は、参照点が発話時の時、時間軸上の認知主体を想定することができ、「さき」は動的な時間認識と関係して捉えられていることを示している。

一方、表1の（ⅲ）「先で述べたように」の結果は、3.2節で述

表1　参照点が発話時の「さき」

参照点：発話時	意味	認知主体の位置＊5	時間の流れの有無
（ⅰ）先の衆議院選挙では、4年前の前回の選挙よりも41人多い、97人の新人が当選しました。　　　（＝（8））	過去…100%	(a) ＊6…89%	有…89%
	順序…0%	(b) ＊7…7%	無…11%
（ⅱ）日本は、先の大戦で、310万人の犠牲者が出たといわれます。 　　（出雲市ホームページ）	過去…100%	(a) …85%	有…85%
	順序…0%	(b) …11%	無…15%
（ⅲ）先で述べたように、被害に遭いにくい植物をエサと認識せず、(後略) 　　（Think and Grow Ricci）	過去…48%	(a) …48%	有…41%
	順序…52%	(b) …48%	無…59%

表2　参照点が発話時以外の「さき」

参照点：発話時以外	意味	認知主体の位置	時間の流れの有無
（ⅳ）商品より先に請求の案内が届きました。 　　（＝（10a））	過去…4%	(a) …0%	有…4%
	順序…96%	(b) …96%	無…96%
（ⅴ）彼女は太郎よりも先に教室に入った。	過去…0%	(a) …0%	有…19%
	順序…100%	(b) …96%	無…81%
（ⅵ）同僚はそばに来て加藤の肩をぽんと叩いた。「じゃ、お先に。」「ああ、お疲れ。」加藤は煙草に火をつけ、首を回した。 　　（BCCWJ,東野圭吾『幻夜』）	過去…7%	(a) …19%	有…26%
	順序…93%	(b) …78%	無…74%

べたさき②の条件とは異なる結果となった。(ⅲ)の「さき」は、「先で」となっていることから、(ⅰ)(ⅱ)の「先の」とは、「さき」に後続する助詞が異なっている。また発音に関して、(ⅰ)(ⅱ)の「先の」は、頭高のアクセントになるが、(ⅲ)の「先で」ではそうはならないため、(ⅲ)と(ⅰ)(ⅱ)の「さき」には後続

する助詞や発音において違いがあるといえる。これらの点に関してはさらなる議論の余地があると考えるが、後で取り上げる、参照点が発話時以外になる場合に比べると、回答において選択肢ごとの差は少ないことから、(ⅲ)においては、過去と順序の意味で曖昧になると思われる。

次に、参照点が発話時ではなく、特定の出来事となる表2の結果についてみていきたい。表2で示されているように、参照点が発話時ではない場合、ほぼ全員の回答者が、「さき」の意味は順序(つまりさき[3])であると答える結果となった。また、認知主体の位置に関する質問では、表2の全ての例文で、大半の回答者が(b)、つまり、認知主体は時間軸上に乗っておらず、2つの出来事間の順序関係を時間軸の外から眺めている、と答える結果となった。また、時間の流れの有無に関しても、「時間の流れを感じない」と答える人が大多数を占めていた。したがって以上の結果は、参照点が発話時でない時、認知主体は客観的視点をとり、また静的な時間認識との関係で「さき」が捉えられ、順序関係を強く表すことを示している。

したがって今回のアンケート結果からは、参照点が発話時であるかどうかで、過去方向を示す「さき」の時間認識のタイプが異なっているということを示すことができた。

5. おわりに

本稿では、「さき」の時間用法に焦点を当て、(1b)や(1c)のような過去方向を指す「さき」は、異なる時間認識に基づいていることを示した。先行研究では、(1b)や(1c)の「さき」を解釈する際に感じる違いを十分に説明することができていなかった。そこで、本稿では静的な時間認識(碓井(2002, 2008))の視点を取り入れ、過去方向を指示する「さき」のなかで順序関係を強く表す「さき」を静的な時間認識と関係づけることで、過去方向を指示する「さき」の用法を、過去を強く意味するさき[2]と順序を強く意味するさき[3]の2つに分類した。さらにアンケートの結果からは、さ

き②とさき③に関する上記の点を確認することもできた。アンケートの結果、さき②とさき③では、参照点の違いによって、異なる時間認識と関係していることが示された。つまり、参照点が発話時のときは時間軸上に位置する認知主体が想定でき、「さき」は、動的な時間認識と関連しているさき②として解釈される。一方、参照点が発話時でない時は、認知主体が客観的な視点から順序関係を眺める、静的な時間認識と関連したさき③として解釈されるといえる。

したがって「さき」の時間用法は、異なる時間認識ごとにさき①、さき②、さき③の3つの場合に分けられると結論づけられる。しかしながらアンケートでは、さき②とさき③で曖昧になるケースもあった。さき②に関しては、助詞や発音との関係についてのさらなる調査が必要である。

注
*1 「イメージスキーマとは人間が外部世界を理解するために具体的な経験を基盤として形成する認知図式」のこと（楢和（1998: 108））。
*2 現象素とは「語の用法と結びついた外界の現象・出来事・物・動作など、感覚で捉えることができるもので、言語外に人間の認知の対象として認められるもの」である（国広（1997: 176））。
*3 国広（1997）は、「元来空間を表す語が時間を表すのに用いられる比喩」を「時空比喩」と呼んでいる（国広（1997: 215–216））。
*4 これらの区別（さき①、さき②、さき③）は、異なる語であることを表しているのではなく、異なる時間認識に基づいた用法の違いを表している。
*5 無回答は除いている。（表2についても同じ。）
*6 （a）とは「認知主体は時間軸上に位置している」とする回答。
*7 （b）とは「認知主体は時間軸の外、つまり客観的視点から眺めている」とする回答。

参考文献
国広哲弥（1994）「認知的多義論―現象素の提唱」『言語研究』106: 22–44. 日本言語学会.
国広哲弥（1997）『理想の国語辞典』大修館書店.
Lakoff, George and Mark Johnson (1999) *Philosophy in the Flesh: The Embodied Mind and Its Challenge to Western Thought*. New York: Basic Books.（ジョージ・レイコフ，マーク・ジョンソン 計見一雄訳（2004）

『肉中の哲学―肉体を具有したマインドが西洋の思考に挑戦する』哲学書房)

楢和千春（1998）「方向認識の非対称性とことばの意味の拡張―「まえ」を中心に」『Dynamis―ことばと文化』2: 94–116. 京都大学大学院人間・環境学研究科言語科学講座.

碓井智子（2002）「時間認知モデル―認知言語学的観点からの考察」『言語科学論集』8: 1–26. 京都大学大学院人間・環境学研究科言語科学講座.

碓井智子（2004）「空間から時間へ―写像の動機付けと制約」『言語科学論集』10: 1–17. 京都大学大学院人間・環境学研究科言語科学講座.

碓井智子（2008）「時間認知モデル―7つの普遍的特性と6つの時間認知モデル」『認知言語学論考』8: 1–80. ひつじ書房.

例文出典

『朝日新聞』2022年2月15日朝刊.

『現代日本語書き言葉均衡コーパス（BCCWJ）』国立国語研究所, https://clrd.ninjal.ac.jp/bccwj/, 検索日2022.10.5.

出雲市ホームページ, https://www.city.izumo.shimane.jp/www/contents/1597981437113/simple/hikawatyouizokukai_kotoba.pdf, 参照日2022.10.3.

NHK NEWS WEB記事, https://www3.nhk.or.jp/news/html/20211110/k10013341451000.html, 参照日2022.10.10.

Paidyホームページ, https://faq.paidy.com, 参照日2022.10.20.

『週刊朝日』2022年10月28日号.

Think and Grow Ricci, https://www.kaku-ichi.co.jp/media/wildlife/pest-control-with-untargeted-food, 参照日2022.9.25.

Weblio, https://www.weblio.jp/content/%E5%85%88%E3%81%AB, 参照日2022.10.3.

「最の高」考

今野弘章

1. はじめに

本稿では（1）下線部の日本語表現に注目する。（以下、例および引用中の下線は全て筆者による。）

(1) カバー曲も聴けて最高でした！　本当もう最の高でしたとしか言えない本当素晴らしいライブでした！*1

「最高」という語の内部に連体助詞の「の」が割り込んでいる点が特徴的な表現である。

本稿は、「最の高」が「うまっ」のような「イ落ち構文」（今野（2012））との対比において興味深い類像性（iconicity）を示すことを論じる。2節では議論の前提としてイ落ち構文に観察される類像性を確認し、本稿の目的を定める。3節では「最の高」の文法的特徴を記述し、当該表現が意味的には「最高」と同等でありながら、「最高」にはない発話モードや文体の指定を伴うことを指摘する。4節では「最の高」が示す類像性を指摘し、それが2節で観察したイ落ち構文の類像性と対照的なことを論じる。5節では本稿の議論をまとめる。

2. イ落ち構文が示す2種類の類像性

日本語には、「暑っ」（cf.「暑い」）のように、形容詞語幹が単独で発話されるイ落ち構文が存在する。今野（2012）と Iwasaki（2006, 2014）は、イ落ち構文がその形式的特性に応じた類像性を示すことをそれぞれ指摘している。

2.1 機能語の欠如と聞き手志向性の欠如

今野（2012）によれば、イ落ち構文では形式上の欠如と機能上の欠如が類像的に対応している。まず形式面について、イ落ち構文は、機能範疇の補文化辞 C、時制辞 T、否定辞 Neg を欠き、叙述関係の存在を保証する小節（small clause）のみからなる、統語的に不完全な構造をもつ*2。

(2) [AP [*埋め込み] (主語名詞句) 形容詞語幹 [+声門閉鎖]]

(今野（2012: 15））

(2)の表示において、「[*埋め込み]」はイ落ち構文が埋め込みを許さない主節現象であること、「主語名詞句」を囲む丸括弧は当該要素が随意的であること、「[+声門閉鎖]」はイ落ち構文の形容詞語幹が声門閉鎖音（「っ」と表記）を伴うことを示す。

(2)の統語構造のうち、本稿では機能範疇の時制辞（およびその投射 TP）が欠如している点に注目する*3。当該の形式的欠如を裏付ける言語事実は以下の通りである。まず、イ落ち構文には形容詞終止形活用語尾の「い」が存在しない。そして、その不在の「い」は本来時制辞の役割を果たす（例：「暑い／暑かった」）。

関連して、イ落ち構文は主語をとることができるが、その主語を主格の「が」で標示すると不自然に響く。

(3) a. おじいちゃん若っ。
    b. *おじいちゃんが若っ。

(今野（2012: 11））

主格付与が（定形の）時制辞によって行われる（竹沢（1998））とすると、(3)の対比は、イ落ち構文には時制辞が存在せず、主格標示の前提となる主格付与がそもそも行われていないことを示唆する。

次に、イ落ち構文における機能上の欠如についてみていく。今野は、(4)に挙げる廣瀬（1997）の「私的表現行為／公的表現行為」という表現行為の二分類に基づき、当該構文が(5)の機能的特徴

をもつと指摘している。

(4) a. 伝達を目的とした、社会的営みとしての思考表現行為を「公的表現行為」と呼び、公的表現行為で用いられる言語表現を「公的表現」と呼ぶ。
b. 伝達を目的としない、個人的営みとしての思考表現行為を「私的表現行為」と呼び、私的表現行為で用いられる言語表現を「私的表現」と呼ぶ。　　　（廣瀬（1997: 6））
(5) イ落ち構文は、話者が、眼前の事態や対象に対し、瞬間的現在時の直感的な感覚や判断を表出する私的表現行為専用の構文である。　　　　　　　　　　　（今野（2012: 15））

公的表現（行為）が話し手の聞き手に対する伝達意図（以下「聞き手志向性」と略記）を含むのに対し、私的表現（行為）は含まない。この点において、両表現（行為）は截然と区別される。

(5) の特徴のうち、イ落ち構文における機能上の欠如と関わるのは、当該構文が私的表現（行為）に特化しているという点である。この機能特化は、当該構文が公的表現としては機能しないという事実によって確認できる。イ落ち構文は「言う」の直接引用補部には問題なく生起できても、「伝える」の直接引用補部には生起しにくい。

(6) a. 太郎は、花子の部屋に入るなり、「汚っ。」と言った。
b. *太郎は、花子の部屋に入るなり、彼女に「汚っ。」と伝えた。　　　　　　　　　　　　　　　　（今野（2012: 20））

何かを「言う」際、我々が口にする言語表現は聞き手志向性を帯びていても帯びていなくても構わない。それに対し、何かを「伝える」という行為は必ず聞き手の存在を要求し、伝達行為における言語表現は聞き手志向性を必ず帯びる。この一般的特性を踏まえると、イ落ち構文が「伝える」の直接話法補部に生起できないという事実は、当該構文が私的表現としては機能できても公的表現としては機

能できないことを意味する。私的表現と公的表現は聞き手志向性の有無において異なるのであるから、私的表現に特化したイ落ち構文は、聞き手志向性を欠くという点で、機能的欠如を含む構文だといえる。

　今野（2012: 25-26）は上記の観察を総合し、「欠如」という観点から、イ落ち構文では機能範疇の欠如と聞き手志向性の欠如が類像的に対応していることを指摘している。今野の指摘は生成統語論における「機能範疇／語彙範疇」の概念を用いたものだが、本稿では理論中立的な立場からこの類像的関係を捉え直す。

　すでに断ったように、本稿ではイ落ち構文における時制辞の欠如に注目する。この欠如を端的に示すのは、当該構文に形容詞終止形活用語尾「い」が現れないという事実である。この事実は、「この部屋は汚い」のような通常の形容詞文において、形容詞語幹が「い」による形態的支えを受けるのとは対照的である。そして、その「い」は、実質的意味よりも文法的機能を中心とし、「内容語／機能語」の対立における機能語に相当する。

　これを踏まえ、本稿ではイ落ち構文に関して今野（2012）が指摘した類像的関係を（7）のように捉え直す*4。

(7) 本来あるべき機能語をもたない言語形式が、聞き手志向性をもたない私的表現として機能する。

以上、イ落ち構文が「欠如」に関する類像性を示すことをみた。

2.2　形の短さと反応時間の短さ

Iwasaki (2006, 2014) は、言語の表出的用法に注目し、話者が自身の内的状態（internal state）を言語で表出する際、言語形式と神経処理過程（neurological process）の間に、言語形式が単純になればなるほど対応する神経処理過程もより単純になるという類像的関係が成立することを指摘している（Iwasaki (2014: 63)）。そしてIwasakiはこの類像性を示す表出的表現にイ落ち構文を含めている。

Iwasakiの主張は本稿との関連で次のようにまとめることができる（特にIwasaki（2014: 62-73）を参照）。痛みを単純に知覚し、その知覚を表出する際には「痛いっ」という形容詞一語文を用いることができる。さらにその単純な知覚は、縮約形式の「痛っ」というイ落ち表現として表すことも可能である。それに対し、痛みの知覚が複雑化すると「お腹が痛いっ」のように形式も複雑化して二項的に表される。このように、表現の単純さ（複雑さ）と知覚の単純さ（複雑さ）が類像的に対応する。

　特にイ落ち構文そのものに関しては、Iwasaki（2006: 334）は、「痛い！」の縮約形「痛っ！」（および関連する他の表現）を挙げ、イ落ち構文の形態的単純さが当該構文が表す反射の処理過程の単純さと類像的に対応すると観察している*5。

　この類像性の議論において、Iwasaki（2014: 68-70）は「*くやしっ」という例を挙げながら、感情を一般に表す形容詞はイ落ち化が不可能と指摘している。しかしながら、実際は、イ落ち構文は「痛っ」のような知覚以外に、「懐かしっ」（冨樫（2006: 167））のような感情を表すことも可能である。知覚と感情にまたがって使用できるということは、少なくともイ落ち構文に関する限り、実際の神経処理過程上の差という基準は厳密すぎることを示唆する。そこで、本稿ではIwasakiの指摘をその主旨を保ちながら再解釈する。

　その際に重要となるのが、(5)のイ落ち構文の機能的特徴のうち、「話者が、眼前の事態や対象に対し、瞬間的現在時の直感的な感覚や判断を表出する」という点である。「瞬間的現在時」は中右（1994）の概念で、発話時のみを切り取った点的な現在時解釈のことをいう。下線部に注目すると、イ落ち構文は、話者の、自らが接している事態に対する時間を置かない反応を表すといえる。この特徴を「即応的」と呼び、それとは対照的な特徴、すなわち、話者の、自らが接している事態に対する時間を置いた反応を表すことを「非即応的」と呼ぶ*6。イ落ち構文が専ら即応的に用いられることは、当該構文が過去時を表す副詞的表現とは共起しないという事実から確認できる。

(8) これ（*さっきは）うまっ。　　　　　　（今野（2012: 18））

「さっきは」を含めると時間解釈が発話時から離れ、イ落ち構文の即応性が満たされなくなる。

　イ落ち構文の即応性を考慮すると、Iwasakiが指摘する類像性は次のように捉え直すことができる。形式面では、イ落ち構文は標準形式（例：「うまい」）に比べて「い」を欠く点で形が短い縮約形式であり、機能面では、話者がなんらかの刺激を受けてから発話するまでの時間が短い即応的表現である。この形と意味の対応は以下の類像的関係としてまとめられる。

(9) 相対的な縮約形式が即応的表現として機能する。

このように、イ落ち構文は「短さ」に関する類像性も示す。

2.3　対照的な類像性を示す現象を求めて

　これまでみてきたように、イ落ち構文では（10）に再掲する「欠如」と「短さ」に関する2タイプの類像性が同時に観察される。

(10) a. 本来あるべき機能語をもたない言語形式が、聞き手志向性をもたない私的表現として機能する。　　　(= (7))
　　 b. 相対的な縮約形式が即応的表現として機能する。(= (9))

これらの類像的関係は裏返しの関係すなわち「存在」と「長さ」に関する類像的関係の存在をそれぞれ示唆する。

(11) a. 本来あるべきでない機能語をもつ言語形式が、聞き手志向性をもつ公的表現として機能する*7。
　　 b. 相対的な迂言形式が非即応的表現として機能する。

次節以降では、この2タイプの類像的関係が「最の高」においてみられることを論じる。

3.「最の高」の言語学

「最の高」における類像性を議論する前に、本節では当該表現を文法的に記述し、その基本的性質を明らかにする。以下では、「最の高」が意味論的に「最高」と同等でありながら、語用論的に「最高」にはない文体や発話モードの指定を伴うことを示す。

例（1）から明らかなように、「最の高」という表現は、連体助詞「の」が「最高」という語の中に挿入されている点で形態的に顕著な特徴をもつ。

統語論的にみると、「最の高」の品詞は、「{最高／最の高} な一日」という例が示すように*8、基体語の「最高」と同じ形容名詞である。

意味論的には、「最の高」の中核的な意味はやはり基体語「最高」と同一である。このことは次例で「最の高」が「最高」と言い直されていることからもみてとれる。

(12) 友達って最の高。最高だよ。みんな、彼氏を大切にするのも良きだけど、お友達を大切にしよう*9。

「最の高」を解釈する際、聞き手は必ず基体語「最高」を想起する。
次の引用は『意味解説辞典』というサイトにある「最の高」の解説である。下線部（イ）からも「最の高」が「最高」を参照して解釈されることが分かる。

(13)「最の高」は「さいのこう」と読みます。意味は「(イ) 最高であることを (ロ) 強調した言葉」です。単純に「最高」というよりも、「の」を入れて間を開けることで、(ハ) 少しひねりのある満足感を表しています。［…］同じ様な言い方に「もちのろん（もちろん）」「了の解（りょうかい）」などがあります*10。

では、「最の高」が基体語「最高」と完全に同じかというと、そ

ういうわけではない。(13) 下線部（ロ）、（ハ）にもみられるように、「最の高」は「最高」にはない語用論的特徴をもつ。

　まず、「最の高」は、当該表現が与える印象が砕けて畏まっていない所謂カジュアルなものであるという文体的特徴をもつ((13)下線部（ハ）参照)。これは、(13) にもあるように、「もちろん」に「の」を語中挿入して「モチのロン」と言うような以前からある言葉遊び（飯間 (2019: 50)）から継承されたものと考えられる。注意すべきは、この文体的特徴が、助詞「の」自体がもつものではなく、「の」を語中挿入した表現全体が帯びるものだという点である。

　「最の高」では「の」の語中挿入がカジュアルさの引き金になっているが、挿入される要素は「の」に制限されない。非網羅的ではあるが、他の助詞や助動詞といった機能語((14))、外来語の機能語((15))、外来語の罵り語((16)) など、幅広い要素が挿入され得る。

(14) a. この肉、最が高 death *11
　　 b. どう考えても最を高し過ぎだった *12
　　 c. ひね鳥キーマ最に高 *13。
　　 d. 最で高な映画 *14
　　 e. 食感が最な高（サイナコー）な玉ねぎ！*15
　　 f. 親子丼インダハウス 安と心と最と高 *16。
(15) a. 「最 & 高」（さいあんどこう [1]）*17
　　 b. [...] ストーリーが最 of 高なんです *18
　　 c. 最 the 高とは、気分が最 the 高なのである *19, *20。
　　 d. 焼き干し最 with 高！*21
(16) 最 fucking 高 *22

多様な要素が語中に挿入され、いずれも発話全体に対してカジュアルな響きを与えている。こうしたバリエーションからも、「最の高」が言葉遊びの一種に位置づけられることが分かる。

　関連して、「最高」と意味的に対立する「最悪」や「最低」にも

「の」の語中挿入が観察される。

(17) 最の悪の最の低 (;´д`)*23

こうした表現では、「の」の語中挿入のカジュアルさにより、「最悪」や「最低」という発話に付随する深刻さが緩和されている。

カジュアルさを文体的特徴とする日本語の派生語は「最の高」に限られない。Tsujimura and Davies (2011) や Akita (2012) は、「コピる」(cf.「コピーする」)のような、動詞「する」の縮約形「る」を含む名詞派生動詞が playfulness という文体的特徴を一般にもつことを指摘している。これは「最の高」と同様と考えられる。

この文体的特徴に加え、「最の高」は発話モードが限定され、感情的に響く。ここで「感情的」と呼んでいるのは、Jakobson (1960) が (18) のように述べる言語の一機能のことである (Zwicky and Pullum (1987)、Potts (2005) も参照)。

(18) The so-called EMOTIVE or "expressive" function, focused on the ADDRESSER, aims a direct expression of the speaker's attitude toward what he is speaking about.

(Jakobson (1960: 354))

例えば、形容詞 big の母音を延伸した [bi:g] という発話 (Jakobson (1960: 354)) は、big と評価する対象に対する話者の態度を直接表す。これと同様の機能が「最の高」には備わっていると考えられる。

「最の高」が伴う感情的響きは次の例で確認できる。

(19) […] ニヤニヤが止まらない毎日だ。マジで最高！ 最の高！*24

ここでは、書き手はまず、話題となっている毎日の状況を「最高」と評価している。そして「最の高」と続け、当該の状況に対する自

らの気持ちの高ぶりを直接的に表している。なお、ここで「感情的」と呼ぶ特徴は、発話時に話者が抱いている「気持ちの強調」と呼ぶことも可能である（(13) 下線部（ロ）も参照）。この発話モード上の特徴も、助詞「の」そのものに由来するのではなく、「の」の語中挿入によって表現全体が帯びるものである。

　本来は語中に現れない要素を語中に挿入した際に感情的発話に響くという現象は、fan-fuckin-tastic や Ala-fuckin-bama（McCarthy (1982: 574)）のような、英語の罵り言葉の接中辞用法（expletive infixation: McCarthy (1982), Zwicky and Pullum (1987), Yu (2007)）にも観察される。感情的性質を構成要素に還元できるか否かという観点から比較すると、「最の高」は「の」自体に当該の性質を還元することができないという点で不透明な表現であり、英語の罵り言葉の接中辞用法は罵り言葉自体が当該の性質をもつという点で透明な表現だといえる。

　これまで「最の高」がカジュアルさという文体的特徴および感情的という発話モードの指定を受けることをみてきた。これは、(20) の引用にあるような、多くの接中辞が共有する特徴と類似している。

(20) [...] many infixes are associated with language games and onomatopoeic or expressive language.　(Inkelas (2014: 166))

さらに、基体語「最高」の「最」と「高」はそれぞれ独立した語としては存在せず（(21)）、(22) の引用にある接中辞を囲む要素の条件を満たす。

(21) カバー曲も聴けて最高でした！　本当もう {*最でした／*高でした} としか言えない本当素晴らしいライブでした！
(cf. (1))

(22) Operationally, I consider an affix infixing if it appears as a segmentally distinct entity between two strings that form a meaningful unit when combined but do not themselves

exist as meaningful parts [...].　　　　(Yu (2007: 10))

　しかしながら、「最の高」で語中挿入されている「の」は接中辞化してはいない。「最の高」を構成する分節音は、「の」を除き、基体語「最高」と共通であるが、両表現のアクセント構造は大きく異なる。「最の高」は「の」の前後に頭高型アクセントを1つずつもち、「さいのこう」という句的なアクセント構造をとる。基体語「最高」は平板型アクセントで「さいこう」と発音され*25、アクセント単位は1つである（それぞれ図1と図2、Praatで作成）。

図1　「最の高」のピッチ曲線

図2　「最高」のピッチ曲線

　これは「最の高」の「の」が接中辞化している場合には予測されない特徴である。例えば、日本語の接中辞とされる「っこ」（木戸(2022)）をみてみると、「落ちる」「落っこちる」のように、接中辞の有無に関わらず、アクセントは1つである。接中辞と類似した語用論的特徴が見られること自体は事実だとしても、「最の高」における「の」は連体助詞の資格を保っていると考えられる（((14a, b) で「が」「を」が主格と対格として機能している点にも注目されたい)。

　「最の高」はアクセントにおいては句的振る舞いを示すが、統語的・意味的には一語性を示す。このことは、これまでの例が示すように「最の高」が「最高」と同じ品詞・意味であること、「最」や「高」単独では意味をなさないこと（(21)）、さらに(23)にあるように「最の高」が一語として程度修飾を受けることから確認できる。

(23) ほんとゆずこしょうめちゃ最の高なのに ［…］＊26

「最の高」と基体語「最高」との関係および「最の高」内部の意味と形の対応は、Relational Morphology（Jackendoff and Audring (2020: 121, 246)）の形式化を用いて以下のようにまとめられる。(24a)が「最高」、(24b)が「最の高」に対応する。

(24) Semantics:　　　a. SAIKO$_1$　　b. SAIKO$_{1,2}$
　　　Pragmatics:　　　　—　　　　　[Utterance Mode: emotive,
　　　　　　　　　　　　　　　　　　　Register: casual]$_2$
　　　Morphosyntax:　　N$_1$　　　　{$_N$ N$_1$, adnominal particle$_3$}$_2$
　　　Phonology:　　　　/sa i ko o/$_1$　/sa i *no$_3$* ko o/$_{1,2}$
　　　　　　　　　　　　 | | | |　　 | | | | |
　　　　　　　　　　　　 H H H H　　 H *L* *L* H *L*

下付き数字は上下左右のレベル間の対応関係を表す。「SAIKO」は基体語「最高」の意味に相当する。「－」は当該部門が無指定であることを表す。「{ }」は順序付けられていない要素の集合を表す。「*」は、問題の表現（「最の高」）が関連付けられる表現（「最高」）と異なっている部分を囲み、「〜を除いては同じ」という関係を表す。(24)は、「最の高」が、①意味論的には「最高」から性質を引き継ぎ、②語用論的には感情的発話モードとカジュアルな文体を独自にもち、③形態統語的には「最高」と同じ形容名詞に連体助詞が加わった形容名詞であり、④音韻的には連体助詞「の」を除いて「最高」と同じ分節音からなり、そのうち「さ」と「こ」が「最高」の該当部分と同じピッチをもつことを表している。

4.「最の高」が示す2種類の類像性

「最の高」は本来はあるべきでない連体助詞「の」を語中に含む。助詞は機能語の一種であるから、「最の高」はあるべきでない機能語をもつ迂言形式といえ、イ落ち構文と対照をなす。このことから、「最の高」はイ落ち構文と対照的な「存在」と「長さ」に関する類

像性（(11)、以下に再掲）を示すことが期待される。

(11) a. 本来あるべきでない機能語をもつ言語形式が、聞き手志向性をもつ公的表現として機能する。
b. 相対的な迂言形式が非即応的表現として機能する。

以下では、言語学専攻の大学生および大学院生に対して行ったインフォーマルな容認度調査の結果を報告し、「最の高」を容認する話者の一部では、実際に、(11)の2タイプの類像性が観察されることを指摘する。なお、調査は2022年8月に行ったもので、インフォーマントは21–24才（調査当時）の関西地方出身者4名と北陸地方出身者1名（計5名）であった。調査では作例に対して「容認できる」（5点）から「容認できない」（1点）の5段階の評価を求めた。

4.1 機能語の存在と聞き手志向性の存在

まず、「存在」の類像性（(11a)）についてみていく。「最の高」は、公的表現／私的表現のいずれか一方で機能する文脈を設定すると、前者では等しく容認されやすいのに対し、後者では容認する話者と相対的に容認度を低下させる話者が出てくる。

公的表現が要求される文脈として、①友人と食事中に「おいしい？」と聞かれてその質問に回答する談話的場面と②公的表現で用いられる呼びかけの感動詞「ねぇ」や終助詞「よ」（廣瀬（1997）参照）を同一文中に含む「ねぇねぇ、この曲＿だよ」の下線部に言語表現を挿入するという文法的文脈を設定し、「最高／最の高」を用いた場合の容認度を尋ねた。それぞれの結果を表1、2に示す（以下、A–Eはそれぞれ同一の話者を指す）。

表1 「おいしい？」と聞かれて答える場面で

	A	B	C	D	E	平均
最高	5	5	5	5	5	5
最の高	5	4	5	3	4	4.2

表2 「ねぇねぇ、この曲__だよ」の下線部に用いる場合

	A	B	C	D	E	平均
最高	5	5	5	5	5	5
最の高	5	5	3	2	4	3.8

標準形「最高」に比べて「最の高」の容認度を下げる話者もみられるが、以下で述べる理由も考慮すると、全体的に公的表現としての「最の高」は容認されやすいと言える。表1で話者DとEは、食事がおいしい程度で「最の高」と言うのは大げさだという別の理由で容認度を相対的に下げており、公的表現としての「最の高」自体は基本的に容認するものと考えられる。表2でCの容認度が3の理由は不明だが、表1から、この話者も公的表現としての「最の高」は基本的に容認するとみなす。また、表2においてはDも一見容認度が低く映るが、「ねぇねぇ、この曲最の高だから聞いてよ」と聞き手への働きかけを強めれば容認可（4点）ということなので、表1の場合と同様、公的表現としての「最の高」を容認する話者とみなす。

次に、私的表現が要求される文脈として、③一人暮らし中、自分で作った食事がとてもおいしくて独り言を思わずつぶやく談話的場面と④私的表現で用いられる感動詞「うわぁ」と詠嘆の終助詞「なぁ」（Hasegawa（2006）参照）を同一文中に含む「うわぁ、この曲__だなぁ」の下線部に言語表現を挿入するという文法的文脈を設定し、「最高／最の高」を用いた場合の容認度を尋ねた。結果はそれぞれ表3、4の通りである。

表3 一人で思わずつぶやく場面で

	A	B	C	D	E	平均
最高	5	5	5	5	5	5
最の高	4	2	5	2	5	3.6

表4 「うわぁ、この曲＿だなぁ」の下線部に入れる場合

	A	B	C	D	E	平均
最高	5	5	5	5	5	5
最の高	4	3	5	2	5	3.8

　この場合は、私的表現としての「最の高」に何らかの違和感を覚える話者と覚えない話者の2つに分かれる。AとBは、公的表現が要求される文脈（表1、2）に比べ、程度差はあるものの、私的表現が要求される文脈では「最の高」の容認度を低下させた。Aは表1対表3、表2対表4ともに「最の高」を5点から4点に低下させ、Bは表1対表3で4点から2点に、表2対表4で5点から3点に「最の高」を低下させた。こうした話者は「最の高」を公的表現を志向する表現とみなしていると考えられる。

　対して、CとEは「最の高」を公的表現／私的表現の別なく使用できる話者である。表3、4で「最の高」の容認度が最も低いDも、一人で叫ぶ場面に文脈を調整したり、詠嘆の「なぁ」を除いて「うわぁ、この曲最の高！」という発話にすれば「最の高」を完全に容認可能（5点）と判断するので、CやEと同タイプである。Dの判断は、「最の高」の感情的発話モードが「つぶやく」という発話様態指定や詠嘆の「なぁ」と衝突すると感じたことによると考えられる。

　このように、「最の高」には、専ら公的表現として使う話者（上記A、B）と公的表現／私的表現どちらでも使える話者（上記C、D、E）が存在する。「最の高」の構成要素自体には公的表現への偏りを促す要素はないため、後者のタイプの話者が存在するのは特別不思議ではない。前者のような偏りの存在はGoogle検索（2022.4.22時点）で「"最の高だよ"」という公的表現形式が77件得られるのに対し、「"最の高だなぁ"」という私的表現形式が7件しか得られないということからも示唆される。そして、このタイプの話者の判断は（11a）の類像性に一致する。AとBのような話者において「最の高」が公的表現へ偏るという事実は一見出所不明に映るが、その背後に（11a）の類像性があるとすれば自然なものと理解できる。

4.2　形の長さと反応時間の長さ

続いて「長さ」の類像性（(11b)）に移る。「最の高」は、即応的文脈と非即応的文脈で比べると、後者で容認度を上げる話者が多い。

即応的文脈として⑤おいしい食べ物を口に入れた瞬間という状況、非即応的文脈として⑥おいしい食べ物をじっくり味わった後という状況を設定し、「最高／最の高」と発話する場合の容認度を尋ねた。表5と6がそれぞれの結果である。

表5　おいしい食べ物を口に入れた瞬間に

	A	B	C	D	E	平均
最高	5	5	5	5	5	5
最の高	4	2	3	5	4	3.6

表6　おいしい食べ物をじっくり味わった後で口に入れた瞬間に

	A	B	C	D	E	平均
最高	5	5	5	5	5	5
最の高	5	3	4	2	5	3.8

A、B、C、Eに共通して、表5の即応的文脈よりも表6の非即応的文脈における「最の高」の容認度の方が高い。AとBは、口にした瞬間に発話するなら「最高」で、食べた直後に「最の高」と言うのは面倒だという。Eは口に入れた瞬間に分かる程度のおいしさでは「最の高」とは言わなそうだと指摘する。こうしたA、B、C、Eの判断は（11b）の類像性に一致する。なお、Dの判断は他の4名のものとは逆行する。同話者の表1–4における判断と同様、表6の「じっくり味わう」文脈が「最の高」の感情的発話モードの指定と衝突している可能性が考えられるが、詳しい理由は不明である。

A、B、C、Eのうち、AとBの判断では、前節の表1–4でみたように公的表現への偏りもみられ、（11a, b）の類像性が同時に成立している。それに対し、CとEの判断では（11b）の類像性のみが成立している。以上、「最の高」を容認する話者の一部、特にAとBの判断では、イ落ち構文が示すもの（10）と対照的な類像性

(11) がみられることを示した。

5. おわりに

「最の高」は「最高」と比較すると、意味論的にではなく、語用論的に存在意義をもつ。そして、縮約形式のイ落ち構文が（A）機能語の欠如と聞き手志向性の欠如および（B）形の短さと反応時間の短さが対応するという類像性を示すのとは対照的に、迂言形式の「最の高」は、一部の話者に限ってではあるが、（A'）機能語の存在と聞き手志向性の存在および（B'）形の長さと反応時間の長さが対応するという類像性を示す。イ落ち構文と「最の高」は、一見関連がないように映るが、本稿で提示した類像性の観点からすると、コインの表と裏の関係にあるといえる。

注

＊ 「最の高」という表現に筆者が注目するきっかけとなったのは、言語学の入門的授業で学生から寄せられた「最近気になることば」に関するコメントである。この場を借りて謝意を表したい。

　「最の高」に関する作例の容認度判断では、下記の方々にお世話になった。東元千尋、北嶋穏香、中口実優、西村日和、徳田真央。

　本研究は、筑波英語学若手研究会、洛中ことば倶楽部、奈言会、奈良女子大学大学院の授業、学習院大学大学院の授業での発表や講義を通じて発展してきた。特に下記の方々からは有益なコメントを頂戴した。早瀬尚子、金善美、前田真砂美、益岡隆志、納谷亮平、大澤舞、尾山慎、沈力、米田信子。

　本研究は JSPS 科研費 19K00685 の助成を受けたものである。

＊1　https://lineblog.me/ebichu/lite/archives/7950759/comments/954181/?p=7（2022.4.20 閲覧）

＊2　イ落ち構文の統語構造については意見の一致をみていない。今野（2012）に比べ、概略、清水（2015）はより小さい構造を仮定し、赤羽（2017）はサイズ的には同等だが質的に異なる構造を仮定し、Shimada and Nagano（2017）や林ほか（2023）はより大きい感嘆文としての構造を仮定している。ここでは今野（2012）の仮説に従うが、本稿にとって重要なのは、イ落ち構文では形容詞終止形活用語尾の「い」が現れないという点である。これはイ落ち構文にどのような統語構造を仮定するかという問題からは独立した不変の事実である。

＊3　他の機能範疇の欠如については今野（2012）の２節を参照のこと。今野（2012）の分析には清水（2015）と林ほか（2023）によって問題も指摘されている（注２も参照）。

＊4　当該の類像的関係がみられる他の現象については、今野（2012: 28–29）と Ikarashi and Maher（2022）を参照されたい。

＊5　Iwasaki（2014）では「痛っ」は（単純な）知覚の表出とされている。この分析上の差は本稿の議論には影響しない。

＊6　この区分は、仁田（1997）の「（未展開文の）事態即応型」や岩崎・大野（2007）の「即時文／非即時文」から、ここでの議論に関係する意味的要素のみをとり立てたものである。

＊7　この議論の方向性は今野（2010）を引き継いだものである。

＊8　https://fod.fujitv.co.jp/title/2a53/2a53110003/ および http://discdogjapan.jp/blog/?p=5608（2024.7.15 閲覧）

＊9　https://ameblo.jp/mamegonsan/entry-12175881927.html（2022.9.14 閲覧）

＊10　https://meaning-dictionary.com/「最の高」とは意味や概要 /（2022.9.14 閲覧）

＊11　https://tabelog.com/tokyo/A1329/A132901/13020322/dtlrvwlst/B402795007/（2022.9.14 閲覧）

＊12　https://mobile.twitter.com/namitukizm/status/1144589132515069952?cxt=HHwWgMCqlY7wsuIfAAAA（2022.4.20 閲覧）

＊13　https://tabelog.com/osaka/A2701/A270101/27106025/dtlrvwlst/B373556132/（2022.4.20 閲覧）

＊14　https://wakamefoo.com/little_miss_sunshine（2022.9.14 閲覧）

＊15　https://ameblo.jp/tarubeat/entry-12695577145.html（2022.9.14 閲覧）

＊16　https://tabelog.com/osaka/A2701/A270103/27014600/dtlrvwlst/B363475318/（2022.4.20 閲覧）

＊17　https://ja.wikipedia.org/wiki/ 最 %26 高（2022.5.26 閲覧）

＊18　https://www.animate.co.jp/blog/321000/（2022.5.31 閲覧）

＊19　https://dic.nicovideo.jp/a/ 最 the 高（2022.5.26 閲覧）

＊20　梶原（2021: 192）にも同様の例の指摘がみられる。

＊21　https://tabelog.com/gifu/A2101/A210105/21017552/dtlrvwlst/B347762634/（2022.5.26 閲覧）

＊22　https://filmarks.com/movies/17948/reviews/18194208（2022.5.31 閲覧）

＊23　https://ameblo.jp/noriyudu/entry-12795696755.html（2024.7.15 閲覧）

＊24　https://natsunoyonoyume70ss.exblog.jp/30391927/（2022.9.14 閲覧）

＊25　音声データの提供者は関西方言話者であり、第１モーラも高音調で発音している。

＊26　https://twitter.com/irukayarou/status/1176544339620593666（2022.5.26 閲覧）

参考文献

赤羽仁志（2017）「日英語における形容詞句の標示について」『近畿大学教養・外国語教育センター紀要（外国語編）』8（2): 37–57.

Akita, Kimi (2012) Register-Specific Morphophonological Constructions in Japanese. *BLS* 38: 3–17.

Boersma, Paul and David Weenink (2024) Praat: Doing Phonetics by Computer (version 6.4.12).〈https://www.fon.hum.uva.nl/praat/〉

Hasegawa, Yoko (2006) Embedded Soliloquy and Affective Stances in Japanese. In Satoko Suzuki (ed.) *Emotive Communication in Japanese*, 209–229. Amsterdam: John Benjamins.

林渚紗・中山璃子・佐藤陽介（2023）「日本語のイ落ち構文再考―時制のないT、出来事の証拠性と発話行為句」AA研共同利用・共同研究課題「理論言語学と言語類型論と計量言語学の対話にもとづく言語変化・変異メカニズムの探求」2023年度第4回研究会口頭発表，東京外国語大学.

廣瀬幸生（1997）「人を表すことばと照応」中右実編『指示と照応と否定』1–89．研究社.

飯間浩明（2019）『ことばハンター――国語辞典はこうつくる』ポプラ社.

Ikarashi, Keita and Patrick Maher (2022) Cicada Lacks a Public Self: Characterization and the Public/Private Dichotomy. *Tsukuba English Studies* 40: 51–64.

Inkelas, Sharon (2014) *The Interplay of Morphology and Phonology*. Oxford: Oxford University Press.

Iwasaki, Shoichi (2006) The Structure of Internal-State Expressions in Japanese and Korean. *Japanese/Korean Linguistics* 14: 331–342.

Iwasaki, Shoichi (2014) Grammar of the Internal Expressive Sentences in Japanese: Observations and Explorations. In Kaori Kabata and Tsuyoshi Ono (eds.) *Usage-based Approaches to Japanese Grammar: Towards the Understanding of Human Language*, 55–83. Amsterdam: John Benjamins.

岩崎勝一・大野剛（2007）「「即時文」・「非即時文」―言語学の方法論と既成概念」串田秀也・定延利之・伝康晴編『時間の中の文と発話』135–157．ひつじ書房.

Jackendoff, Ray and Jenny Audring (2020) *The Texture of the Lexicon: Relational Morphology and the Parallel Architecture*. Oxford: Oxford University Press.

Jakobson, Roman (1960) Closing Statement: Linguistics and Poetics. In Thomas A. Sebeok (ed.) *Style in Language*, 350–377. New York: The Technology Press of MIT and John Wiley & Sons.

梶原彩子（2021）「英語由来「ザ」の日本語における新規用法」『日本語用論学会第23回大会発表論文集第16号』191–194．日本語用論学会.

木戸康人（2022）「3種類のkko―接辞と慣習的推意の接点」『日本言語学会第164回大会予稿集』347–352．日本言語学会.

今野弘章（2010）「機能範疇の有無と伝達意図の有無の相関」日本英語学会第28回大会ワークショップ「迂言と縮約と日英語の差異」口頭発表，日本

大学.

今野弘章（2012）「イ落ち―形と意味のインターフェイスの観点から」『言語研究』141: 5–31. 日本言語学会.

McCarthy, John J. (1982) Prosodic Structure and Expletive Infixation. *Language* 58: 574–590.

中右実（1994）『認知意味論の原理』大修館書店.

仁田義雄（1997）「未展開文をめぐって」川端善明・仁田義雄編『日本語文法―体系と方法』1–24. ひつじ書房.

Potts, Christopher (2005) *The Logic of Conventional Implicatures*. Oxford: Oxford University Press.

Shimada, Masaharu and Akiko Nagano (2017) Miratives in Japanese: The Rise of Mirative Markers via Grammaticalization. *Journal of Historical Linguistics* 7: 213–244.

清水泰行（2015）「現代語の形容詞語幹型感動文の構造―「句的体言」の構造と「小節」の構造との対立を中心として」『言語研究』148: 123–141. 日本言語学会.

竹沢幸一（1998）「格の役割と統語構造」中右実編『格と語順と統語構造』1–102. 研究社.

冨樫純一（2006）「形容詞語幹単独用法について―その制約と心的手続き」『日本語学会 2006 年度春季大会予稿集』165–172. 日本語学会.

Tsujimura, Natsuko and Stuart Davis (2011) A Construction Approach to Innovative Verbs in Japanese. *Cognitive Linguistics* 22: 799–825.

Yu, Alan C. L. (2007) *A Natural History of Infixation*. Oxford: Oxford University Press.

Zwicky, Arnold M. and Geoffrey K. Pullum (1987) Plain Morphology and Expressive Morphology. *BLS* 13: 330–340.

III

構文

「従属する従属節」と「従属しない従属節」
insubordination の分析から

平尾恵美

1. はじめに

　従属節とは、その名の通り、主節に対して従位の関係に立つ節のことを指す。たとえば、If it is sunny tomorrow, let's go on a picnic! では、条件を示す if 以下の副詞節が従属節であり、従位の関係で let's 以下の主節と結びついている。

　他方で、明示的な主節を伴わない従属節も存在する。

(1) a. ［宿主が Liz に宿の設備を説明する］
　　　Landlady: You heat the water on the stove.
　　　Liz: So if I want to bathe...?
　　　Landlady: You put the water in the tub.　（*Eat, Pray, Love*）
　　b. ［ゲームの BGM を奏でる動画へのコメント］
　　　Well if this isn't one of the most amazing things I've ever seen　　　　　　　　　　　　　　　　　　　　　　　　　　　　　　(X)

　一口に「明示的な主節を伴わない従属節」と言っても、(1a) の下線部と (1b) では性質が異なる。(1a) の下線部は、主節が単純な省略を受けているだけで、聞き手の推論により自由に解釈上の主節（従属先）を補うことができる。たとえば、So if I want to bathe, what should I do? などが考えられよう。それに対して、「まぁ、これは私がこれまで見てきたものの中で最も見事なものの1つだ」と、感嘆や驚きを示す (1b) は、解釈上の主節（従属先）を補うことが全く不可能であるとまでは言えないものの、主節の省略が慣習的であり、従属節だけで主節的な機能を果している（平尾（2018a, 2018b））。(1b) のような従属節の主節用法を

insubordinationと呼ぶ。

　これまで、insubordinationには慣習性がかかわることが指摘されてきた。しかしながら、insubordinationにおける慣習性とは何か、慣習性という概念の下でinsubordinationと非insubordinationをいかに区別できるのかについては十分な議論がなされていない。

　本稿では、明示的な主節を伴わない従属節発話がどのような場合に非insubordination（隠れた主節の存在を想定しやすい、主節に「従属する従属節」）とみなされ、どのような場合にinsubordination（隠れた主節の存在を想定しにくい、主節に「従属しない従属節」）とみなされるのか、その判断基準を明らかにすることを目的とする。

2. 先行研究概観

　従属節が主節的に用いられるケースは、英語の研究においては、代表的なものでQuirk et al. (1985) で"subordinate clauses as irregular sentences"として、日本語の研究においては、同様に、大堀（2002）で「中断節構文」として、白川（2009）で「言いさし文」として議論されてきた。通言語的な分析を行ったのはEvans (2007) である。Evans (2007: 367) は、"the conventionalized main clause use of what, on prima facie grounds, appear to be formally subordinate clauses"（「形式的には一見明白な基準で従属節のように見えるものの慣習化された主節用法」（訳は堀江・パルデシ（2009: 126）））をinsubordinationと定義する。加えて、Evans (2007: 386) は、従属節として用いられる従属節と、主節的に用いられる従属節が、連続的に存在すると主張する。また、Evans and Watanabe (2016: 2) は、insubordinationは従属節から主節への呼び入れとして通時的に、あるいは、一見すると従属節の特徴を示す構造の独立用法として共時的に定められると指摘している。

　本稿の議論と大きく関係するのは、Evans (2007) が提唱する「非従属節形成の4段階」という考え方である。Evans (2007) は、

非従属節の形成には省略と慣習化のかかわる4つの段階があり、それらの段階が連続体をなしていると主張する。

1つ目の段階は、Subordination（従属関係）である。この段階では、前出の If it is sunny tomorrow, let's go on a picnic! のように、主節と従属節が明示的に現れて完全な文の形を取る。

2つ目の段階は、Ellipsis（主節省略）である。この段階では、主節が単純な省略を受ける。省略された主節は、聞き手の推論により自由に回復される。前出の（1a）の下線部がその例である。

3つ目の段階は、Conventionalized ellipsis（慣習化された主節省略）である。この段階では、主節の省略が慣習化されているものの、解釈上の主節の回復は依然可能である。ただし、解釈上の主節にはある程度の方向づけがあり、先の Ellipsis の段階に比べると自由な回復にはならない。「クッキーをどうぞ。」と申し出る（2）は、この段階の例と判断できる。

(2)［茶話会にて］
　　If you would like a cookie.

if 節だけで申し出や依頼を表すのは慣習的なパターンであることが Evans（2007: 372）によって指摘されている。なお、回復させる主節としては、then I will give you one 等を想定することができる。

4つ目の段階は、Constructionalization（構文化）である。この段階では、少なくとも明示的な要素を全て保ったままでは解釈上の主節の回復ができないほど、慣習化の影響を強く受けている。したがって、主節が省略されているというよりも、それ自体で特定の意味を持つ構文として再分析される。（3）は、Evans（2007）が当該段階の例として相応しいと考えたドイツ語の例と英語の対訳である。

(3) a. Wo Zehntausende verrecken müssen
　　　'Where tens of thousands must die'

b. Obwohl Zehntausende verrecken müssen,
machen sie sich keine Gedanken darüber
'Even though tens of thousands must die,
they don't think twice about it.'　　（Evans (2007: 374)）

　特に下線部に注目したい。ドイツ語には、(3a) のように wo 節が単独で現れる構文がある。この解釈としては（3b）のようなものを想定できるが、このとき、元の明示的要素 wo つまり英語でいう where を保持した主節の回復にはならない。したがって「wo 節が単独で用いられる構文では、wo は場所ではなく譲歩の解釈を導くものとして再分析されている」と考えられる。
　ここで insubordination の定義に立ち返ると、Evans は従属節の「慣習化された」主節用法を insubordination と呼んでいる。したがって、insubordination とみなされるのは、慣習化の関わる 3 段階目以降に位置するものと考えられる。先に紹介したとおり、これらの 4 段階は連続的なもの（Evans (2007: 386)）であり、図示すると図 1 のようになると考えられよう。

図 1　Evans（2007）「非従属節形成の 4 段階」（平尾（2022: 116）一部改変）

　また、平尾（2018a, 2018b, 2019, 2020）は、話し手の感情を表出する機能を持つ英語の insubordination に注目した。感情表出機能を持つ insubordination には複数のタイプ（構文）があり、文脈に応じて多様な感情を表出する。平尾は、感情の種類というよりも構文の種類が研究上有意であると捉え、各構文の特徴の記述と成立条件の分析を行った。加えて、語用論的な力の取り消し（不）可能性・解釈上の主節の回復（不）可能性・元の insubordination とそれに解釈上の主節を補った文との乖離度の 3 つの観点から、各構文

の慣習性の高さを検討してきた*1。その結果、If + not ［P］構文 (e.g. 意外な人物に会った驚きを伝える（4a））と単独用法の as if 節（e.g. 挑発的な態度を伝える（4b）下線部）は、図1の中で③と④の間に位置していて比較的慣習性が高いこと、単独用法の that 節（e.g. 相手の予想外の発言への驚きを伝える（4c））は図1の中で丁度③に位置し、insubordination としては十分な慣習性を持つものの、前出の2構文に比べると、やや慣習性の高さが劣ることが明らかになった。

(4) a. ［街で偶然知人の Mary に出会って］
　　　Well, if it isn't Mary!（おや、メアリーじゃないか！）
　 b. A: What is it you want?
　　　B: As if you don't know.（知ってるくせに。）
　 c. ［相手の無礼な発言を受けて］
　　　That you should say such a thing.（君がそんなことを言うなんて。）

先行研究では insubordination とみなされるものに焦点を当てて議論が行われる傾向にあった。他方で、非 insubordination（「従属する従属節」）と insubordination（「従属しない従属節」）の境界、つまり、図1でいう、②と③を分ける部分に関する議論は十分ではない。次節からは、非 insubordination と insubordination を区別する基準について検討する。

3. 2つの基準による用例分析

本節では、明示的には従属節のみで構成されるさまざまな用例を、（Ⅰ）相互行為の観点（Ⅱ）語用論的観点の2つの観点に基づく基準で分析し、非 insubordination と insubordination の境界を探る。

3.1 基準Ⅰ：相互行為の観点から

本節では、従属節発話とその先行発話の関係、つまり相互行為の

観点から、「「従属節発話が先行発話に対する応答である」かつ「従属節発話の解釈上の主節を先行発話から補える」場合に、その従属節発話は単純な主節省略（＝非 insubordination、「従属する従属節」）である」ことを示す。実例をそれぞれ「先行発話の応答か否か」「解釈上の主節を先行発話から回復できるか否か」の点で分析する。まず（5）を検証する。

(5) ［Bernadette と Howard は夫婦であり、友人の Stuart は彼らの家を一時的に間借りして住んでいる。ある日、Stuart が新しい彼女を連れて家に帰ってきた。］
Stuart: You want to see my room?
Woman: Yeah.
Stuart: Cool.
Bernadette:（quietly）How do you feel about this?
Howard: That she can clearly do better, but that's not for me to say. (*The Big Bang Theory*)

　Howard の発話の一部である下線部の That she can clearly do better は、直前の Bernadette の How do you feel about this? という問いに対する答えとして機能している。なおかつ、Howard の当該発話は、I feel that she can clearly do better. と、Bernadette の発話の中の動詞 feel を受けた形で解釈上の主節を回復することができる。これは、Sansiñena et al.（2015）が dyadically dependent clauses と呼ぶものの例である。dyadically dependent clauses とは、「分かりやすい従属関係」と「明白な insubordination」の統語的な関係間の勾配をカバーするもので、「補文標識が冒頭に来る節で構成されており、同一ターン内に先行する主節が存在しない」および「補文標識が冒頭に来る節は補部を取る述部に先行され、先行するターンの投射（projection, Halliday（1985: 227））として解釈される」という条件を満たすものである。質問に対して that 節で回答するものはその用法の1つと説明されている。次に（6）を検証する。

(6) ［Boolie が、自分が商工会議所の昼食会にお呼びがかからなくなるかもしれないという話を持ち出して］
　Boolie: Anyway... if we don't use those seats, somebody else will.
　Daisy: If we don't use those seats! I'm not supposed to go either?
　Boolie: Well, Mama, you can do whatever you want.
　Daisy: Oh, thanks for your permission!　　（*Driving Miss Daisy*）

　下線部を日本語にすると「席がなければですって！」のようになる。この場合、下線部の Daisy の If we don't use those seats! という発話は、その前にある Boolie の発話を受けて発せられたものである。なおかつ、その Daisy の発話は、先行する Boolie の発話の従属節部分をそのまま繰り返している。(6) の下線部は、if 節のみで構成されている点や態度を表出する点においては、一見すると if 節による感情表出機能を持つ insubordination のように思われるが、実際にはエコーの例である。Sperber and Wilson (2012) は、エコーを「ある表示（representation）を使って思考や発話を誰かに帰属させ、さらにその思考や発話に対してある態度を表明するもの」と説明する。
　では insubordination の例はどうなるか。(7)–(9) を検証する。

(7) Melanie: So happy.
　　Ashley: You seem to belong here. As if it had all been imagined for you.　　（*Gone with the Wind*）

　(7) は、平尾 (2019) で感情表出機能を持つ insubordination（単独用法の as if 節）と認められた例である。Ashley の発話は Melanie の発話に対する応答である。しかし、下線部の解釈上の主節は、先行発話つまり Melanie の発話から補えるものではない。解釈上の主節を補うとすれば、as if 節がコピュラ動詞を主節に持つ完全文の補部節になる形の It looks as if it had all been imagined for

you. のようなものである。

　なお、(7) と同じく単独用法の as if 節の例である (4b) 下線部の As if you don't know. も、同様に説明が可能である。B の発話は A の発話(質問)に対する回答であり、解釈上の主節は A の発話から補えるものではない。補うとすれば You ask as if you don't know. といったものである。ask のような動詞を補うことの妥当性は Brinton (2014) でも示されている。次に (8) を検証する。

(8) "What? Oh, yes. I just wondered what progress you'd made so far. Or is it still too young for you to make any evaluations apart from tentative ones?" He frowned sharply at her bent head as she poured another cup of coffee for both of them. "That you should refer to the child in the neuter. It, rather than he." She reddened slightly and opened her mouth to speak, but they were interrupted.　　(BNC)

　下線部は that 節が単独で用いられる insubordination の例で、日本語にすると「その子を中性で呼ぶなんて！」といったものである。下線部の従属節発話は先行発話を受けて発せられている。先行発話では、話し手が子供を it で指示しており、下線部の発話はそれに対するコメントとして機能している。下線部の解釈上の主節は、(7) の場合と同様に、先行発話から補えるものではない。この場合、insubordination が表出する感情そのものを用いて、It's odd that you should refer to the child in the neuter. などとすることが考えられる。続いて (9) を検証する。

(9) ［ゲームの BGM を奏でる動画へのコメント］
　　 Well if this isn't one of the most amazing things I've ever seen　　　　　　　　　　　　　　　　　　　　　　(= (1b))

　(9) は平尾 (2018a, 2018b) が If + not [P] 構文と呼ぶ insubordination の例である。この発話は、動画を見るという状況

でSNSの発信元（書き手）から能動的に産出されているもので、先行発話への応答ではない。そのため、解釈上の主節は本質的に先行発話から補えるものではない。解釈上の主節を補う場合、Well if this isn't one of the most amazing things I've ever seen, I'm the empress of China. などの反語構造の文にすることが考えられる。

（4a）のWell, if it isn't Mary! も（9）と同じ構文の例であり、同様に説明が可能である。（4a）の発話は、Maryに出くわした状況で能動的に産出されており、先行発話への応答ではない。そのため解釈上の主節は先行発話から補えるものではない。主節を補う場合、Well, if it isn't Mary, I'll eat my hat! や Well, if it isn't Mary, I don't know who is! などが考えられる。

これまでの結果をまとめると、表1のようになる。

表1　相互行為の観点から分析した従属節発話

従属節発話	先行発話に対する応答	解釈上の主節を先行発話より回復可能か	判定
(5) That she can clearly do better	✓	✓	非insubordination
(6) If we don't use those seats!	✓	✓	非insubordination
(7) As if it had all been imagined for you.	✓	×	insubordination
(4b) As if you don't know.	✓	×	insubordination
(8) That you should refer to the child in the neuter.	✓	×	insubordination
(9) Well if this isn't one of the most amazing things I've ever seen	×	×	insubordination
(4a) Well, if it isn't Mary!	×	×	insubordination

　以上より、相互行為の観点から考えると、従属節発話が先行発話に対する応答で、かつ、従属節発話の解釈上の主節を先行発話から回復可能な場合、当該従属節発話は非insubordination（＝単純な

主節省略、「従属する従属節」)であると判断できる。さらに強く言えば、従属節発話の解釈上の主節が先行発話から回復可能である場合は、その従属節発話は全て非 insubordination である。この主張は、insubordination が慣習的に主節の省略を受けているという定義に反しない。

3.2 基準 II：語用論的な観点から

本節では、従属節発話の語用論的機能と文脈の関係、つまり、語用論的な観点から、「「文脈ありで、従属節発話の語用論的機能を話し手が取り消すことが不自然」かつ「文脈なしで、従属節発話の語用論的機能を聞き手が確認することが不自然」である場合、その発話は慣習化された主節省略 (insubordination、「従属しない従属」節) である」ことを示す。

3.2.1 従属節発話の語用論的機能の取り消し（不）可能性

はじめに、本節の議論に欠かせない「語用論的機能の取り消し」という考え方を整理する。平尾（2018a, 2019, 2020）では、従属節発話における語用論的機能の取り消し可能性を議論している。これは、Panther and Thornburg (2003) を援用して容認度判定を行い確認したもので、insubordination であれば語用論的機能を取り消すことができないこと、つまり、語用論的機能の取り消し不可能性は、insubordination の特徴の1つであるということを主張している。実際に、全ての insubordination の例において、その語用論的機能を取り消すことはできない。(10) にその一例を示す。

(10) a. ［茶話会にて］
　　　If you would like a cookie.　　　　　　　　(= (2))
　　b. #If you would like a cookie, but I'm not offering you one.　　　(Panther and Thornburg (2003: 137))

(10b) に示すように、#If you would like a cookie, but I'm not offering you one.（#クッキーをどうぞ、しかし私はあなたにクッ

キーを差し出している訳ではありません。）と、元の insubordination （(10a)）が行う申し出を打ち消すことはできない。

ところが、非 insubordination でも、語用論的機能が取り消せない場合がある。(11)は、(1a) の「単純な主節省略」の例における尋ねの力を取り消すことを試みた結果である。

(11) ［宿主が Liz に宿の設備を説明する］
Landlady: You heat the water on the stove.
Liz: #So if I want to bathe...? But I'm not asking how to bathe.
(cf. (1a))

So if I want to bathe 自体は単純な主節の省略で、先述の通り回復する主節を想定できるものである。しかしながら、文脈から話し手の意図（尋ね）が理解できるため、結果的に、if 節で表されている語用論的機能を取り消すことができない。つまり、話し手自身で発話の語用論的機能を取り消すテストは、その発話がinsubordination か否かを判断する物差しの１つではあるものの、非 insubordination と insubordination を決定的に、あるいは、十分に区別するものではなく、省略に関する直観との食い違いが発生する可能性がある。

そこで、本稿では、平尾（2022）にならい、もう１つのテストを併用する。それは、「文脈なしで、聞き手によって発話の語用論的機能の確認ができるか」をはかるものである。(12) の例で説明する。

(12) a. ［街で偶然知人の Mary に出会って］
　　　Well, if it isn't Mary!　　　　　　　　　　(= (4a))
　　b. ［文脈は (12a) に同じ］
　　　#Well, if it isn't Mary, but I'm not surprised to see you here.
　　c. ［文脈なし］
　　　A: Well, if it isn't Mary!

B: #What do you mean? /
　# Is there something you want to say?

　（12a）は、文脈を含む元の insubordination である。（12b）は、先に説明した、元の insubordination の語用論的機能を話し手が取り消すテストの結果である。（12c）が、今回新たに併用する、語用論的機能を聞き手が確認するテストの結果である。文脈なしに Well, if it isn't Mary! という発話が A からなされ、それに対して B が What do you mean? や Is there something you want to say? と反応する場合を分析している。（12c）について英語母語話者に容認度を確認したところ、B の発話は不自然とのことであった。具体的な状況が分からずとも、A が感情を表していることが窺えることが理由である。

　なお、（12c）のタイプのテストには注意点がある。テストでは A の従属節発話に続いて B が先行発話の意味を確認する発話をするのであるが、そのやりとりの容認度判定では次の 2 点を前提とする（そうでないと、趣旨と異なる結果を導きかねない）：①A と B は同様の言語レベルを有しているとする、②B の質問は嫌味等ではなく、単純に A の発話の解釈を確認しているものとする。

　これらを踏まえて、次節では、複数の従属節発話を語用論的機能にまつわるテストを行うことで分析を進める。

3.2.2　聞き手と話し手の双方から捉える語用論的機能

　本節では、前節で導入した「文脈あり・話し手による語用論的機能の取り消し」と「文脈なし・聞き手による語用論的機能の確認」という 2 つのアプローチから、従属節発話を分析する。各例において、a は元の従属節発話、b は元の従属節発話の語用論的機能を話し手が取り消すもの、c は元の従属節発話の語用論的機能を聞き手が確認するものである。はじめに、前節で c のテストの必要性を提起する契機となった例を再検証する。

（13）a.［宿主が Liz に宿の設備を説明する］　　　　　（=（1a））

Landlady: You heat the water on the stove.
Liz: <u>So if I want to bathe...?</u>
Landlady: You put the water in the tub.

 b.［文脈は（13a）に同じ］   （＝（11））
  Liz: #So if I want to bathe...? But I'm not asking how to bathe.

 c.［文脈なし（発話者の立場や固有名詞も伏せている）］
  A: So if I want to bathe...?
  B: What do you mean? /
   Is there something you want to say?

（13）では、(13b) の Liz の発話は不自然だが (13c) の B の発話は不自然ではないことが分かった。(13c) の結果は、A の発話だけでは、風呂の入り方を聞いているのか、風呂の場所を聞いているのか、自分が風呂に入ることに紐つけられる他のイベントに関して言及しているのか、あるいは他のことを言おうとしているのか定かでないことから、B が A の発話の真意を絞ろうとすることは不自然ではないと分析されるためである。次に、(14) の例を検証する。

（14）a.［Lionel は Bertie の吃音の治療をしているが、Bertie は Lionel のことを信用していない。初回の治療結果をめぐって Lionel が賭けを提案する。］
  Lionel: I bet you, that you can read this flawlessly, right here, right now. And if I win the bet, I get to ask you more questions.
  Bertie: And if I win?
  Lionel: Well, you don't have to answer them.
            （*The King's Speech*）

 b.［文脈は（14a）に同じ］
  Bertie: #And if I win? But I'm not asking if I win.

 c.［文脈なし］
  A: And if I win?

B: What do you mean? /
　　　　Is there something you want to say?

　（14a）は、（13a）と同様に、if 節発話で質問をしているケースである。（14b）の Bertie の発話は不自然だが、（14c）の B の発話は不自然ではないことが分かった。（14a）の下線部とそれに続く Lionel の発話は、Lerner（1991）の主張する jointly producing a single syntactic unit にあたる。Lionel の発話は、Bertie の発した if 節に続く主節の形をとっており、結果として二人で And if I (=Bertie) win, You (=Bertie) don't have to answer them. を生産している。（13a）の下線部とそれに続く Landlaby の発話も同様に説明可能である。

　最後に、（15）–（16）の例を考える。（15a）も（16a）も願望を表す発話である。まず（15）において、元の従属節発話である（15a）は、if only で願望を表す insubordination である。

（15）a.［A が問題を抱えている］
　　　A: If only I had a clue to solve this problem.
　　b.［文脈は（15a）に同じ］
　　　A: #If only I had a clue to solve this problem, but I don't wish I had a clue to solve this problem.
　　c.［文脈なし］
　　　A: If only I had a clue to solve this problem.
　　　B: #What do you mean? /
　　　　#Is there something you want to say?

　この場合、話し手による語用論的機能の取り消しも、聞き手による語用論的機能の確認も不自然と判断される。次に（16）を検証する。

（16）a. A: That girl's nothing but a load of trouble, I'm warning you.
　　　　B: Kitty's all right. It's her boy-friend that's the trouble.

　　　　If we could get rid of him.
　　　　　　　　　　　(Panther and Thornburg (2003: 137))
　b.［文脈は（16a）に同じ］
　　B: Kitty's all right. It's her boy-friend that's the trouble. If we could get rid of him, but I'm not saying I wish we could get rid of him. I'm just entertaining the thought.　　　(Panther and Thornburg 2003: 138)
　c.［文脈なし］
　　B: If we could get rid of him.
　　A: ✓ ? What do you mean? /
　　　　✓ ? Is there something you want to say?

　(16)の場合、(16b)の話し手による下線部の語用論的機能の取り消しは可能で、(16c)の聞き手による語用論的機能の確認は「「可能」と「少し難しい」の間」と考えられる。(16c)の結果は、「彼を除くことができたら。」という発話自体は、本来的には、願いを表している場合にも、彼を除いた後の行動について述べたい場合にも使えるが、願いのニュアンスにある程度寄っている気がするという母語話者の直観に基づく。先程見たif onlyによる願望とは違い、ifによる願望は、その願望の力や慣習性が弱いという結果になる。
　これまでの結果をまとめると、次頁の表2のようになる。
　以上より、文脈ありで話し手による従属節発話の語用論的機能の取り消しが不自然、かつ、文脈なしで聞き手による従属節発話の語用論的機能の確認が不自然な場合に、当該従属節発話はinsubordination（＝慣習化された主節省略、「従属しない従属節」）とみなされる。
　つまり、単純な主節省略では、文脈によって発話の語用論的機能が決定されている。それに対し、insubordinationでは、その構文を取る発話の語用論的機能（の方向性）は予め決まっており、発話単体で大まかな文脈を想起することさえ可能である。

表2　語用論的観点から分析した従属節発話

従属節発話	文脈あり・話し手による語用論的機能の取り消し	文脈なし・聞き手による語用論的機能の確認	判定
(12) Well, if it isn't Mary!	#	#	insubordination
(13) So if I want to bathe...?	#	✓	非insubordination
(14) And if I win?	#	✓	非insubordination
(15) If only I had a clue to solve this problem.	#	#	insubordination
(16) If we could get rid of him.	✓	✓?	非insubordination

　insubordinationの語用論的機能は、話し手にとっても聞き手にとっても不可変である。ただし、全ての例がクリアに判断される訳ではなく、(16)のように微妙な判断になる例も存在する。こういった例の存在こそが、Evans (2007) の主張する、非insubordinationとinsubordinationの連続性を説明していると考えられよう。

4. おわりに

　本稿では、明示的な主節を伴わない従属節発話のうち、主節が単純に省略されておりその省略された主節を補って解釈することが可能な「従属する従属節」（非insubordination）と、主節の省略が慣習化されていてそれだけで機能する「従属しない従属節」（insubordination）を分ける2つの基準を提案した。

　1つ目の基準は、従属節発話が先行発話に対する応答かつ解釈上の主節を先行発話より回復できる場合、その従属節発話は非insubordinationであるというものである。この基準により、相互行為の中で従属節発話の役割を判断する重要性を明らかにした。

　2つ目の基準は、従属節発話が話し手による語用論的機能の取り

消しも聞き手による語用論的機能の確認も不自然な場合、その従属節発話はinsubordinationであるというものである。この基準により、会話に参加する双方が語用論的機能に関して合意していてこそinsubordinationとみなせることが示された。

　本稿ではinsubordinationと非insubordinationを統一的な基準で説明することを可能にした。特に、非insubordinationに関しては、これまではdyadically dependent clauses（cf. (5)）、エコー（cf. (6)）、jointly producing a single syntactic unit（cf. (13)、(14)）など、他の文法的説明ができることを非insubordinationであることの説明の拠り所にしていた。しかしながら、今回提案した2つの基準によって、まずはinsubordinationでないことを明白にでき、その後、では具体的にどのような文法事象であるのかを補足説明できるという形に整理ができた。また、従来の研究では語用論的な機能の慣習性に関する話し手の認識が議論されていたが、本稿では聞き手側からの分析も行った。コミュニケーションの分析である以上、双方からのアプローチができた意義は大きい。今後は、今回主張した2つの基準をより昇華させることによって、insubordinationにおける慣習性の真髄に迫ることが期待される。

注
＊　本稿は平尾（2022）を元に、検証する例文を増やし、新たな分析も取り入れて、論を強固なものにした形で執筆したものである。本稿の不備や誤りは全て筆者の責任に帰するものである。
＊1　insubordinationに解釈上の主節を補えたとしても、その主節を補った文が元のinsubordinationと全く同じものを伝達するとは限らない。たとえば、元のinsubordinationが持っていた語用論的効果が薄まったり、元のinsubordinationにはなかった他の効果が表れたりする場合がある。この点においてもinsubordinationが単独で独自の構文として機能することを示している。

参考文献
Brinton, Laurel J. (2014) The Extremes of Insubordination: Exclamatory *As If!*. *Journal of English Linguistics* 42 (2): 93–113.

Evans, Nicholas (2007) Insubordination and its Uses. In Nikolaeva, Irina (ed.) *Finiteness: Theoretical and Empirical Foundations*, 366–431. Oxford: Oxford University Press.

Evans, Nicholas and Honoré Watanabe (2016) The Dynamics of Insubordination: An Overview. In Evans, Nicholas and Honoré Watanabe (eds.) *Insubordination*, 1–37. Amsterdam: John Benjamins.

Halliday, Michael A. K. (1985) *An Introduction to Functional Grammar*. London: Edward Arnold.

平尾恵美（2018a）「insubordination に関する一考察—If + not [P] 構文と慣習性をめぐって」*JELS* 35: 35–41. 日本英語学会.

平尾恵美（2018b）「If + not [P] タイプの insubordination をめぐって—その語用論的機能と命題 [P] の性質を分析する」*KLS* 38: 25–36. 関西言語学会.

平尾恵美（2019）「単独用法の as if 節—解釈上の主節と慣習性の観点から」*KLS Selected Papars1: Selected Papers from the 43rd Meeting of the Kansai Linguistic Society*, 1–12. 関西言語学会.

平尾恵美（2020）「insubordination と慣習性—感情表出機能を持つ that 節の場合」『日本語用論学会第 22 回大会発表論文集（第 15 号）』121–128. 日本語用論学会.

平尾恵美（2022）「従属節発話における文脈と慣習性—「単純な」／「慣習化された」主節省略の分析から」『日本語用論学会第 24 回大会発表論文集（第 17 号）』115–122. 日本語用論学会.

堀江薫・プラシャント パルデシ（2009）『言語のタイポロジー—認知類型論のアプローチ』研究社.

Lerner, Gene H. (1991) On the Syntax of Sentences-in-Progress. *Language in Society* 20 (3): 441–458.

大堀壽夫（2002）『認知言語学』東京大学出版会.

Panther, Klaus-Uwe and Linda L. Thornburg (2003) Metonymies as Natural Inference and Activation Schemas: The Case of Dependent Clauses as Independent Speech Acts. In Panther, Klaus-Uwe and Linda L. Thornburg (eds.) *Metonymy and Pragmatic Inferencing*, 127–147. Amsterdam: John Benjamins.

Quirk, Randolph, Sidney Greenbaum, Geoffrey Leech and Jan Svartvik (1985) *A Comprehensive Grammar of the English Language*. London: Longman.

Sansiñena, Maria S., Hendrik De Smet, and Bert Cornillie (2015) Between Subordinate and Insubordinate: Paths toward Complementizer-Initial Main Clauses. *Journal of Pragmatics* 77: 3–19.

白川博之（2009）『「言いさし文」の研究』くろしお出版.

Sperber, Dan and Deirdre Wilson (2012) Rhetoric and Relevance. In Wilson, Deirdre and Dan Sperber (eds.) *Meaning and Relevance*, 84–96. Cambridge: Cambridge University Press.

例文出典

Davies, Mark (2004–) *British National Corpus (from Oxford University Press) (BNC)*. 〈https://www.english-corpora.org/bnc/.〉
GifZelda, 2023.5.10 22:18, X 〈https://x.com/GifZelda/status/1656287477471092736〉2024.6.15.
Hooper, Tom (2010) *The King's Speech*. GAGA.
Lorre, Chuck and Bill Prady (2018) *The Big Bang Theory Season 12*. CBS.
Murphy, Ryan (2010) *Eat, Pray, Love*. Columbia Pictures.
曾根田憲三監修(2009)『風と共に去りぬ(*Gone with the Wind*)』フォーインスクリーンプレイ事業部.
山田均監修(1992)『ドライビング・ミス・デイジー(*Driving Miss Daisy*)』フォーインスクリーンプレイ事業部.

日本語XX構文への認知語用論的アプローチ

森木乃美

1. はじめに

日本語には（1）の下線部のような表現がある。

(1) a. このネクタイ、おじさんおじさんしている。やめようよ。
    b. あの子も年頃ね。女の子女の子したドレスが欲しいみたい。
    c. ［全面ガラス張りの建物の前で］
       東京に来てからは毎年見ているこのガラスガラスしている会場はいつ見ても美しく、かつ、人のパワーを感じる。
    d. ［レストランでご馳走になった料理を褒めて］
       トマトソースもケチャップケチャップしていなくてすごく美味しかったです。 （野呂 2016: 72, 75）

これら表現は、ある名詞が重複し、「している／した」という要素が後続するという形式を取る。その形式で「典型」、「プロトタイプ」、「ステレオタイプ」といった意味を表すと、先行研究の多くで言われてきた。本稿では、これらが（1）のような例の全てを包括するような意味ではなく、そもそもそのような意味の規定方法ではこの表現の特質が捉えられないことを主張し、妥当な意味を新たに規定する。その際、Goldberg（1995, 2019）のある一定の形式と意味のペアを構文と捉える見方に基づき、これら表現を構文の一つとして考察する。また、英語の相当表現を研究する時政（2018）に倣い、当該表現を「日本語のXX構文」と呼ぶ。

2. 先行研究

2.1 小野（2015）

小野（2015）は、他の語彙化された反復表現*1と形式的によく似ているが、意味機能は大いに異なる表現としてXX構文を観察している。同じ名詞の繰り返しに、「している／した」が付加された形式でのみ使用され、逆説的にその形式面での強い制限がその表現の高い生産性を生んでいると述べている。また、オノマトペとの近似性を指摘し、XX構文の発生のテンプレートになった可能性を示唆した。

意味については、重複された語（便宜上Xと呼ぶ）について考えたときに真っ先に思いつくようなもの、すなわち「Xの典型的な属性」を表すと述べている。

2.2 野呂（2016）

野呂（2016）は、小野とは逆にオノマトペとの違いを示すなど、他の反復表現からは、XX構文の形式面の制限は予測できないとしている。

意味については、先行研究が見落としている例があるとして、二用法の可能性を示した。一つ目の用法が、(1a, b)のような、「Xのステレオタイプと判断されるほど、特徴を相当数または繰り返し、示している」という意味を表し、二つ目の用法は、(1c, d)に対応し、「Xを多く含み、その特徴が際立っていて容易に知覚される状態である」という意味を表すと観察、規定している。

2.3 先行研究の問題点

小野と野呂の研究結果は、前者は他の反復表現との共通点を示し、後者は相違点を示しているため、一見相反するように思われる。しかし、一般にそれぞれの構文が、他の構文と相違点と部分的な共通性を持って、多面的にネットワークを成すように存在していることを考えると、両者の示した結果は共に妥当である。確かに、他の反復表現との類似点と相違点の両方をXX構文は持っており、彼らの

述べるXX構文の形式面での記述に異論はない。

　しかし、意味の規定については、問題点が残る。野呂の言うように小野の「典型的な」という意味がXX構文の全ての例を包括できないのは明らかである。また野呂は、どのような条件で二つの異なる意味を持つのかについて、明確にできていない。その上、彼らの意味規定では、以下の（2a）と（2b）のような例で見られる、意味の違いを説明できない。

（2）a.［父親のネクタイを買うのに付き合っている娘が、あるネクタイについて買うべきでないと考えて、父親に対して言って］
　　　　このネクタイ、おじさんおじさんしている。やめようよ。
　　b.［父親のネクタイを買うのに付き合っている娘が、あるネクタイについて買うべきだと考え、父親に対して言って］
　　　　このネクタイ、おじさんおじさんしている。格好良い！*2

　これらのことから、「典型」や「プロトタイプ」といった意味は、文脈に依存して、聞き手によってXX構文が特定の方法で処理された結果の一つでしかなく、その文脈依存性にこそXX構文の本質があるように思われる。この構文の文脈依存性について、英語の相当表現の研究をする時政（2018）の研究を参考に考察を進める。

2.4　時政（2018）

　時政（2018）は、（3）の下線部のような英語の表現を「XX構文」として分析している。これらは同じ語の繰り返しを用いて、日本語のXX構文の表す意味とよく似た意味を表しているように思われる。

（3）a.［ツナサラダを作るので、ツナやポテトなどの入っていないレタスだけのグリーンサラダを作って欲しいという意味で］

I'll make the tuna salad, and you make the SALAD-salad.
　b. ［フランスの血が入ったフランス系アメリカ人なのか、フランス国籍を持つフランス人なのかの確認として］
　　Is he French or FRENCH-French?
　c. ［ニュージーランドの主要都市であるオークランドではなく、他の地域にあるオークランドという地名を指していることを示して］
　　That's not AUCKLAND-Auckland, is it?
　d. ［自分の普段乗っている車は、両親の所有している車であることを述べて］
　　My car isn't MINE-mine; it's my parents'.

(Gomeshi et al. (2004: 308))

　Horn (1993) によるとこれら表現は、lexical narrowing（語彙の狭め）の例の一例で「真の」、「本物の」「デフォルトの」「プロトタイプの」といった意味に語彙を狭めるとされる。Huang (2015) もこの表現は、語彙の狭めの一種だと説明している。しかし、時政 (2018) は、これらの意味は、聞き手が話者の意図する方向へ解釈をした結果、出てくる意味のいくつかに過ぎないと考える。その説明に、以下の例を挙げている。

(4) ［以前付き合っていたが、今は別れているカップル（A（男性）とB（女性））がAの家の前で］
A: Maybe you'd like to come in and have some coffee?
B: Yeah, I'd like that.
A: Just COFFEE-coffee, no double meanings.

(Ghomeshi et al. (2004: 315))

　(4) で、COFFEE-coffee は、「他の含みはなく、ただコーヒーを一緒に飲むだけ」といった意味を表す。この解釈は、Horn (1993) や Huang (2015) の言う語彙概念の狭めだけでは抽出されない。COFFEE という語彙概念を狭めるのでなく、話者の意図

する方向へ解釈仮説を狭めた結果出てくる意味である。

　時政は、これらの事実から、XX構文は発話の解釈を特定の方向に狭める手続き的意味を持つとして、「Xにコード化された情報と文脈に沿って、「Xを単独で用いた場合の発話の解釈」もしくは「X」をそれらとは異なる話し手の意図の方向に狭め、限定して解釈することを要求するものである」(2018: 46) と意味を規定している。

3. 日本語XX構文の再分析

　先行研究に基づき、日本語XX構文の形式・文法機能を整理する。意味については、時政（2018）の英語XX構文へのアプローチに従って、日本語XX構文の意味と存在の意義について再分析する。

3.1　日本語XX構文の形式・文法機能

　XX構文は、同じ名詞の繰り返しに「している／した」という形式が後続し、構文全体で他の名詞（本稿で挙げる例の囲み部分、便宜上Yとする）を叙述する。基本的には、「YはXXしている」、「XXしている／したY」という形式が用いられる*3。以下［1］がXX構文の形式特徴と、文法的機能をまとめたものである。

［1］XX構文は、同じ名詞Xの繰り返しに、「している／した」という形式が後続し、その形式で他の名詞Yを叙述する。

3.2　日本語XX構文の意味機能

　XX構文は、常に被叙述語Yをその文法機能から要求する。構文の解釈には、重複される名詞Xと被叙述語Yの関係が考慮され、その関係に従い二つの意味機能に大別される。同じ形式を共有するという事実に従って、二つの意味機能は、「YにおいてXが際立っている」という共通する意味を持っている。それぞれを意味機能Aと意味機能Bとして説明する。

3.2.1 意味機能A

以下 [2] が意味機能Aである。

[2] XX構文は、YにおいてXが際立っていることを示し、聞き手に文脈に従って、YにおいてXが際立つ理由になるようなXの特徴を選択させる。

意味機能Aは、大きく二つの条件下で機能する。YがXの部分となっている場合と、XとYが同位語である場合である。

条件1　YはXの部分である

(5) a. このネクタイ、おじさんおじさんしている。やめようよ。
　　　　　　　　　　　　　　　　　　　　　　　　　(= (1a))
　　b. あの子も年頃ね。女の子女の子したドレスが欲しいみたい。　　　　　　　　　　　　　　　　　　　　　　(= (1b))

(5a)でこのネクタイ（Y）は、おじさん（X）の身に着ける物である。(5b)では、ドレス（Y）は女の子（X）の着る物である。このような関係を、部分全体関係として捉える。このとき、YがXの部分になっている。

(6) a. ［同じ運動部に所属する二人の部員が他の部員がなぜ、所属する部を辞めたいと思うのかと話し合っていて］
　　　　うちの部、そんなに体育会体育会してないのに、なんで辞めたいってなるんだろ。
　　b. ［親子で娘の食べているトマトについて話していて］
　　　　娘：このトマト皮が厚いね。
　　　　母：田中さんからいただいたのよ、そのトマト、トマトトマトしているでしょ？
　　　　娘：え、どういうこと笑
　　　　母：なんていうの、無農薬で自然の力で育ったトマトで、家で育てているという感じよ。

（6a）で、うちの部（Y）は体育会と言われる運動部の一例であり、概念カテゴリーレベルで、体育会（X）の部分である。（6b）も同様に、そのトマト（Y）は、トマト（X）のカテゴリーの一例であり、YはXの部分である。

（5）や（6）のように、物理的な部分全体関係、概念レベルでの部分全体関係の両方において、YがXの部分であるとき、機能Aが聞き手の解釈プロセスに関わる。つまり、文脈に従って、Y（部分）においてX（全体）が際立つ理由になるようなXの特徴を選択する。その結果として、頻繁に「典型的なX」「プロトタイプのX」が解釈プロセスに関わることになる。例えば、（6a）の「体育会体育会していない部」の例では、「典型的な体育会」と言われて思いつくような「上下関係が厳しい」や、「大きな声での挨拶」、「休みがない」、「お酒を飲む場が多い」などの特徴を文脈に基づいて選択し、叙述されるY（うちの部）について解釈する。

<u>条件2　XとYが部分全体関係を持たない（XとYは同位語であるなど）</u>

（7）a.［大人しく、シャイな男の子について近所に住む人たちが話していて］
　　　女の子女の子した 男の子 で、あんまり外に行くのは好きじゃないみたいよ。
　　b.［怒られて気性を荒げるテレビ番組の大人のキャラクターについて、高校生が話していて］
　　　こういう子供子供した 大人 にはなりたくないな。
　　　　　　　　　　　　　　　　（小野（2015: 480），一部改）

このとき、女の子（X）と男の子（Y）、子供（X）と大人（Y）はそれぞれ、同位語である。

（8）a.［ある年の「仮面ライダー」（毎年放映される子供向けのテレビシリーズ）について、「スーパー戦隊」（同じく毎年放映される子供向けテレビシリーズ）と比べて］

　　　　今年の 仮面ライダー は、戦隊戦隊してる。
　　b.［「はる」と呼ばれる人と、その友人間で話していて］
　　　　はる：　みんな忘れ物ない？　大丈夫？
　　　　友人：　ほんと、 はる ってお母さんお母さんしてるよね。
　　　　　　　なんか包容力あるよ。

　(8a)の戦隊（X）と今年の仮面ライダー（Y）は同位語、(8b)のお母さん（X）とはる（Y）は、実際には「はる」は「お母さん」ではないので、XとYは部分全体関係を持たない。
　(7)や(8)のように、同位語であるなど、XとYが部分全体関係を持たないときにも、機能Aが聞き手のXX構文の解釈過程に関わる。その結果、「Xに似ている」「Xのような」といった意味が頻繁に解釈過程で関係する。(7a)の「女の子女の子している男の子」の例では、実際には「女の子」ではない「男の子」について、文脈に基づいて、典型的に「女の子」が多く持つような、「大人しい」「恥ずかしがり屋」などの特徴を選択し、Y（男の子）について解釈する。

3.2.2　意味機能B

以下［3］が意味機能Bである。

［3］XX構文は、YにおいてXが際立っていることを示し、聞き手に文脈に従って、YにおいてXが際立つ理由を選択させる。

意味機能Bは、XがYの部分であるという条件下でのみ機能する。
条件　XはYの部分である

(9) a. 東京に来てからは毎年見ているこの ガラスガラスしている 会場 はいつ見ても美しく、かつ、人のパワーを感じる。
　　　　　　　　　　　　　　　　　　　　　　　　　　(= (1c))
　　b. トマトソース もケチャップケチャップしていなくてすご

く美味しかったです。　　　　　　　　（= (1d)）

　(9a) でガラス（X）は、会場（Y）の建材の一つである。(9b) では、ケチャップ（X）は、トマトソース（Y）の材料の一つである。つまり、このとき、X は Y の部分である。

(10) a. ［馬のシルエットが沢山描かれたシャツを着ている人に対して］
　　　　馬馬してる服だね、おもろい
　　b. ［梅味のお菓子を食べたという梅の苦手な後輩に、先輩が感想を聞いて］
　　　　A：どうだった？
　　　　B：大丈夫かな、と思ったんですけど、めっちゃ梅干し梅干ししてましたー
　　　　A：というのは？
　　　　B：めっちゃすっぱかったですね笑
　　c. はーーー伊之助が尊すぎてむり
　　　　頭の中が鬼滅鬼滅してる ((
　　　　気づいたら検索もいいね欄も伊之助でいっぱいだしなんならコスプレにまで興味が行ってる ((笑　　（Twitter）

　(10a) で、馬（X）は、服（Y）の柄であり、X は Y の部分である。(10b) でも同様に、梅干し（X）は梅味のお菓子（Y）の原材料の一つで、X は Y の部分である。(10c) は Twitter 上で見つけられた例である。X の「鬼滅」は、アニメ「鬼滅の刃」のことを示している。頭の中（Y）が、鬼滅の刃（X）のことでいっぱいであるという意味で、ここにも X は Y の部分であるという関係がある。
　(9) や (10) のように、X が Y の部分であるとき、機能 B が XX 構文の解釈プロセスに関わる。このとき、数の多さや味の濃さなどの意味が頻繁に導き出される。

3.2.3　意味機能Aと意味機能Bの違い

上記の通り、以下の［4］が意味機能A（=［2］）、［5］が意味機能B（=［3］）である。

［4］XX構文は、YにおいてXが際立っていることを示し、聞き手に文脈に従って、<u>YにおいてXが際立つ理由になるようなXの特徴を選択させる</u>。　　　　　　　　　　　　　　　　（=［2］）

［5］XX構文は、YにおいてXが際立っていることを示し、聞き手に文脈に従って、<u>YにおいてXが際立つ理由を選択させる</u>。

（=［3］）

意味機能Aについては、「Xの特徴を選択させる」という点から、聞き手に、Xについて深堀りさせ、Xが際立つ理由となる特徴を考えさせる。例えば、「体育会体育会している部」の例では、「体育会」の表すもの、Xそのものの持つ意味について、聞き手に考えさせる。対して、意味機能Bについては、Xについて聞き手に掘り下げさせるような機能は持たない。「ガラスガラスしている会場」の例で、ガラスについて考えさせるのではなく、全面ガラス張りであるなど、会場においてなぜXが際立つのかを解釈させる。

3.2.4　意味解釈への文脈の貢献

XX構文は文脈に大いに依存して、解釈がなされる構文である。まず、意味機能Aか意味機能Bのどちらが解釈プロセスに関係するのかは、文脈に従ってXとYの関係が考慮され選択される。

(11)　［おじさん柄のネクタイについて話していて］
　　　　このネクタイ、おじさんおじさんしている。面白い！
(12)　［父親のネクタイを買うのに付き合っている娘が、あるネクタイについて買うべきでないと考えて、父親に対して言って］
　　　　このネクタイ、おじさんおじさんしている。やめようよ。

（=(5a)）

(11) は、既に (5a) で説明した (12) の例と文の見た目の上では、全く同じである。しかし、[　] で説明される文脈の貢献によって、XとYの関係が異なることが分かる。(11) では、おじさん (X) はこのネクタイ (Y) の柄であり、XがYの部分である。そのため、意味機能Aを選択する (12) の例と異なり、(11) では意味機能Bが解釈プロセスに関わる。このように文脈に依って決まるXとYの関係性によって、聞き手は解釈のプロセスを選択する。

　下記 (13a) と (13b) については、XとYのそれぞれの名詞は同じである。また、このネクタイ (Y) は、おじさん (X) の身に着ける物、つまりYはXの部分であるという関係も共有している。この2例の間で異なる点は、発話の文脈だけである。

(13) a. ［父親のネクタイを買うのに付き合っている娘が、あるネクタイについて買うべきでないと考えて、父親に対して言って］
　　　 このネクタイ、おじさんおじさんしている。やめようよ。　　　　　　　　　　　　　　　　　　　　(= (12))
　　 b. ［父親のネクタイを買うのに付き合っている娘が、あるネクタイについて買うべきだと考え、父親に対して言って］
　　　 このネクタイ、おじさんおじさんしている。格好良い！　　　　　　　　　　　　　　　　　　　(= (2b))

　(13a) では「おじさんおじさんしている」は、文脈に従って「ださい」「地味」「古臭い」といった意味を表すと聞き手に解釈され、(13b) では、「大人っぽい」「高級感がある」「渋い」などの意味で聞き手に解釈される。これらの解釈が「典型的な」「プロトタイプの」などの従来のXX構文の意味の規定では説明できないことは明白である。

3.2.5　XX構文を使用する意義

　XX構文は、文脈に依存して様々な解釈の可能性を持つが、より

明示的な表現に書き換えが可能であるように思われる。以下（14）は、（1）の例文をXX構文を使用せずに書き換えたものである。

(14) a. このネクタイ、いかにもおじさんが持っていそうでださい。やめようよ。
　　　b. あの子も年頃ね。いかにも女の子が好きそうな可愛らしいドレスが欲しいみたい。
　　　c. 東京に来てからは毎年見ているこの全面ガラス張りの会場はいつ見ても美しく、かつ人のパワーを感じる。
　　　d. トマトソースのケチャップの味が強すぎなくて、すごく美味しかったです。

（14）のように、XX構文を使わずに、説明的に言う方が明らかに伝えたい内容が明確になり、聞き手の解釈コストは節約できる。しかし、実際には、これら（14）のような解釈は、あくまで文脈が前提とされて書き換えられた例のそれぞれ一例でしかなく、XX構文の表現できる幅はこれだけにとどまらない。文脈に依って、いくつもの解釈の可能性がXX構文では存在するのである。これは話し手によって、無意識的ないしは意識的に利用されるXX構文の特質である。例えば、会話の進行を途切れさせないために、話し手の頭の中で伝えたい内容が定まり切っていない時でさえ、XX構文を使って大体の内容を伝えることが可能である。以下（15）は、そのようなXX構文の利用例である。

(15) ［同じ会社に勤める2人で、普段の会議とは別に、少人数で議論をするという提案について話していて］
A：なんなら、今週にもできそうですよね。短時間でも。Bさん的に、どんな集まりにしたいですか。
B：何ていうのかな〜、<u>会議会議した</u>やつじゃなくてさ〜、みんなでざっくばらんに話してさ、普段話しにくい人もいるわけじゃん。あの会議っぽい感じだと。
A：あ〜なんか分かるかも。みんな口々に話してね。別に解

決策が見つかるのが全てではないっていう。良いですね〜。
　B：そうそう！　伝わる？　部屋もさ、堅苦しくないとこのが良
　　　くない？

　（15）において、XX構文を使ったB自身も、その構文の表す具体的な意味を、Aと話しながら導き出している。「みんなでざっくばらんに話す」「部屋も堅苦しくない」という発話が、「会議会議していない会議」の表す意味の説明として、後から補足的になされている。つまり、（15）でXX構文は、話し手の頭の中で、伝えたい内容を表現する明白な言葉がまだ見つかっていない時に、伝えたい内容の大枠を伝え、会話を途切れさせずに円滑に進行させる役割を担っている。
　また、直接的に言うのが躊躇われるような内容を曖昧にぼかして伝える時にも、XX構文が使われる。以下（16）の例で、そのような使い方が観察できる。

（16）［友人Cの新しい彼女について、AがBに尋ねている］
　A：どんな人なの？　Cの彼女って。
　B：あ〜、女女しているっていうか。俺はね、俺は好きではないタイプ。
　A：察し。まぁ、Cが幸せならね

　（16）の例では、Bの「女女している」という発話が、「俺は好きではないタイプ」から、Bにとっては、良い意味で用いられていないことは明らかである。具体的に説明をすることが憚られるような文脈（（16）の例では、友人の彼女を、悪く言いたくない場面）において、あえて相手に解釈の大まかな方向性だけを伝え、具体的な解釈を託している。そのような場面でもXX構文が用いられる。
　本稿で挙げた例は、XX構文のごく一部でしかない。特にSNSや動画のコメント欄での利用が多く観察された。この事実も、限られた字数で伝える、表現性、曖昧にぼかす、など様々な役割を担うこの構文の存在意義を考える際に重要な証拠となるだろう。

4. まとめ

先行研究の行った、文脈に依存するという観点を欠いた日本語XX構文の意味規定の方法は、この構文の特質を捉えたものではない。本稿では、この文脈依存であり、構文単体の解釈だけでは全体の意味を理解できないという点を、構文の意味規定にも考慮すべきであるという観点から、XX構文の新たな意味を提案した。「XXしている／した」という形式をあえて用いることでコード化される「意味」は、聞き手の解釈方法をある一定の方向へ狭める。しかし、あくまでこの構文の解釈は、文脈に大いに依存してなされ、聞き手の判断に解釈は委ねられる。この文脈依存性こそ、日本語XX構文の存在意義であると言える。

注

* 本稿は、2021年11月23日に行われた第49回奈良女子大学英語英米文学会年次大会における筆者の口頭発表を加筆・訂正したものである。

*1 以下のような例を、語彙化された反復表現の例として小野は挙げている。
  a. 名詞   山々、人々、日々、時々
  b. 形容詞の語幹 早々（と）、広々（した）、狭々（しい）
  c. オノマトペ ガンガン、スベスベ、ガチャガチャ
  d. 慣用句   来る日も来る日も、毎日毎日、夜毎夜毎
               （小野（2015: 464））

*2 出典記載のない例は、筆者が創作し他の母語話者の確認を経たものである。

*3 森（2020）で日本語XX構文は、実際には様々な形式で生産的に使用されていることを紹介している。本稿では、「YはXXしている」「XXしている／したY」の形式に限定して論じる。

参考文献

Goldberg, Adele E. (1995) *A Construction Grammar Approach to Argument Structure*. Chicago: The University of Chicago Press.（河上誓作・早瀬尚子・谷口一美・堀田優子訳（2001）『構文文法論―英語構文への認知的アプローチ』研究社.）

Goldberg, Adele E. (2019) *Explain Me This: Creativity, Competition, and the Partial Productivity of Construction*. New Jersey: Princeton University

Press.
Gomeshi, Jila, Ray Jackendoff, Nicole Rosen and Kevin Russell (2004) Contrastive Focus Reduplication in English. *Natural Language and Linguistic Theory* 22: 307–357.
東森勲・吉村あき子（2003）『関連性理論の新展開―認知とコミュニケーション』研究社.
Horn, Laurence (1993) Economy and Redundancy in a Dualistic Model of Nature Language. In Susanna Shore and Maria Vilkuna (eds.) *SKY1993: 1993 Yearbook of the Linguistic Association of Finland*, 31–72. Helsinki: Suomen kielitieellinen yhdistys.
Huang, Yan (2015) Lexical Cloning in English: A Neo-Gricean Lexical Pragmatic Analysis. *Journal of Pragmatics* 86: 80–85.
森木乃美（2020）「日本語XX構文の形式・意味の広がり」『英語学英米文学論集』46: 33–44. 奈良女子大学英語英米文学会.
野呂健一（2016）『現代日本語の反復構文―構文文法と類像性の観点から』くろしお出版.
小野尚之（2015）『語彙意味論の新たな可能性を探って』開拓社.
時政須美子（2018）「英語の重複型表現―XX構文―の手続き的情報」『英語学英米文学論集』44: 37–48. 奈良女子大学英語英米文学会.

ジェネラルエクステンダー or anything の機能
not X (or anything), but Y の考察から

松山加奈子

1. はじめに

ジェネラルエクステンダーとは、and things (like that)、and everything、or something (like that)、or anything、or whatever などの表現群のことである（Overstreet (1999), Aijmer (2013), Overstreet and Yule (2021) 他）。本稿ではその中の一つ、or anything に焦点をあてる。or anything は否定文に表れることが多いが、or anything を付け加えることができる文とできない文がある。

(1) I don't want to sound like your mother or anything, but I think you should wait.

(Overstreet and Yule (2001: 46))

(1) には or anything を付け加えることができるが、同じ not X, but Y という形式であっても、(2) は X のあとに or anything を付け加えることができない*1。

(2) I don't have my master's degree (*or anything), but I do have my bachelor's.

(Horn (2001: 409), 括弧は引用者)

なぜ、このような違いがあるのだろうか。本稿では、or anything の広範なカテゴリー形成を促すという基本機能が、これらの容認度の違いを生じさせていることを示す。また、(1) のような発話で使用される or anything については、発話を和らげる緩

和機能として働いていることを主張する。

　以下、2節と3節では、or anythingが容認されないnot X, but Yという形式を考察する。4節でor anythingのカテゴリー形成を促す機能と、or anythingを容認しない形式の特徴とが反発しあうことを示す。5節では、or anythingが容認されるnot X, but Yを考察し、Horn（2001）の尺度の考えに基づいてなぜ容認されるのかを説明する。6節では、(1)の例文を「定型断り文句（formulaic disclaimer）」として分析したOverstreet and Yule（2001）を紹介する。7節では、or anythingの強調機能と緩和機能について説明し、断り文句におけるor anythingは発話を和らげていることを主張する。8節でnot X, but Yとnot X or anything, but Yを比較することで、7節の主張を裏付ける。最後に9節で全体のまとめを記す。

2. or anythingが容認されない形式—not only X, but (also) Y、not just X, but Y、not X, but rather Y

　not X, but Yという形式は非常に守備範囲が広いが、本節では、butによって等位接続され、「否定」対「肯定」の対照を表す形式として使用されるnot X, but Yの事例を考察する。以下の3つの形式には、or anythingが容認されない。

<u>not only X, but (also) Y</u>
(3) ...not only local media (*or anything), but media from all over the country.　　　　　　　　　　　　　　　(COCA)
(4) You want to do well not only to please yourself (*or anything), but to please your family.　　　　　　(ibid.)

　(3)は、地元のメディアだけでなく、全国のメディアも、と言って、地元メディアと全国メディアの両方の重要性を伝えている。(4)は、自分自身を喜ばせることと、家族を喜ばせることとの両方の重要性を伝えている。not only X, but (also) Yは、両方の重要性を強調して、XとYに明確な対照性を与える形式である。この

形式にはXの後にor anythingは容認されない。

<u>not just X, but Y</u>
(5) This vital reform is necessary, not just for our economy (*or anything), but for our security. (COCA)
(6) This plan does pick winners and losers based on not just how much money you make (*or anything) but how you make your money. (ibid.)

(5) は、単に経済だけでなく、安全保障にとっても抜本的な改革が必要だ、(6) は、(プランが勝者と敗者を選ぶのは、)単にどれだけお金を稼ぐかだけでなく、どのようにお金を稼ぐかに基づく、と言っている。not just X, but Yも、not only X, but Yと同じように、両方の重要性を強調して、XとYに明確な対照性を与えている。これらにもXの後にor anythingは容認されない。

<u>not X, but rather Y</u>
(7) It's not a new mystery book (*or anything) but rather a children's book. (COCA, 原文ママ)
(8) …is not a tragedy (*or anything), but rather a love story. (COCA)

(7) は、新しいミステリー本というより、むしろ子ども向けの本であるといって前者を否定しつつ、後者の具体性を高めて強調している。(8) は、悲劇というより、むしろ恋愛物語だといって、前者を否定しつつ、後者の具体性を高めて強調している。not X, but rather Yは、前者を否定することで後者の具体性を高めて、明確な対照性を与える形式である。ここにもXの後にor anythingは容認されない。

or anythingが容認されないこれら3つの形式に共通しているのは、こられの形式がXとYに「明確な対照性」を示す効果を持つという点である。

3. or anything が容認されない形式—メタ言語否定

not X, but Y で表されるメタ言語否定にも、or anything は容認されない。Horn (2001) に従うと、否定は、「記述否定（descriptive negation）」と「メタ言語否定（metalinguistic negation）」に二分される。真理関数的な記述否定に対し、「先行する発話を、慣習的含意、会話の含意、形態、文体、発話域、音声的表現の仕方など、どのような側面においてであれ、拒絶する（ホーン（2018: 492））」のが、メタ言語否定である。メタ言語否定は、「否定の焦点にあるものを「より正確な指示」に置き換えるという特性（ibid.: 501）」を持つ*2。

(9) Not she chooses to die (*or anything), but she chooses to die.（彼女は死ぬことを選んだのではなく、死ぬことを（自分の意志で）選択したのだ）

(ibid.: 545)

(9) は、焦点が die にあるのではなく、choose にあるということを伝えるメタ言語否定の例であるが、この文に or anything は容認されない。また、尺度に結び付いた含意*3 を否定するメタ言語否定にも、or anything は容認されない。

(10) We don't have three children (*or anything), but four.
(11) It's not probable (*or anything), but certain.

(10) は、先行発話を否定して「3人子供がいるのではない、4人いるのだ」と言っている。通常、「3人子供がいる」と言うと「4人以上ではない」という含意が引き出される。ここでは、その含意を否定して、4人という具体的な数を示して修正を加えている。(11) は、先行発話を否定して「可能性があるのはない、確実なのだ」と言っている。通常、「可能性がある」と言えば、「確実ではない」という含意が引き出される。ここでは、その含意を否定して、

確実であるという修正を加えている。一般に、尺度の下位にある語が使われることによって、それ以上ではないだろうという含意が引き出されるが、(10)(11)のメタ言語否定の事例では、そうした含意を拒絶して、尺度の上位にある語を用いて修正を与えているのである。これらの例からもわかるように、メタ言語否定の特徴とは、修正することで、否定の焦点を明確に示すことにある。そのような否定の焦点が明確に示されるメタ言語否定の not X, but Y においても、X のあとに or anything は容認されない。

4. ジェネラルエクステンダーの基本機能

ここで、ジェネラルエクステンダーの基本機能について確認する。ジェネラルエクステンダー全般の機能として共通するのは、先行する語句を具体例として、それを含む一般的 (general) なカテゴリーや集合を形成するよう聞き手に促すという機能である (Dines (1980), Channell (1994), O'Keeffe (2004))。*Oxford Learner's Dictionaries* に掲載されている主要なジェネラルエクステンダーの例文を見てみよう。

(12) a. I've been busy shopping *and things*.
    b. Have you got his name and address *and everything*?
    c. The car hit a tree *or something*.
    d. If you call a meeting *or anything*, just let me know.
    e. It's the same in any situation: in a prison, hospital *or whatever*. (Oxford Learner's Dictionaries)

(12a) は、and things を付け加えることで「shopping などの活動」といったカテゴリーを形成するよう聞き手に促している。(12b) は「名前や住所などの情報」、(12c) は「木か何かの物体」、(12d) は「ミーティングなどの集まり」、(12e) は、「刑務所や病院といった施設」、といったカテゴリーが考えられるだろう。(12a–e) のジェネラルエクステンダーは、先行する語句を具体例

として、それを含むカテゴリー形成を聞き手に促すことで、先行する語句をぼんやりとさせているともいえる。このような機能が、ジェネラルエクステンダーに共通する基本機能である*4。どのようなカテゴリーが形成されるかは、それぞれの表現、また文脈によって異なるが、or anything は、構成要素 any の「無差別性 (indiscriminacy) (Horn (2000a, 2000b, 2005))」という特性を引き継ぎ、「極端なものを含む選択肢」を示してカテゴリーを大きく広げるという特徴を持つ (松山 (2023))。or anything を含む (12d) の文脈を、例えば有能で献身的な部下が、上司に対して発言している場だと仮定した場合、X or anything の X (例示となる部分) は、直前の meeting という名詞ではなく、動詞句である call a meeting とみなすこともできる。その場合、or anything は、例えば、資料を作成したり、出張の手配をしたり、といったものを含み「私にお手伝いできるようなこと」という広いカテゴリーが作られると考えることもできる。このように、or anything によって広範なカテゴリー形成が促されると、X 自体の明確さは失われる。つまり、明確な対照性を示す not X, but Y や否定の焦点を明確に示すメタ言語否定の not X, but Y は、カテゴリーを広げることで直前の語句の明確さを失わせる or anything の基本機能と反発しあうのである。このような理由から、2節と3節で示したような「明確にする」という特徴を持つ not X, but Y の形式には、広範なカテゴリー形成を促して直前の語句をぼんやりとさせる or anything は容認されないのだ。ここで、or anything が容認されない (2) をもう一度確認してみよう。

(13) I don't have my master's degree (*or anything), but I do have my bachelor's. (= (2))

この文は、例に挙げた3つの形式でもなければ、メタ言語否定でもないが、master と bachelor という2つの語の明確な対照性によって意味が成り立っている文である。つまり、or anything を加えると、master という語のカテゴリーが広がりその語自体がぼんや

りとして、masterとbachelorの対照性があいまいになってしまうのだ。そのため、この文にor anythingは容認されないのである。

ここまでの考察をまとめると、明確な対照性を示すnot X, but Yや、否定の焦点を明確にするメタ言語否定を表すnot X, but Yにおいては、Xのあとに、or anythingが容認されない。なぜなら、「明確にする」という効果を与える文の特性と、広範なカテゴリー形成を促してXの明確さを失わせてぼんやりとさせるor anythingの基本機能が矛盾するからである。

5. 集合の要素としてのX or anything

次に、or anythingが容認される文を考察する。本節では、なぜor anythingが容認されるのかという問いを、Horn (2001)の尺度の考えに基づいて整理する。Hornは、not X, but Yという形式と尺度上の優位性の関係を指摘している。

(14) It isn't hot, but it is warm.
(Horn (2001: 404))

(14)のような「記述否定」のnot X, but Yという形式において、HornはXが常にYよりも優位であることを指摘している。具体的には、「熱さ」という尺度上において、hot (X) はwarm (Y) よりも優位にある、ということだ。これを踏まえて(2)をもう一度確認してみよう。

(15) I don't have my master's degree (*or anything), but I do have my bachelor's.　　　　　　　　　　(= (2))

(15)では、「学位」という属性において、master (X) はbachelor (Y) よりも優位にある。しかし、このmasterとbachelorの関係性は、一方向的な伴立を伴う意味論的な量的尺度ではない。このような指摘に対し、Horn (2001) は次のように述べている。

> 尺度という必須概念は、論理的、意味論的伴立関係だけで規定できるものではなく、むしろはるかに広いものなのである。伴立が成立するような例というのは、言語そのものによるだけでなく、もっと広く、会話参加者に共有されている（と想定される）世界についての知識、信念によって規定される語用論的関係の特殊な場合にある（Ducrot (1973), Fauconnier (1975a, 1975b, 1979))。
>
> （ホーン（2018: 552））

　言い換えると、not X, but Y において対比される 2 つの項目は、「暗示的に呼び起こされる属性の集合の要素（ibid.: 553)」となるのである。つまり、not X, but Y における X と Y は、意味論的な尺度上にある語や、ある属性の明確な尺度上にある語だけではなく、語用論的関係上の属性の集合の要素になる場合があるということだ。例えば次のような場合が考えられる。

（16）I don't get to paint in prison *or anything*, but I draw a lot.

（COCA）

（17）He didn't yell *or anything*, but he got real hard in the eyes.

（ibid.）

　（16）と（17）は、or anything が含まれる例だが、これらの文は「否定」対「肯定」の対照を表している。（16）は、「刑務所で色を使う絵などは描かないが（X=paint）、線描画はたくさん描いた（Y=draw）」と言っている。Horn の考えに従うと、この X と Y は、暗示的に呼び起こされる何らかのクラスに属する集合の要素であると考えられる。ここでは、「描く」というクラスが暗示的に呼び起こされており、paint（X）と draw（Y）が、そのクラスに属する集合の中の一要素である。「描く」という集合の中には、sketch や color など他の要素も考えられる。したがって、paint or anything といって、paint に関わるカテゴリーを広げて paint という語をぼんやりさせることができる。同様に、（17）では、「怒っ

ている」といった暗示的に呼び起こされるクラスがあり、yell（X）とget hard in the eyes（Y）はそのクラスに属する集合の一要素である。「怒っている」という集合の中には、slam the doorやglareなど、他の要素が考えられる。したがってここでも、yell or anythingといってyellのカテゴリーを広げて、yellという語をぼんやりとさせることができるのだ。つまり、or anythingを付け加えることができるのは、Xが、集合の中の1つの要素を表している場合である。その場合は文が「否定」と「肯定」という対照を表していても、or anythingを加えてカテゴリーを広げXをぼんやりとさせることができる。

　ここまでの議論をまとめると、明確な対照性を示すnot X, but Yや、否定の焦点を明確にするメタ言語否定においては、Xのあとにor anythingが容認されないが、語用論的関係上の何らかのクラスが暗示的に呼び起こされ、Xがそのようなクラスの集合の一要素とみなせるようなnot X, but Yの文には、or anythingが容認される。これらの容認度の違いは、or anythingのカテゴリー形成を促すという基本機能によって生じている。

6. 断り文句におけるor anythingの機能（Overstreet and Yule（2021））

　前節までは、or anythingが、他の要素を示して、広範なカテゴリー形成を促すという基本機能を持つことを確認した。では、(1)のor anythingは、カテゴリー形成の促進という基本機能の他に、どのような役割を果たしているのだろう。

(18) I don't want to sound like your mother *or anything*, but I think you should wait.　　　　　　　　　　　（＝(1)）

Overstreet and Yule（2001）は、not X or anything, but Yの形式で使用される(18)のような文を、定型断り文句（formulaic disclaimer）として考察し、「YはXの例として認識されるかもしれないが、そうではないことをあらかじめ強調する（ibid.: 46)」

と分析する。つまり、待つべきだ（= Y）と言うと、母親のよう（= X）に思われるかもしれないけれど、そうではないとあらかじめ「強調」しているというのだ。本稿では、このような断り文句の中の or anything は「母親のように思われたくない」を強調しているのではなく、発話全体を和らげる緩和機能として働いていることを主張する。なぜなら、断り文句というのは、他者との円滑な関係を維持するためのコミュニケーションの緩衝材であるからだ。次節では or anything の機能についての先行研究を少し詳しく紹介する。

7. or anything の強調機能と緩和機能（松山（2023））

or anything は、広範なカテゴリー形成を促すという基本機能に加えて、強調と緩和という二つの相反する語用論的機能を持つ（松山（2023））。

(19) I was never a racist *or anything*.　　　　（松山（2023: 39））
(20) Do you need a soda *or anything*?　　　　（ibid.）

(19) は、「私は決して人種差別主義者でも何でもなかった」を伝え、or anything は否定を強調する機能を果たしている。一方 (20) は、「ソーダか何かいる？」を伝え、or anything はソーダ以外にも様々な選択肢があることを伝えて質問を緩和している。これらの例だけを見ると、否定文に表れる or anything は強調機能として働き、疑問文に表れる or anything は、緩和機能として働いているように推測されるかもしれない。しかし、「強調」と「緩和」という、相反する二つの機能のどちらに焦点があたるかは、文脈に依存する（松山（2023））。

(21) I'm not gay *or anything*.　　　　　　　　（ibid.: 45）

(21) の or anything は「ゲイなんかじゃない」と否定を強調する場合もある。しかし、同じように否定文に表れる or anything が、

文脈を考慮すると緩和機能として働いている場合がある。次の例は、同性の友人へ自分の感情を打ち明けている場面である。

(22) I don't know. It's weird. I'm not gay or anything... (COCA)

(22) は、I don't know や It's weird から、自分自身の気持ちに確信が持てないことを伝えて、or anything でデリケートな発話のインパクトを和らげて、「ゲイとかではない…」を伝えている。このように or anything は否定文に表れるからといって必ずしも強調機能として働くわけではなく、緩和という役割を果たすこともあるのだ。また、疑問文に表れて質問を強調する or anything もある（松山（2023））。

(23) Did anyone ask you to submit a DNA sample or fingerprints or anything?　　　（松山（2023: 46））

(23) は「DNA サンプルや指紋か何かを提出するように誰かに言われませんでしたか」という質問である。or anything のカテゴリー形成を促すという基本機能を考慮すると、「本人を特定するような証拠」というようなカテゴリー形成を促して、具体例をぼんやりとさせて質問を和らげていると考えられるかもしれない。しかし、この質問は、十分な調査がされなかった殺人事件を振り返り、容疑者の一人を厳しく問い詰めている場面での発話である。むしろこの文脈の or anything は、「何かそういった証拠となるようなものを何でもよいから提出するように誰かに言われなかったですか？」を伝えて質問を強めているのだ。

　or anything が「強調」と「緩和」という、相反する機能を持つのは、構成要素 any の特性が影響している。any という語の研究の歴史は長いが、Horn は、自由選択の性質を持つ Free Choice any（以下 FC any）と、否定文脈の中で否定極性項目として現れる Negative Polarity Item any（以下 NPI any）を統一する研究に光をあてた（Horn（2000a, 2000b, 2005））。Horn が抽出した FC any

とNPI anyに共通する意味特性は「無差別性（indiscriminacy）」である。無差別性とは「どんな…も（whatsoever, no matter what）」に類似するもので、制約なく自由に選べることを表している。またこの特性には、「広め（DILATION）（Horn (2005: 188))」というプロセスがかかわり「尺度の端点（scalar end point）」を呼び出す性質も併せ持つ（Horn (2005: 183))。このようなanyの特性を引き継いで、or anythingは、「極端なものを含む選択肢」を示してカテゴリーを大きく広げるという特徴を持つ（松山 (2023: 47))。

　例えば、強調機能として働くときは、「極端」が表す尺度の端点までありとあらゆるものを含むという点に光が当たる。

　　(24) I was never a racist *or anything*.　　　　　　(= (19))

　(24)において、or anythingは、人種差別主義者（racist）という語から考えられる、性差別者（sexist）や、分離主義者（segregationist）といった語が含まれる領域の中の、最も端にある些細な差別主義者までも含む。そしてそれさえも否定することで否定を強調する。

　　(25) Did anyone ask you to submit a DNA sample or fingerprints *or anything*?　　　　　　(= (23))

　(25)においても、ありとあらゆる極端なものまでを含めて、「何でもいいから、何か尋ねられなかった？」を伝えて質問を強調しているのである。
　一方、緩和機能として働くときは、どんなものでも自由に選んでよいという点に光があたる。

　　(26) Do you need a soda *or anything*?　　　　　　(= (20))

　(26)のor anythingは、ソーダの他にも多くの選択肢があるこ

とを伝えているが、その中から何を選んでも良いという部分に光があたり、発話を緩和している。or anything が緩和機能として働くのは、選択を許容して、相手に配慮する文脈である。

　断り文句とは、円滑な関係を維持するためのコミュニケーションの緩衝材で、相手に配慮を伝える。そのような文脈を考慮すると、断り文句における or anything は、自由に選べるという部分に光をあて、発話を緩和しているのである。(22) の "I'm not gay or anything" の or anything が、否定を強める強調機能ではなく、デリケートな発話を和らげる緩和機能として働くように、断り文句における or anything も、否定を強調しているのではなく、相手への配慮という文脈を踏まえ、選択を許容して発話を和らげているのである。

8. 断り文句における or anything の機能—not X, but Y との比較から

　本節では、not X, but Y と not X or anything, but Y という二つの形式で表される断り文句を比較することで、or anything が緩和機能として働いていることを裏付ける。2節や3節でみたように、not X, but Y という形式は守備範囲が広く、「否定」対「肯定」の対照を表す形式として使用されることが多い。しかしこの形式は次の例のように断り文句としても頻繁に使用される。

(27) I don't want/mean to {overstep/interrupt/impose/bother/offend...}, but.... 　　　　　　　　　　　(COCA)

　(27) の overstep、interrupt、impose、bother、offend などの動詞は、他人に踏み込む、負の影響を与えるなどの意味を持つ。つまりこれらの文は、「おせっかいをするつもりはない」「気を悪くしないでほしい」などと言って、予め断ってから、but 以下で主張するという断り文句としてのアプローチをとっている。Overstreet らは、この not X, but Y という形式で使用される断り文句に or anything が付け加えられたものを考察している。

(28) I don't want (mean) to bother you (or anything), but...

(COCA)

(29) No offense (or anything), but... (ibid.)

(28)は「邪魔するつもりはないのですが」、(29)は「悪く言うつもりはないのですが」と言っている。これらの例は、not X, but Y という形式と、or anything を含む、not X or anything, but Y という形式のどちらもが、同じように断り文句として使用されることを示している。

前節では、断り文句というものは、他者との円滑な関係を維持するためのコミュニケーションの緩衝材であるということから、断り文句に表れる or anything は、緩和機能を果たしていると考えるべきだと主張した。上述したように、or anything には強調と緩和という矛盾する二つの機能があるが、どちらに焦点が当たるのかは文脈に依存する。相手が不快に感じないように予め断ってから、主張や提案を述べる断り文句は、選択を許容して相手に配慮する文脈である。そのような文脈の中では、否定文の中にあっても、or anything は、緩和機能として働くというのが本稿の主張である。

この主張を裏付けるため、断り文句として使用されている not X, but Y と、or anything を含む not X or anything, but Y を比較する。コーパスを調べると、or anything を含まない断り文句では、but の後に強い主張が展開されることが多い。

(30) No offense, but what are you waiting for? (English Web 21)

(31) I don't want to sound like a cheesy informercial, but the Nokia 5510 LCD could change your life. (ibid.)

(30)は、「気を悪くしないで、でも何を待っているのか」と言っている。予め断ってはいるが、この"what are you waiting for?"という表現は、相手に行動を促す強い主張を表している。また、(31)は、「安っぽい宣伝のように聞こえるかもしれないが、Nokia 5510 LCD はあなたの人生を変えるかもしれない」と言っている。

これも、予め断ってはいるが、製品が非常に優れていることを強く主張している。このように、not X, but Y という形式で言われる断り文句の後には、断定的で強い主張が表れることが多い。
　一方 or anything が含まれる断り文句では、but のあとの主張が、丁寧だったり曖昧だったりする。

（32）I don't want this to seem weird *or anything*, but would you maybe like to come to my place?　　　　　　　　（COCA）
（33）I don't …I don't want to sound like arrogant *or anything*, but seriously, I don't…　　　　　　　　　　　　（ibid.）

　（32）は、「変に思われたくないのだけれど、もしよかったら私の家に来ませんか？」といって相手を誘っているのだが、would you like から丁寧な依頼が、maybe からは、相手の都合に配慮していることが読み取れる。（33）は、「ええっと…（I don't …）傲慢に思われたくないのだけれど、まじで（seriously）、うーん…（I don't…）」といった表現が含まれる。また断り文句を言う前から I don't …と言いよどんでいることから、慎重に言葉を選んでいることがわかる。そして but の後にも、I don't …と言って、主張をあいまいなまま終わらせている。
　両方の形式を比較すると、or anything を含む断り文句の方が、発話がより丁寧で相手への配慮があり、柔和な印象を与えていることがわかる。このことは、or anything が断り文句において緩和機能として働いているという主張をサポートする。
　最後に、not X or anything, but Y という形式が断り文句として使用される割合が非常に高いということを指摘しておく。not X or anything, but Y という形式の例文を無作為に 100 例抽出すると、断り文句とみなされるものは 51 例見つかる（COCA を使用）。つまり、not X or anything, but Y という形式は、約半数が断り文句として使用されていることになる。一方、not X, but Y という形式の例文を無作為に 100 例抽出すると、ほとんどが「否定」対「肯定」の対照を表す文であり、断り文句として使用される例は 1 例に

も満たない。このことについては稿を改めたい。

9. おわりに

　本稿では、not X, but Y と not X or anything, but Y という形式の比較を通じて、or anything の広範なカテゴリー形成を促すという基本機能を確認し、また、断り文句に表れる or anything は発話を和らげていることを示した。

　一つ目の、or anything の広範なカテゴリー形成を促すという基本機能については、明確な対照性を際立たせる not X, but Y という形式や、否定の焦点を明確にする not X, but Y で表されるメタ言語否定に or anything は容認されないことを示して考察を行った。その結果、「明確にする」という文の特性と、カテゴリーを広げて直前の語や句の明確さを失わせる or anything の基本機能が矛盾することが明らかになった。一方で「否定」対「肯定」の対照を表す not X, but Y であっても、語用論的関係上の何らかのクラスが暗示的に呼び起こされ、X をそのようなクラスの集合の一要素とみなせる場合は、or anything は他の要素を表すことができて、not X, but Y に or anything が容認されることを示した。

　二つ目の、断り文句に表れる or anything の機能については、or anything が、広範なカテゴリー形成を促すという基本機能に加えて、「強調」と「緩和」という、相反する2つの機能を持ち、どちらの役割を果たすかは、文脈に依存するという先行研究を紹介した。それに基づき、コミュニケーションの緩衝材としての役割を果たす断り文句では、その文脈の特性から or anything は発話を和らげる緩和機能として働くことを主張した。また、not X, but Y と、not X or anything, but Y という形式の断り文句を比較することで、or anything は断り文句において発話を和らげる緩和機能を果たしているという主張を裏付けた。

注

*1 *印は、インフォーマント調査による結果である。以後、特に断りがない限り、括弧内の挿入は引用者によるものである。

*2 Horn (2001) によると、メタ言語否定は対照的環境で使われる傾向にあり、not X but Y構文は、Xを拒絶し、Yをその適切な修正として与えるメタ言語否定の原形ともいえる枠組みである。しかし、"It isn't hot, but scalding." と "It isn't hot—It's scalding." は使用されるが、"#It isn't hot, but it's scalding." は容認されず、but に関連する「むしろ…」という解釈には(つまり、メタ言語否定+修正として解釈するには)空所化 (gapping) が義務的であることが指摘されている (Horn (2001: 402–404)、ホーン (2018: 543–545))。

*3 尺度含意とは、簡潔に言うと、some を使用する時、not all が含意として引き出されるというものである。Horn (2001) によると、尺度上に乗せられる語には次のようなものがある。〈all, most, many, some〉〈…, 6, 5, 4, 3, 2, 1〉〈always, usually, often, sometime〉〈certain, {probable/likely} , possible〉〈boiling, hot, warm〉。これらを、〈…, P_j, P_i, …〉と表すと、$P_j > P_i$ が成り立つ。尺度上にある P_j と P_i において、P_j を含む陳述はそれに対応する P_i を含む陳述を一方向的に伴立するならば、そしてその時に限りその尺度において P_j は P_i よりも上位である (Horn (2001: 231–232)、ホーン (2018: 300–301))。

*4 文法化の側面からジェネラルエクステンダーを考察した Pichler and Levey (2010, 2011) は、このようなカテゴリー形成に関わる機能が、文法化の最初のステージにあることを指摘している。字義的な意味に近いこの基本機能から、対人機能や、テキスト機能が発展したとされる。

参考文献

Aijmer, Karin (2013) *Understanding Pragmatic Markers*. Edinburgh: Edinburgh University Press.

Channell, Joanna (1994) *Vague Language*. Oxford: Oxford University Press.

Dines, Elizabeth R. (1980) Variation in Discourse *"and stuff like that." Language in Society* (9): 13–33.

Ducrot, Oswald (1973) *La Prevue et le Dire*. Paris: Maison Mame.

Fauconnier, Gilles (1975a) Polarity and the Scale Principle. *CLS* 11, 188–189.

Fauconnier, Gilles (1975b) Pragmatic Scales and Logical Structures. *Linguistic Inquiry* 6: 353–375.

Fauconnier, Gilles (1979) Implication Reversal in a Natural Language. In Fritz Guenther and Siegfried J. Schmidt (eds.) *Formal Semantics and Pragmatics for Natural Languages*, 289–301. Dordrecht: D. Reidel.

Horn, Laurence. R. (2000a) Pick a Theory (Not Just *any* Theory): Indiscriminatives and the Free-Choice Indefinite. In Laurence R. Horn and Kato Yasuhiko (eds.) *Negation and Polarity*: *Syntactic and Semantic Perspectives*,147–192. Oxford: Oxford University Press.

Horn, Laurence. R. (2000b) *any* and (-) *ever*: Free Choice and Free Relatives.

The Israel Association for Theoretical Linguistics, The proceedings of the Fifteenth Annual Conference, 71–111.

Horn, Laurence. R. (2001) *A Natural History of Negation*. Stanford: SCLI Publications.

Horn, Laurence. R. (2005) Airport '86 Revisited: Toward a Unified Indefinite *Any*. In Gregory N. Carlson and Francis J. Pelletier (eds.) *Reference and Quantification: The Partee Effect*, 179–205. Chicago: The University of Chicago Press.

ホーン・ローレンス R. 河上誓作監訳　濱本秀樹・吉村あき子・加藤泰彦訳 (2018)『否定の博物誌』ひつじ書房.

松山加奈子 (2023)「ジェネラルエクステンダーor anything―緩和と強調のメカニズム」『人間文化総合科学研究科年報』39: 39–50. 奈良女子大学大学院人間文化総合科学研究科.

O'Keeffe, Anne (2004) Like the Wise Virgins and All That Jazz: Using a Corpus to Examine Vague Categorization and Shared Knowledge. *Language and Computers* 52: 1–26.

Overstreet, Maryann (1999) *Whales, Candlelight, and Stuff Like That*. New York: Oxford University Press.

Overstreet, Maryann and George Yule (2001) Formulaic Disclaimers. *Journal of Pragmatics* 33: 45–60.

Overstreet, Maryann and George Yule (2021) *General Extenders*. Cambridge: Cambridge University Press.

Pichler, Heike and Stephen Levey (2010) Variability in the Co-occurrence of Discourse Features. *Language Studies Working Papers* 2: 17–27.

Pichler, Heike and Stephen Levey (2011) In Search of Grammaticalization in Synchronic Dialect Data: General Extenders in Northeast England. *English Language and Linguistics* 15: 441–471.

例文出典

Corpus of Contemporary American English (COCA)
　　https://www.english-corpora.org/coca/
English Web 21 (enTen Ten 21)
　　https://app.sketchengine.eu/
Oxford Learner's Dictionaries Online
　　https://www.oxfordlearnersdictionaries.com/

同語反復表現に関する基礎的考察

山本尚子

1. はじめに

トートロジーと呼ばれる表現に関する研究は盛んに行われ、発展してきているが、その研究の主な分析対象は、A is A や「A は A だ」といった名詞句トートロジーであることがほとんどである (Grice (1989), Levinson (1983), Wierzbicka (1987), Fraser (1988), 坂原 (2002), 西川 (2003))。しかし、実際には、(1) や (2) が示すように、トートロジーと呼ばれる表現形式は多種多様である*1。

(1) a. Equative: 'a is a'
  e.g. Murder is murder.
 b. Disjunctions: '(either) p or not p'
  e.g. Either a ham has bone or it doesn't have a bone.
 c. Conditionals: 'if p (then) p'
  e.g. If I miss, I miss.
 d. Subordinate conjunctions: 'when p, p'
  e.g. When they're gone, they're gone.
 e. Headless relatives: 'p what p'
  e.g. It means what it means.
    (Ward and Hirschberg (1991: 510) より修正引用)

(2) a. A は A
  例）子どもは子どもだ。
 b. A か A でないか（のどちらか）
  例）彼は来るかも知れないし来ないかも知れない。
 c. A ならば A

例）負けたのなら負けたのだ。
　d. AのときはA
　　　例）やるときはやる。
　e. AだからA
　　　例）好きだから好き。
　f. AなものはA
　　　例）いいものはいい。　　　　　　（瀬戸（1997: 64–65））

　このように、さまざまな表現形式のトートロジーが存在しているにもかかわらず、従来の研究ではその多様性が見過ごされてきた。
　そして、「トートロジーという表現形式そのものはほとんどの言語に存在するが、その言語形式への表され方は個々の言語によって多様である」という言語学的事実もまた、従来の研究において見過ごされてきた点である。従来の研究では、主にA is Aという単一の形式で表される英語の名詞句トートロジーを分析対象としてきた。だが、Yamamoto（2014）などが指摘しているように、日本語には、「は」、「が」、「も」の区別があるため、「AはAだ」、「AがAだ」、「AもAだ」（例えば、「親は親だ」、「親が親だ」、「親も親だ」のように、Aには名詞（句）が入る）という3つの表現形式が存在するが、それらが伝達する意味はまったく異なっている。また、これまでのトートロジー研究ではあまり取り上げられることはなかったが、日本語には、形容詞などを繰り返し用いる「AことはA」、「AものはA」（例えば、「美しいことは美しい」、「美しいものは美しい」）という同語反復表現も存在する*2。これら2つの表現形式は、一種の慣用句として位置づけられることもあるが、形の上では、トートロジー（に準ずるもの）とみなされうる。このように主語と属詞が（ほぼ）同一のコピュラ型トートロジーという点から見ても、多様な表現形式を有する日本語は、A is Aという単一の名詞句トートロジー表現形式しか有さない英語以上に、トートロジー発話の解釈メカニズムの全体像を検討する上で重要な材料を提供すると思われる*3。
　このような見解に基づくと、トートロジー発話の解釈プロセスの

全体像の解明には、多様なトートロジーを視野に入れた分析が必要不可欠であると考えられる。そこで、本稿では、従来のトートロジー研究ではあまり注目されてこなかった、同語反復表現「AことはA」、「AものはA」（Aには形容詞が入る）を考察対象とし、これらを解釈する際に感じられる否定的なニュアンスの要因を明らかにすることを目的とした、基礎的な考察を行う。まず、関連する主要な先行研究を概観し、少なくとも名詞句トートロジーと同語反復表現はともに、それらの解釈プロセスには何らかの意味での否定が関わっていることを指摘する。そして、否定の観点から、「AことはA」、「AものはA」が用いられる文脈の特徴を明らかにする。

2. 先行研究検証

英語のA is Aやそれに対応すると考えられる日本語の「AはAだ」という名詞句トートロジーに関する研究は、さまざまな観点から行われてきた。一見すると、それらの分析には何も共通点がないように思われるが、「トートロジーは、文脈から得られる何かを否定する働きを持つ」という共通点が垣間見える。その一方で、これまであまり強調されることはなかったが、本稿の考察対象である、同語反復表現「AことはA」、「AものはA」の解釈プロセスにも何らかの意味での否定が関わっているように思われる。このように、もし何らかの意味での否定が、名詞句トートロジーと同語反復表現の共通項であるならば、両者が否定の対象とするものも同一であるのかというさらなる疑問が湧いてくる。

そこで、まず2.1節では、A is Aや「AはAだ」といった名詞句トートロジーが持つとされる「文脈から得られる何かを否定する」という機能に関する先行研究を簡潔に概説し、各研究者が考える、当該表現形式によって否定される対象を明らかにする。次に、2.2節では、解釈過程で感じられる否定的なニュアンスに着目しながら、「AことはA」、「AものはA」といった同語反復表現に関する先行研究を確認する。

2.1 A is A、「A は A だ」を対象とした研究

表現の仕方はさまざまであるが、A is A や「A は A だ」といった名詞句トートロジーが持つと思われる、何かを否定する機能に着目する研究が一定数存在する。このような機能に着目した研究として、辻本 (1996)、中村 (2000)、山本 (2008) がある。以下、順に見ていくことにしよう。

2.1.1 辻本 (1996)

辻本 (1996) は、聞き手が、話し手に対する反対意見 X is not A を持っているときに、話し手は X is A を再度強く主張するために、A is A を発話する、と主張する*4。例えば、(3) の A piece of silk is a piece of silk について見てみよう。

(3) '... You are always trying to find hidden meanings in things. Why? A cigarette is a cigarette. <u>A piece of silk is a piece of silk</u>. Why not leave it at that?' （辻本 (1996: 133), 下線は筆者）

(3) は、紫色のシルクに深いスリットが刻まれている、煙草のポスターに関する発話である。聞き手 (= 例文中の You で指示される人物) は、ポスターに描かれた紫のシルクには隠された意味があり、それは女性の体を象徴したものであると考えている。それに対して、話し手は、ポスターに描かれた紫のシルクを額面通りにシルクとして理解している。

辻本の分析に基づきこの例を説明すると、A は "a piece of silk" であり、X は "the purple silk on the poster" である。聞き手が、話し手に対する反対意見 "The purple silk on the poster is not a piece of silk" を持っているときに、話し手は、"The purple silk on the poster is a piece of silk" を再度強く主張するために、"A piece of silk is a piece of silk" を発話する、と説明される。

以上の考察が示していることは、辻本が考える A is A によって否定される対象は、聞き手が持つ X is not A という考えであるということである。

2.1.2　中村（2000）

　中村（2000）は、「AはAである」は、聞き手の連続的カテゴリー観を否定し、話し手の非連続的カテゴリー観を示すために用いられる、と主張する*5。具体的に、次のような例を考えてみよう。

(4)　松野明美選手：負けは負けです。　　　　（中村（2000: 72））

　(4)は、1万メートルのレースで外国人選手に競り負けてしまった松野選手が、試合終了後に発したものである。記者団は慰めの言葉をかけるものの、彼女は、その言葉を振り払うように、「負けは負けです」と言って、その場を立ち去ってしまう。

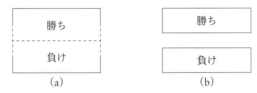

図1　「勝ち」と「負け」の連続的カテゴリー観と非連続的カテゴリー観　（中村（2000: 72），一部修正引用）

　中村の分析に基づきこの例を説明すると、聞き手である記者団は、図1（a）のような、「勝ち」と「負け」を連続的にとらえるカテゴリー観を持っているのに対して、話し手である松野選手は、図1（b）のような、「勝ち」と「負け」を非連続的にとらえるカテゴリー観を持っている。松野選手の発話「負けは負けです」は、聞き手である記者団が持つ連続的カテゴリー観（＝図1（a））を否定し、自身の非連続的カテゴリー観（＝図1（b））を示すために用いられている、と説明される。

　以上の考察が示していることは、中村が考える「AはAである」によって否定される対象は、聞き手が持つ非連続的カテゴリー観であるということである。

2.1.3　山本（2008）

　山本（2008）は、単独で、埋め込まれることなく用いられる名

詞句トートロジーを分析対象とし、トートロジーが発せられる文脈では、吉村（1999）が主張する「否定の認知構造」が構築されており、トートロジーには、発話時点の話者以外の誰かに帰属する思考や発話の内容に対して異議を唱える否認の機能がある、と主張する。

　ここでいう「否定の認知構造」とは、Givón（1978）が主張する（5）のような否定文にみられる特徴に基づき、否定に特徴的であるという意味で名づけられた認知構造を指す。

(5) [N]egatives are uttered in a context where corresponding affirmatives have already been discussed, or else where the speaker assumes the hearer's belief in ―and thus familiarity affirmative.（否定は、それに相当する肯定の内容がすでに議論されたか、あるいはそれに相当する肯定の内容を聴者が信じている―従ってよく知っている―と話者が思っているような文脈で用いられる。）

（Givón (1978: 109), 訳は吉村（1999: 180）による）

この「否定の認知構造」において、中央系で生じる図と地の関係を形式的に表したものが、(6) である。

(6) 〈否定の認知構造（The Cognitive Structure of Negation (CSN)）〉
中央系で処理される論理形式 ϕ と、その文脈に含まれる論理形式 ψ が矛盾するような心的構造：
$\langle \phi, \{\ldots \psi \ldots\} \rangle$ ただし $(\neg (\phi \cap \psi))$
を否定の認知構造（the Cognitive Structure of Negation）と言う。　　　　　　　　　　　　　（吉村（1999: 183））

以上のような基本的な概念を確認したうえで、次の (7) の例を用いて、山本の主張を見ていく。

(7) The defense claimed White had asked him to kill her. The prosecution countered with the claim, 'Murder is murder'.

(Ward and Hirschberg (1991: 512))

(7) において、被告人は White 氏に殺害を依頼されたという弁護側の主張に対して、検察側は "Murder is murder" と発している。このような文脈において、検察側は、当該発話によって、「誰かに依頼されて行った殺人は正当化される」という弁護側の主張によって非明示的に伝達された内容、つまり、発話時の話者以外の誰かに帰属する思考や発話の内容に対して異議を唱えている、と説明される。また、このとき、被告人が犯した殺人について、弁護側は「嘱託殺人は情状酌量の余地がある」と考えているのに対して、検察側は「どんな殺人でも情状酌量の余地はない」と考えている。このような両者の思考は対比的な関係にあり、検察側の思考は弁護側の思考と矛盾しているので、(7) のような名詞句トートロジーが発せられる文脈では、「否定の認知構造」が構築されている、と説明される。

以上の考察が示していることは、山本が考える、単独で、埋め込まれることなく用いられる名詞句トートロジーによって否定される対象は、発話時点の話者以外の誰かに帰属する思考や発話の内容であるということである。

2.2 「AことはA」、「AものはA」を対象とした研究

2.1 節では、A is A や「AはAだ」といった名詞句トートロジーが持つとされる「文脈から得られる何かを否定する」という機能に関する研究を概観し、各研究者が考える当該表現形式によって否定される対象を明らかにした。

次に、「AことはA」、「AものはA」といった同語反復表現について見ていく。これらの表現形式を解釈する際にも、程度の差こそあれ、否定的なニュアンスが感じられるように思われる。本節では、この「否定的なニュアンス」に着目しながら、フィルモア（1989）、牧原（2017）、大石（2015）の分析を順に見ていく。

2.2.1　フィルモア（1989）

フィルモア（1989）は、(8) のような「広いことは広いんですが、少し殺風景です」という統語構造を考察対象とし、これは、前項「広いことは広いんです」の部分で表わされている真実性を認めながらも、その部分から聞き手が当然期待することを最低限のものに止めさせるような機能を持つ、と主張する*6。

(8)　スタンフォードのキャンパスは、広いことは広いんですが、少し殺風景です。　　　　　　　　　　　（フィルモア（1989: 21））

フィルモアの分析には、具体的な文脈に基づく記述がないので、その意図を読み取ることが難しいところもあるが、「聞き手が当然期待することを最低限のものに止めさせる」という部分が、解釈時に感じられる否定的なニュアンスと結びつくと考えられる。つまり、フィルモアが考察対象とする統語構造は、「何かが、聞き手が期待するような十分な程度ではなく、最低限の程度にしか達していない」ということを伝達していると言えるだろう。

以上の考察が示していることは、フィルモアの分析から読み取ることができる否定的なニュアンスは、「最低限という程度」である。

2.2.2　牧原（2017）

牧原（2017）は、「AことはA」を考察対象とし、以下のような例を具体例として挙げている*7。

(9)　まず、柚子から食べると、柚子の味が良く利いた酢飯で、美味しいことは美味しい。

(10)　いや、そういうわけではないのよ、という言い訳じみた修飾辞が「普通に」というものです。楽しいことは楽しいのだ、ただ「思いがけない楽しさ」が無いので、顔に出ないだけで。という感じ。　　　　　　　　　（牧原（2017: 20））

彼の分析によると、(9)-(10) はそれぞれ、「個別的な「美味し

さ」「楽しさ」が、「美味しい」「楽しい」という語が本質的に持つ意味を部分的に所有している」ということを示している（牧原 (2017: 20)）。そして、主語の「Aこと」によって表されるモノが「Aという語の性質を部分的に所有しているという意味構造が、「部分的には不満もあるが」などの意味を派生させている」(ibid.)。

牧原の分析も、具体的な文脈に基づく記述がないので、理解しにくいところがあるが、この分析の中で、「Aという語が本質的に持つ意味の部分的所有」、「部分的な不満」という部分が、解釈時に感じられる否定的なニュアンスと結びつくと考えられる。特に「部分的」という表現は、フィルモアが主張する「最低限」という表現と類似するように思われる。

以上の考察が示していることは、牧原の分析から読み取ることができる否定的なニュアンスは、「性質上、あるいは、感情上の部分的な欠如」である。

2.2.3 大石（2015）

最後に、大石 (2015) を見ていく。筆者が知る限り、「AことはA」と「AものはA」の両者を比較検討した先行研究は、大石 (2015) のみである*8。彼は、(11)–(12) のような例を具体例として挙げている。

(11) スタンフォードのキャンパスは、広いことは広いんですが、少し殺風景です。　　　　　　　　　　　　　　(= (8))
(12) 支店だろうが、うまいものはうまい。　　（大石 (2015: 39)）

彼の分析によると、Aという形容詞を繰り返し用いる「AことはA」、「AものはA」はともに、冗長性を持つ有標表現であるため、Levinson (2000) のM原理に従い、I原理に基づき引き出されるステレオタイプ的な事態が否定されると解釈される。また、両者の違いは、それらに含まれる「こと」と「もの」の基本的な意味に起因する。具体的には、「AことはA」の場合は、予測されるステレオタイプ的な事態は結局否定されるのに対して、「AものはA」の

場合は、予測されるステレオタイプ的な事態は、それに反する事態があるにもかかわらず保持される。

このような分析は、先の2つの分析とは異なり、明確に「(ステレオタイプ的事態が)否定(される)」という表現が用いられており、より具体的である。だが、山本 (2024) が指摘するように、大石は、当該表現形式の共通点として、予測されるステレオタイプ的事態が否定されることを挙げているにもかかわらず、「AものはA」では、そのような事態は結局保持される、つまり、否定されないと述べており、その主張には矛盾がある。

以上の考察が示していることは、大石の分析から読み取ることができる否定的なニュアンスは、予測されるステレオタイプ的事態の否定(場合によっては、それは保持されるということ)である。

3. 事例観察

2.2節では、「AことはA」、「AものはA」に関する先行研究を、当該表現形式を解釈する際に感じられる否定的なニュアンスに着目しながら検証した。その検証過程からわかるように、各分析には、否定的なニュアンスにつながるような記述が少なからず見られるものの、具体的な文脈の中で用いられると、当該表現形式が実際にはどのように解釈されるのかという事例観察が欠けている。そこで、本節では、事例観察を通して、「AことはA」、「AものはA」が具体的にどのような文脈を必要とするかを明らかにする。そして、その文脈的特徴が、当該表現形式の解釈時に感じられる否定的なニュアンスの要因となりうることを主張する。

3.1 「AことはA」

まず、「AことはA」についてである。「AことはA」が発せられる文脈をよく見てみると、「AことはA」は、発話時点で話題になっている事象に関して、その発話の伝達内容と矛盾する情報とそうではない情報が並列されるような文脈を必要とすると思われる。例えば、次のような、いとこ同士である泉ちゃんと修くんのやりとり

について見てみよう。

(13)「すごい。綾瀬に泉。わたしに縁があるとこがいっぱい」
(中略)
「…とにかくさ、いとこの名前が泉で、近くに泉の森っていうのがあったら、普通、言わない?」
「言う、かなぁ。公園の名前がそれってだけだし。ぼくも、小学校の遠足で行ったことがあるくらい。ほんとうにただの公園だよ」
「地図で見たけど広いんでしょ?」
「広いことは広いよ。遠足で行くぐらいだから。でも特に何かがあるわけじゃないよ。キャンプ場があるけど、泊まれはしないみたいだし。乗り物とかそういうものはない。泉ちゃんのほうの葛西臨海公園みたいに観覧車があったりはしないよ。タダではいれるただの公園」
(小野寺史宜『みつばの泉ちゃん』)

(13)では、修くんの家の近くにある、泉の森公園という名前の公園が話題になっている。二人とも、泉の森公園が広いことについては意見が一致している。だが、泉ちゃんは、自身の名前とよく似た、泉の森公園に縁を感じており、いとこの名前とよく似た公園が家の近くにあるにもかかわらず、そのことを修くんが教えてくれなかったことに疑問を感じている。一方、修くんは、泉の森公園を、いとこである泉ちゃんに取り立てて言うほどではない、普通の公園だと感じている。
　このような文脈において、修くんの発話「広いことは広いよ」は、例えば、「泉の森公園は確かに広いが、ほかの点は取り立てて言うほどではない」といったことを伝達していると考えられる。このような伝達内容は、発話時点で話題になっている事象に関して、すでに文脈に存在する想定に対して矛盾を引き起こす想定とそうではない想定を与えることになる。つまり、「泉の森公園は(自身の名前とよく似た名前だから、)取り立てて言うほどである」と「泉の森

公園は（広さ以外の点は）取り立てて言うほどではない」との間の矛盾である。それに対して、「泉の森公園は（地図で判断すると、）広い」と「泉の森公園は（実際に行ってみても、）広い」の間に矛盾はない。

　次の例も同様の考察が当てはまる。(14)の書き手は、フランスからロンドンへ向かう道中にあるが、イギリスに入るまで気づかなかった、心を動かされるようなフランスの自然の美しさを改めて思い返している。その書き手は、目の前に広がるイギリスの牧場を、フランスの牧場と比べ、次のように述べている。

(14)　…広々とした満目の光景は静かと云うよりは淋しさが勝っていて、たった今、通って来たノルマンデーの牧場のあざやかな色彩と日光とが呼応したような、心身の恍惚魔酔を感ずる事は到底出来ないのである。
　　　さわやかなる或はこころよいと云うような、かかる言語の真の意義は、フランスでなければ決して味わい得べきものでないとつくづく感じた。
　　　英国人は定めしこの牧場を美しいと歌うであろう。美しい事は美しい。然し美しいのみでは直ちに爽かな或いは快いと云う事にはならぬ。見よ。この美しい牧場は若き悩みにつかれた夢見がちなる吾々には何の関係もない無感覚な冷たい自然に過ぎないでは無いか。
　　　　　　　　　　　　　（永井荷風『ふらんす物語』*9）

(14)では、目の前に広がるイギリスの牧場を含めた自然が話題になっている。「美しい事は美しい」という発話を発する時点より前の話し手（書き手）は、イギリス人のとらえ方を推測し、イギリス人は、目の前に広がる牧場を含めた自然を美しいと評すと考えている。当該発話時点の話し手（書き手）も、その意見に同意している。だが、つい先日までフランスに滞在していた話し手（書き手）は、イギリスの牧場を含めた自然は、フランスの牧場を含めた自然とは違い、何らかの感動を呼び起こすものではないと感じている。

このような文脈において、話し手（書き手）の発話「美しい事は美しい」は、例えば、「目の前に広がるイギリスの牧場を含めた自然は確かに美しいが、ほかの点は取り立てて言うほどではない」といったことを伝達していると考えられる。先の（13）と同様に、このような伝達内容は、発話時点で話題になっている事象に関して、すでに文脈に存在する想定に対して矛盾を引き起こす想定とそうではない想定を与えることになる。つまり、「目の前に広がるイギリスの牧場を含めた自然は、（イギリス人のとらえ方を推測した、当該発話時点より前の話し手（書き手）にとって、）何らかの感動を呼び起こす」と「目の前に広がるイギリスの牧場を含めた自然は、（発話時点の話し手（書き手）にとって、）何らかの感動を呼び起こさない」との間の矛盾である。それに対して、「目の前に広がるイギリスの牧場を含めた自然は、（イギリス人のとらえ方を推測した、当該発話時点より前の話し手（書き手）にとって、）美しい」と「目の前に広がるイギリスの牧場を含めた自然は、（発話時点の話し手（書き手）にとって、）美しい」の間に矛盾はない。

　これまでの考察に基づいて、「AことはA」は、発話時点で話題になっている事象に関して、その発話の伝達内容と矛盾する情報とそうではない情報が並列されるような文脈を必要とすると特徴づけることができる。そして、この文脈的特徴に含まれる矛盾が、当該表現形式の解釈時に感じられる否定的なニュアンスの要因となりうると考えられる。

3.2　「AものはA」

　次に、具体的な文脈の中で「AものはA」について考える。「AものはA」が発せられている文脈をよく見てみると、「AものはA」は、発話時点で話題になっている事象に関して、その発話の伝達内容と矛盾する情報を含む文脈を必要とすると思われる。例えば、（15）のような例を考えてみたい。

（15）そのあとは夫婦二人の時間になる。夫はソファーに座って、夕刊を読みながら私と少し話をする。患者の話、新聞記事

の話。そしてハイドンだかモーツァルトだかを聴く。私も音楽を聴くのは嫌いではない。でもいつまでたっても私にはハイドンとモーツァルトを識別することができない。私の耳にはどちらもほとんど同じように聞こえる。私がそう言うと、違いなんかわからなくたっていいさと夫は言う。美しいものは美しい、それでいいじゃないか、夫はそう言う。 (BCCWJ)

(15) では、子どもが寝静まったあとに夫婦二人で聴いている音楽が話題になっている。妻は、何回聴いても誰の曲かわからない自分自身に嫌気がさしている。一方、夫は、そのような妻を、曲の違いなどはわからなくてもよいとなだめている。

このような文脈において、先行する妻の発話は、「聴いている音楽の中で、例えば、ハイドンやモーツァルトを識別できなければならない」といったことを伝達していると考えられるのに対して、夫の発話は、「聴いている音楽の中で、例えば、ハイドンやモーツァルトを識別できる必要はない」といったことを伝達していると考えられる。後者のような伝達内容は、発話時点で話題になっている事象、つまり、聴いている音楽に関して、すでに文脈に存在する想定、つまり、先行する妻の発話の伝達内容に対して矛盾を引き起こす想定を与えることになる。要するに、「聴いている音楽について、例えば、ハイドンやモーツァルトを識別できなければならない」と「聴いている音楽について、例えば、ハイドンやモーツァルトを識別できる必要はない」との間の矛盾である。

同様の観察が次の例にもあてはまる。(16) の書き手はいろいろな考えを巡らせながら、本を読んでいる。

(16) 田舎町の、ほとんど無名の彫刻家を、このように発見した「僕」もまた、何らかの芸術に従事している人物らしいのだが、ともあれこの人たちにとって、美の再定義などありえない話題だっただろう。いいものはいい。それは戦争や敗戦とはかかわらない。 (BCCWJ)

(16) では、概念の再定義の必要性が話題になっている。この例の書き手は、本に傍線を引いた人たちが、「知識人」や「ヒューマニズム」といった概念を再定義する必要に迫られていたことを身にしみて感じている。だがその後、ページを読み進めていくと、ある小説の主人公である「僕」が、田舎町でほとんど無名の彫刻家の彫刻に美を見出すというエピソードを思い出す。そして、「美」という概念を再定義する必要はないという結論に達するのだ。

このような文脈において、エピソードを思い出す前の書き手は、「ある概念は時代によってその都度、再定義する必要がある」といったことを考えているのに対して、エピソードを思い出した後の書き手は、「ある概念は時代によってその都度、再定義する必要はない」といったことを考えていると解釈されうる。エピソードを思い出す前の書き手の思考は、後続するエピソードを思い出した後の書き手の思考に対して直接的な文脈を構成する。エピソードを思い出した書き手の思考が与えられると、それは、文脈にすでに存在する、エピソードを思い出す前の書き手の思考と一緒になって矛盾を生み出す。つまり、「ある概念は時代によってその都度、再定義する必要がある」と「ある概念は時代によってその都度、再定義する必要はない」との間に矛盾が生じている。

これまでの考察に基づいて、「AものはA」は、発話時点で話題になっている事象に関して、その発話の伝達内容と矛盾する情報を含む文脈を必要とすると特徴づけることができる。そして、この文脈的特徴に含まれる矛盾が、当該表現形式の解釈時に感じられる否定的なニュアンスの要因となりうると考えられる。

4. 結語

本稿では、同語反復表現である「AことはA」、「AものはA」を考察対象として、これらが解釈される際に感じられる否定的なニュアンスの要因について考察した。まず、先行研究の概観を通して、名詞句トートロジーと同様に、同語反復表現も、それらの解釈プロセスには何らかの意味での否定が関わっていることを明らかにした。

また、事例観察を通して、「AことはA」は、発話時点で話題になっている事象に関して、その発話の伝達内容と矛盾する情報とそうではない情報が並列されるような文脈を必要とすると特徴づけることができるのに対して、「AものはA」は、発話時点で話題になっている事象に関して、その発話の伝達内容と矛盾する情報を含む文脈を必要とすると特徴づけることができることを示した。そして、このような文脈的特徴が、当該表現形式の解釈時に感じられる否定的なニュアンスの要因となると主張した。

注
*1　(1)–(2) におけるa、p、Aは、出典元であるWard and Hirschberg (1991)、瀬戸 (1997) で用いられているものをそのまま採用している。(1) におけるaは名詞 (句) を、pは節を表わしている。また、(2a) におけるAは名詞 (句) を、(2b)–(2e) におけるAは節を、(2f) におけるAは形容詞を表わしていると思われる。
*2　(1)–(2) で示したように、トートロジーには多様な形式が存在するものの、従来の研究では「トートロジー＝名詞句トートロジー」ととらえる傾向が強い。そのような誤解を避けるため、本稿では、「AことはA」、「AものはA」を「同語反復表現」と呼ぶことにする。また、Aの部分には、形容詞だけではなく、形容動詞、動詞も入るが、本稿では、Aに形容詞が入る例のみを考察対象とする。
*3　「コピュラ型トートロジー」という用語は、牧原 (2017) で用いられている。彼は、繰り返し表現を意味構造の観点から、コピュラ型と条件型に分類している。詳細については、牧原 (2017) を参照。
*4　辻本 (1996) は、英語のA is Aを分析対象としている。だが、X is A、X is not Aをそれぞれ「XはAだ」、「XはAではない」に置き換えれば、彼女の主張は、日本語の「AはAだ」の事例にも適用可能であるように思われる。辻本の分析の問題点については、山本 (2008)、Yamamoto (2014) を参照。
*5　中村 (2000) は、日本語の「AはAである」に関する規定のみを示しているが、論文中では英語のA is Aの例も同様に分析されている。そのため、彼は、「AはAである」に関する規定は、英語のA is Aにも該当すると考えているように思われる。中村の分析の問題点については、山本 (2008)、Yamamoto (2014) を参照。
*6　フィルモア (1989) には、「AものはA」に関する言及はないが、(i)–(ii) のような、Aの部分に動詞、形容動詞が入る「AことはA」に関する言及はある。これらの例にも、本文で示した分析が当てはまると主張している。

(i) 今晩のパーティーに行くことは行きますが、少し遅れると思います。
(ii) バークレーのキャンパスは、綺麗なことは綺麗なんですが、少し狭いです。　　　　　　　　　　　　　　　　　　　（フィルモア（1989: 21））

*7　牧原（2017）には、「AものはA」に関する言及はないが、(i)–(ii)のような、Aの部分に動詞が入る「AことはA」に関する言及はある。

(i) 私も食べることをやめるなんて絶対にできなかったので、食べることは食べるけれどその量を減らすところからはじめました。
(ii) 蕎麦屋にも行くことは行くけど、何となく敷居の高さを感じて、自然に足が遠くなっていたような気がします。　　　（牧原（2017: 19））

彼の分析によると、動詞を用いた「AことはA」は、説明放棄か内包的意味の強調のいずれかの意味を持つ。Aの部分に動詞が入る事例は、本稿の考察対象ではないが、牧原のいう「説明放棄」には何かしら否定的なニュアンスが感じられる。
*8　大石の分析の問題点については、山本（2024）を参照。
*9　出典元である新潮文庫の表記をそのまま採用したため、「美しいことは美しい」ではなく、「美しい事は美しい」となっている。

参考文献
フィルモア，チャールズ（1989）「「生成構造文法」による日本語の分析―試案」久野暲・柴谷方良編『日本語の新展開』11–28．くろしお出版．
Fraser, Bruce (1988) Motor Oil is Motor Oil: An Account of English Nominal Tautologies. *Journal of Pragmatics* 12: 215–220.
Givón, Talmy (1978) Negation in Language: Pragmatics, Function, Ontology. In Peter Cole (ed.) *Syntax and Semantics* vol. 9, 69–112. New York: Academic Press.
Grice, Paul H. (1989) *Studies in the Way of Words*. Cambridge, MA: Harvard University Press.
Levinson, Stephen C. (1983) *Pragmatics*. Cambridge: Cambridge University Press.
Levinson, Stephen C. (2000) *Presumptive Meanings: The Theory of Generalized Conversational Implicature*. Cambridge, MA: MIT Press.
牧原功（2017）「日本語の繰り返し表現について―繰り返し表現の類型化と意味の派生のメカニズム」『日本語コミュニケーション研究論集』6: 15–24．日本語コミュニケーション研究会．
中村芳久（2000）「「勝ちは勝ち」「負けは負け」―トートロジーに潜む認知的否定」『言語』29（11）: 71–76．大修館書店．
西川眞由美（2003）「トートロジーの考察―アドホック概念の観点から」『語用論研究』5: 45–58．日本語用論学会．
大石享（2015）「尺度導入表現が引き出す推論パターン―連体詞「大の」「大した」と取り立て詞およびトートロジーとの共通性」『日本認知言語学会

論文集』15: 31–43. 日本認知言語学会.
坂原茂（2002）「トートロジとカテゴリ化のダイナミズム」大堀壽夫編『カテゴリー化』105–134. 東京大学出版会.
瀬戸賢一（1997）『認識のレトリック』海鳴社.
Sperber, Dan and Deirdre Wilson (1986/1995[2]) *Relevance: Communication and Cognition*. Oxford: Blackwell.
辻本智子（1996）Tautology in Discourse. 尾崎寄春・大沼雅彦両教授退官記念論文集刊行委員会編『尾崎寄春・大沼雅彦教授退官記念論文集』127–136. あぽろん社.
Ward, Gregory and Julia Hirschberg (1991) A Pragmatics Analysis of Tautological Utterances. *Journal of Pragmatics* 15: 507–520.
Wierzbicka, Anna (1987) Boys will Be Boys: 'Radical Semantics' vs. 'Radical Pragmatics'. *Language* 63: 95–114.
山本尚子（2008）Cognitive Aspects of Tautology. *JELS* 25: 265–274. 日本英語学会.
Yamamoto, Naoko (2014) *A Cognitive Pragmatic Analysis of Nominal Tautologies*. Tokyo: Hituzi Syobo.
山本尚子（2016）「否定表現の特性に関する一考察―トートロジーの用例を中心に」*JELS* 33: 202–208. 日本英語学会.
山本尚子（2020）「反復表現「AことはA」に関する一考察」『日本言語学会第161回大会予稿集』251–257. 日本言語学会.
山本尚子（2024）「同語反復表現における粒度」*JELS* 41: 158–167. 日本英語学会.
吉村あき子（1999）『否定極性現象』英宝社.

例文出典
永井荷風（1951）『ふらんす物語』新潮社.
小野寺史宜（2023）『みつばの泉ちゃん』ポプラ社.

コーパス
『現代日本語書き言葉均衡コーパス』（BCCWJ）

IV

認知語用論

Resemblance, Coding and Emoji

SASAMOTO Ryoko

1. Introduction

The growth of computer-mediated communication (CMC) has introduced new ways to express emotions, including emoji, emoticons (such as :D for smile), asterisks (e.g. *sob* for crying), and acronyms (e.g. ROFL for 'rolling on the floor laughing'). Emoji in particular have gained popularity across different platforms and become an integral part of CMC.

Emoji are seen as filling a gap in CMC, providing nonverbal cues in the absence of traditional cues such as facial expressions or gestures. As a result, they are considered to play an auxiliary role and enhance interpersonal communication. Scholars have focused on various aspects of emoji, including their semantic properties, paralinguistic functions, pragmatic functions such as speech act, emotional and linguistic attributes, and factors influencing user preferences.

When discussing the meanings and functions of emoji, scholars often take a semiotic view. In such a view, emoji are seen as 'conventional signals' (Veszelszki (2015: 135)) that provide immediate descriptions of emotions instead of their longer verbal forms. Other scholars, including Danesi (2017) and Grosz et al. (2023), adopt a semantic view, arguing that emoji add 'nuances of specific kinds,' representing 'the basic *semantic* objective of emoji use' (Danesi (2017: 51), my emphasis). Although scholars rarely state explicitly that emoji *encode* meaning, their claims that emoji are conventional signals or serve a semantic purpose indicate their underlying view that emoji involve coding.

In contrast, in his discussion on a range of visual representations using relevance theory (Sperber and Wilson (1986/1995)), Forceville (2020) specifically addresses this issue and argues that the meaning of coded visuals such as pictograms and traffic signs are *decoded rather than inferred* (Forceville (2020: 146), my emphasis). He argues that such visual signs involve coding, because (i) their meaning is 'highly stable and fixed' (ibid.), (ii) they are not completely arbitrary, and (iii) 'each decoded pictogram, once it is enriched with one crucial contextual factor [...] gives rise to explicatures' (ibid.: 137)＊1. While Forceville (2020) discusses pictograms rather than emoji, it would be reasonable to assume that his claim of the coded nature of visual inputs can be extended to emoji as they can be considered as a subcategory of pictograms as graphic symbols that represent an entity or object of some sort.

While it is not difficult to see why one would consider emoji as involving coding due to their nature of being graphic symbols, it is not immediately clear if emoji would fall under 'coding' in the traditional sense. This is particularly the case for facial emoji that are often used to indicate the communicator's feelings. In this paper, I will discuss emoji and coding from the perspective of relevance theory (Sperber and Wilson (1986/1995)) and examine whether emoji indeed involve coding.

To discuss whether emoji involve coding or not, it is essential to revisit what a word is and explore whether emoji can be considered as a word. I will begin by revisiting the definition of word and word meaning in Section 2. Following this, I will introduce fundamental ideas of relevance theory in Section 3 before visiting relevance-based discussions of emoji in Section 4. Then, in Section 5, I will discuss emoji as a case of communication via resemblance. I will conclude in Section 6 that despite some emoji exhibiting indications of conventionalisation, the use of facial emoji should still be discussed in terms of inference rather than coding.

2. What is a Word?

2.1 Word and Lexeme

The definition of *word* is wide-ranging, encompassing everything from an act of speaking to a promise (see Oxford English Dictionary). In linguistics, however, the term *word* is defined in a more specific manner. The most commonly used definition would be something like:

> Words are the smallest meaningful unit of language, consisting of a single morpheme or a combination of morphemes, that have a certain independence from other forms.

Another concept often discussed in relation to *word* is *lexeme*. Lexemes are 'the smallest linguistic expressions that are conventionally associated with a non-compositional meaning and can be articulated in isolation to convey semantic content' (Gasparri and Marconi (2015: no page)). In contrast with *word*, the lexeme is an abstract notion that gives rise to words. For example, 'the lexeme drive' can be realised as different words, such as *drove* and *driving*.

One of the important features of a word is its arbitrariness (de Saussure 1916/1959). Most words in human language are arbitrary, in that there is no systematic link between form and meaning. For example, the word *table* has nothing to do with how the object *table* looks or functions. In this sense, it is not clear whether emoji can be considered as *encoding* meaning, as it has a definite link between the form (how it looks) and its meaning. However, before moving on to discuss if emoji can be considered as a word, I will look further into what it means to be a word, this time, from the perspective of meaning. In particular, I will focus on the Fodorian view of language (see, for example, Fodor (1975, 1983)), which broadly aligns with that of relevance theory.

2.2 Word and Meaning

As generally acknowledged in relevance theory, word meaning should be understood in terms of encoding (Sperber and Wilson (1986/1995: 83–93)) and as a clue to the speaker's meaning (Carston (1997, 2002), Sperber and Wilson (1998), Wilson and Kolatti (2017)). The question is, how do words contribute to the recovery of the speaker's meaning?

Relevance theory takes a broadly Fodorian view of language as a module and considers that there is a module specialised to deal with linguistic input in our mind. In this view, it is considered that it is the language module that accesses concept. Clark explains:

> The language module will automatically access whichever concept is named by a particular word and this concept will then constitute part of the incomplete logical form which is the semantic representation of the linguistic expression uttered.
>
> (Clark (2013: 244–248))

That is, the language module will take in a sound or visual representation as an input, and then automatically access whatever concept necessary to construct the semantic representation as an output of this process*2. In this view, words are considered as part of a sound or visual representation that is used as an input and hence, word meaning should be understood as what it triggers the language module to access. That is, as Clark (2013: 244–248) explains, upon receiving the sequence of sounds or letters that corresponds to a particular word as an input, the language module will automatically activate the concept associated with the particular word and make it available as a possible component of an utterance's semantic representation. This way, a concept functions as an address in our mind (or memory) that gives access to three types of mentally represented information: lexical, logical and encyclopaedic.

A lexical entry provides access to linguistic information, such as the syntactic and phonological characteristics, of a word. A logical entry of a word, in contrast, is a collection of deductive rules rather than a propositional representation and it allows access to logical information by enabling inferences that can be drawn from propositions containing that concept (Sperber and Wilson (1986/1995), Horsey (2006), Carston (2010), Clark (2013)). Finally, an encyclopaedic entry is 'a repository of general knowledge (in the form of conceptual representations) about the object/property/activity in the world it denotes' (Carston (2016: 155)). Together, these entries contribute to the overall meaning of a word. The comparison of the homophones such as *weak* and *week* will illustrate this, albeit in a simplified manner:

(1) [WEAK]
    Lexical entry: adjective, pronounced /wi:k/
    Logical entry: property of a certain kind
    Encyclopaedic entry: lacking power, strength, unable to exert physical force

(2) [WEEK]
    Lexical entry: noun, pronounced /wi:k/
    Logical entry: a unit of a certain kind
    Encyclopaedic entry: a space of seven consecutive days, generally starts either on Sunday or Monday but can be any seven days

Although these two words do share an aspect of lexical entry (a common phonological characteristic) and hence are regarded as homophones, they differ in all other entries. This shows what each word encodes and highlights their distinction as separate words. It is important to note that lexical and logical entries tend to be relatively stable across individuals whereas encyclopaedic entry can vary significantly based on individuals' experience of the world.

Notice limited information provided as logical entry. As Carston

(2010) and Clark (2013) explain, the distinction between logical entry and encyclopaedic entry has been controversial and this is a point of difference between relevance theory and Fodor's view. However, this discussion is beyond the scope of this study. The focus here lies in demonstrating how this approach to word meaning enables us to account for the difference between words and emoji. To illustrate, I will compare emoji and their verbal equivalent: SMILE and 😊, and BORED and 😒.

(3) [SMILE]
Lexical entry: noun, pronounced /smaɪl/
Logical entry: an expression of human emotion
Encyclopaedic entry: an expression of happiness or friendliness

(4) [😊]
Lexical entry: word class unknown, pronunciation unknown
Logical entry: *representational resemblance of* a type of human's facial expression
Encyclopaedic entry: used in text messages and in other types of computer-mediated communication, used to express general happiness and good-natured amusement (emojipedia.org), *referred to as 'smiley face' based on similarities to a facial expression*

(5) [BORED]
Lexical entry: adjective, pronounced /bɔːd/
Logical entry: a property of a state of mind
Encyclopaedic entry: feeling unhappy because something is not interesting, you have nothing to do

(6) [😒]
Lexical entry: word class unknown, pronunciation unknown
Logical entry: *representational resemblance of* a property of some states of mind

> Encyclopaedic entry: used in text messages and in other types of computer-mediated communication, used to express boredom, *referred to as 'yawning' based on similarities to a facial expression*

These examples illustrate the crucial differences between emoji and their verbal equivalents. While both verbal expressions *smile* and *bored* involve all three entries, it is not the case for emoji. Emoji lack lexical entry as they provide no phonological or syntactic information. Moreover, their logical entry shows that emoji rely on representational resemblance*3 rather than arbitrary properties. In their encyclopaedic entries, emoji are referred to as 'smiley face' or 'yawning' based on their similarities to facial expressions. These differences suggest that while emoji are non-arbitrary and resemblance-based, words are arbitrary, and no resemblance is involved at the coding level.

This raises a question — do emoji really involve coding, as assumed in previous studies? In the remainder of this paper, drawing on ideas from relevance theory, I will present a pragmatic account of emoji and argue that emoji should be discussed in inferential terms.

3. Relevance Theory

Relevance theory was developed as a response to limitations and criticism of previous theories of communication such as Grice's Cooperative Principle (Grice (1957, 1989)) and Speech Act theories (Searle (1969/1979), Austin (1962/1975)). Central to relevance theory is the idea that communication is inherently a cognitive process and that human cognition is relevance-driven.

Relevance can be defined in terms of the interaction between the information and an individual's cognitive environment. As Wilson and Sperber (1994: 92) explain, '[i]nformation is relevant to you if it interacts in a certain way with your existing assumptions about the world.'

In other words, an input is relevant if it modifies your cognitive environment, by strengthening an existing assumption, contradicting an existing assumption and eliminating it, or by combining with existing assumptions and yielding contextual implications.

Sperber and Wilson (1986/1995) also explain relevance in a comparative term between processing effort and cognitive effects:

Relevance of an input to an individual
1. Other things being equal, the greater the positive cognitive effects achieved by processing an input, the greater the relevance of the input to the individual at that time.
2. Other things being equal, the greater the processing effort expended, the lower the relevance of the input to the individual at that time. (Wilson and Sperber (2004: 609))

As Sperber and Wilson (1986/1995) explain, relevance, as defined above, is key for human cognition, which is described in the Cognitive Principle of Relevance:

Human cognition tends to be geared to the maximisation of relevance. (Sperber and Wilson (1986/1995: 260))

In other words, human cognition is designed in such a way that they pay attention only to information that appears relevant to them. As a result, when a communicator claims an audience's attention, they inherently create an expectation of relevance. This is captured in the second, Communicative Principle of Relevance:

Every act of ostensive communication communicates a presumption of its own optimal relevance. (ibid.)

Presumption of optimal relevance is defined as follows:

Presumption of optimal relevance

1. The ostensive stimulus is relevant enough for it to be worth the addressee's effort to process it.
2. The ostensive stimulus is the most relevant one compatible with the communicator's abilities and preferences.

(Sperber and Wilson (1986/1995: 270))

Note that the addressee can expect relevance only when the communicator claims their attention *ostensively* (openly and deliberately). This is explained in terms of the two layers of intentions involved in ostensive-inferential communication. First, there is the informative intention, which is 'the information being pointed out' (Wharton (2018: 16)), and second, there is the communicative intention, which is 'the information that the first layer is being pointed out intentionally' (ibid.).

Ostensive-Inferential Communication
1. The informative intention:
   The intention to inform an audience of something.
2. The communicative intention:
   The intention to inform the audience of one's informative intention.

(Wilson and Sperber (2004: 611))

Upon recognising the intentions of the communicator, the addressee follows the relevance-theoretic comprehension procedure until the intended interpretation is recovered:

a. Follow a path of least effort in computing cognitive effects: Test interpretive hypotheses (disambiguations, reference resolutions, implicatures, etc.) in order of accessibility.
b. Stop when your expectations of relevance are satisfied (or abandoned).

(Wilson and Sperber (2004: 613))

When we process an input following the relevance-theoretic comprehension procedure, the intended interpretation can either be implicature or explicature. An explicature, according to Carston (2002: 377), is 'an ostensively communicated assumption which is inferentially developed from one of the incomplete conceptual representations [...] encoded by the utterance'. In contrast, an implicature is an assumption that is derived solely via inferential processes. For example, the explicature of *it's windy* can be *it is windy in Dublin, Ireland, at time t_x*. Based on this explicature and existing assumptions, the addressee can derive a range of implicatures such as *cycling by the coast would be difficult* or *the laundry will dry in no time*.

Note that the intentions do not necessarily have to be conveyed through utterances. Indeed, Sperber and Wilson (1986/1995) explain that the interpretation process can be triggered by any means, whether it is through an utterance, natural behaviour, or any other ostensive behaviour, as long as it is ostensively presented to the addressee. This is because communication is not a matter of encoding and decoding; rather, it is achieved 'by providing evidence for an intended hypothesis about the communicator's intentions' (Wilson and Sperber (1994: 89)).

There are two types of evidence for an intended hypothesis. On the one hand, the communicator can present coded (and hence indirect) evidence for communication. For example, responding with the utterance 'I have a lot of marking to do' to an invitation for an after-work drink is a case of providing indirect, coded evidence for the basic layer (or the informative intention), which is a case of *meaning*. On the other hand, the communicator can raise a pile of essays to the person who invites them for an after-work drink to indicate that they have to work late and cannot join their colleagues. In this case, the communicator provides non-verbal, direct evidence for the basic layer. This is a case of *showing*.

Note that the *showing* and *meaning* should not be viewed as mutually exclusive. For instance, the communicator can provide both direct and indirect evidence simultaneously. For example, it would not be strange to produce an utterance 'I have a lot of marking to do' while presenting the pile of essays at the same time. More importantly, as Sperber and Wilson (1986/1995) and Wharton (2009) explain, both *showing* and *meaning* involve the recognition of both informative and communicative intentions. This differs from Grice (1957), who considers that only non-natural meaning, such as utterances, involves communicative intention. That is, the *showing-meaning* represents a continuum rather than a distinction.

The *showing-meaning* continuum forms one dimension of the *two-dimensional space of intended import* (Sperber and Wilson (2015: 122–123)), where *intended import* is defined as 'the overtly intended cognitive effect of a communicative act'. As Sperber and Wilson (2015) explain, this two-dimensional space is used to explain a wide range of communicative acts. The other continuum that comprises this space is the *determinate-indeterminate* continuum. According to relevance theory, the speaker's meaning can range from determinate, where meaning can be paraphrasable, to indeterminate, where meaning is so effable and unparaphrasable. This continuum reflects the strength of communication. The example below illustrates this:

(7) [Talking at a dinner party]
    Alfie: Where do you live?
    Kevin: D4.

D4 is a postcode associated with an affluent area of Dublin. Relevance of Kevin's utterance in (7) lies in the recovery of two propositions: first, that Kevin lives in the postal area of D4, which constitutes an explicature of the utterance and second, that Kevin lives in south Dublin, which is an implicature. These two propositions are strongly communicated and hence their meanings are determinate. However, in addition to these propositions, his utterance might also make weakly manifest that he is from an affluent background or that he does not want to say exactly where he lives. This way, relevance theory recognises that communication is a matter of degree on the one hand and that communication can involve *showing* and *meaning*, on the other.

Finally, one of the important contributions of relevance theory is that it explicitly acknowledges that communication is not just a matter of describing a literal truth about the world. Instead, relevance can be achieved by virtue of resemblance. As Sperber and Wilson (1986/1995: 227) explain, 'in appropriate conditions, any natural or artificial phenomenon [...] can be used as a representation of some other phenomenon that it resembles'. Here, resemblance is considered as a relationship between two representations. In particular, studies in relevance theory often focus on interpretive resemblance (see Sperber and Wilson (1986/1995), Noh (2000), Wilson (2000)). According to Wilson (2000), interpretive resemblance is a relationship between two representations that share logical and contextual implications. As Sperber and Wilson (1986/1995: 224–231) explain, the hearer will follow the relevance-theoretic comprehension procedure and determine which implications are shared between the two. This is illustrated in (8):

(8) [Alfie returns from the vet who said their beagle was the picture of health]
Kevin: How was the vet?
Alfie: She's the picture of health.

Here, Alfie's utterance is an interpretation of, and is identical to, what the vet has said, sharing all logical and contextual implications. However, it is important to note that two representations do not have to be identical. Alfie could have said *She has no health issues*, and these two representations (the vet's utterance and Alfie's utterance) can still be seen as interpretive resemblance as they share logical and contextual implications such as *she does not have to go back to the vet too soon* or *they have been looking after her well*.

So far, I have outlined how relevance theory provides a cognitively grounded framework for ostensive-inferential communication. In the next section, I will outline how emoji have been discussed in the relevance-theoretic framework.

4. Emoji, Coding and Relevance

Yus (2019, 2021) is amongst the first scholars who discuss emoji within the framework of relevance theory. Notably, he emphasises the role of inference in understanding emoji communication, claiming that inference is crucial for recovering the intended interpretation of emoji along with the accompanying text and other aspects of the discourse in which they are used.

To illustrate various uses of emoji, Yus (2019, 2021) presents three categories of emoji: *emoji within*, *emoji without*, and *emoji beyond*. In the first category *emoji within*, emoji guide the addressee in interpreting the accompanying text. *Emoji without*, on the other hand, refers to the cases where emoji are used independently of other input. Lastly, *emoji beyond* includes situations where emoji are used alongside, but not within the text, modifying the communicative act itself rather than the verbal input.

Yus's (2019, 2021) work is significant in that he explicitly acknowledges the role of inference and provides a detailed description of how emoji can be used. A question then arises: how exactly does the addressee recover the speaker's meaning when emoji are used? In other words, how do emoji contribute to inferential processing?

To answer this question, I previously argued that emoji serve as a form of *showing*, rather than *meaning* and provide direct, non-verbal evidence for communication, based on their perceptual resemblance to some other phenomenon (Sasamoto (2022)). Instead of providing indirect, coded, evidence for communication, emoji provide access to states of mind or feelings, such as happiness or boredom, through their resemblance to facial expressions. Facial expressions are often associated with feelings and hence can serve as an indicator of an individual's feelings. As a result, when presented ostensively, a facial expression can guide the addressee to the intended interpretation. Therefore, I argued in Sasamoto (2022) that emoji work in a similar manner and lead the addressee to the intended interpretation regarding someone's feelings. This suggests that emoji do not involve coding. Rather, emoji provide direct evidence through their perceptual resemblance to facial expressions which are often associated with various states of mind including happiness, boredom, or tiredness.

This inference-based understanding of emoji raises a number of questions for a code-based view of emoji. In Section 1, I explained how scholars (seem to) consider emoji as involving coding. For example, Forceville (2020) explicitly argues for the code-based analysis of pictograms and lists characteristics of coded visuals, including having 'a simple, unambiguous meaning' (Forceville (2020: 134)), their contribution to an explicature and their arbitrariness. In the remainder of this section, I will compare my relevance-based understanding of emoji with Forceville's view on coded visuals and discuss how emoji should be explained in inferential terms. I will also touch on why emoji *might* appear to involve coding when they do not have full lexical entries and their encyclopaedic entries are based on resemblance.

Let me start with the meaning of emoji and its stability. According to Forceville (2020), coded visuals convey a simple, unambiguous meaning (ibid.: 134). However, unlike some pictograms Forceville (2020) examines, the meaning of facial emoji is extremely context-dependent and can range from determinate to indeterminate. See example (9):

(9) I was up almost all night finishing the essay and now I have to

go to the maths lecture 😴.

(10) [Lucia is sick of Josh and his friends watching football all the time]
Josh: Alan is asking if we want to pop over to his place tonight to watch football.
Lucia: 😴

In (9), the emoji 😴 would likely be interpreted as conveying sleepiness whereas in the context of example (10), it would more likely convey boredom.

Similarly, the star-eyed emoji in (11) and (12) can lead to completely different interpretations:

(11) [a cheeky message to Josh to Lucia asking for a favour]
This must be done by tomorrow and I know you can do it; you are my superstar! 🤩
(12) [Lucia is excited that her friends are coming to see her]
We are going to have fun all weekend! 🤩

In (11), the use of 🤩 would likely be interpreted as cheekiness while in (12), it would more likely be interpreted as excitement.

Furthermore, one of the reasons why Forceville (2020) advocates for the code-based account is that they can be part of explicature. However, it is important to note that being part of explicature does not necessarily involve coding. As we have seen in Section 3, explicature is essentially a pragmatic assumption derived from an incomplete representation and emoji might simply provide clues through resemblance, rather than functioning as a word that involves coding, for pragmatic inferences. Furthermore, as I discussed in my previous work on emoji (Sasamoto (2022)), there are instances where emoji contribute solely to the implicit aspect of communication rather than the explicit:

(13) Today's lecture was 🥱.

(14) John: Let's go and watch the latest Star Wars film.
　　 Mary: 🥱

(15) I wasn't really interested in today's lecture 🥱.

(Sasamoto (2022: 10))

The yawning emoji 🥱 contributes to the recovery of explicature in (13) which is something like *the lecture that took place the day before when the utterance was produced was boring*, while in (14) it gives rise to the strong implicature that she does not want to go to the film, along with other less-strongly communicated implicatures such as *Mary is sick of John's obsession with Star Wars* or *Mary wants to watch something different*. In contrast, the use of the same emoji in (15) gives rise to a range of weak implicatures associated with the lecture. If emoji involve *coding*, then, surely emoji should contribute to explicature in any case. What is the explicature of (14)? What is the contribution of the emoji to the explicature of (15), which would be something like *the speaker was not interested in the lecture that took place on the day the utterance was produced*? Moreover, from Forceville's (2020) discussion, it is not entirely clear how a *coded* symbol can be part of explicature in some contexts but not in others. If one is to maintain a code-based approach, this needs to be explained.

Finally, one fundamental difference between words and emoji is that, unlike words, which are arbitrary (de Saussure (1916/1959)), emoji are *not* arbitrary and used by virtue of resemblance. While Forceville (2020) acknowledges that pictograms are not completely arbitrary, stating that 'many coded visuals display characteristics of Peirce's icons (ibid.: 147), he nevertheless claims that 'interpreting coded visuals and visual symbols correctly requires knowledge of a code' (ibid.). However, emoji are clearly non-arbitrary, in that their representation is based on the resemblance with facial expressions. Disregarding the fundamental difference between arbitrariness and iconicity, as well as between words and other inputs, in favour of advocating for a code-based account becomes problematic especially since the role of emoji can be explained without relying on their classification as words.

Note that in his discussion of coded visuals, Forceville (2020) does not solely focus on facial emoji. Instead, he examines a broad spectrum of pictograms. Indeed, non-facial emoji, such as ✔, might involve coding encompassing a full range of entries (lexical entry: noun, pronunciation /tɪk/; logical entry: a symbol of confirmation; encyclopaedic information: used to mark an item on a list, for example). In such cases, it could be argued that *some* emoji do involve coding. Furthermore, some uses of facial emoji may become established and seem to have a stable meaning. In such instances, an established emoji might provide quick and dirty access to the intended interpretation. However, it still does not constitute coding, as it remains resemblance-based and does not have a full set of lexical entries.

5. Concluding Remarks

In this paper, I focused on facial emoji and discussed whether emoji can be seen as involving coding and hence considered semantic or semiotic signs.

In contrast to the dominant semantic (or code-based) approach, I argue that the meaning of emoji is context-dependent and recovered by virtue of resemblance. While acknowledging that emoji can indeed be part of explicature, as suggested by Forceville (2020), I also highlight instances where emoji do not directly contribute to explicature but instead give rise to strong and/or weak implicatures. I also discussed in Section 2 that emoji lack the lexical entry as a word and rely on resemblance for their logical and encyclopaedic entries. This at least suggests that emoji are not a fully-fledged word.

Instead, the use of emoji leads the addressee to the intended interpretation through the resemblance between their visual presentation and the communicator's feelings via associated facial expressions. Emoji do not have a lexical entry at the level of coring and necessarily involve representational resemblance at the level of logical entry and encyclopaedic entry. That is, emoji are not arbitrary, unlike conventional words. All these suggest that emoji, or facial emoji at least, do not involve coding but the meaning is recovered solely inferentially, although a frequent use might lead to lexicalisation like some pictograms. This awaits further investigation.

Notes

*1 He also lists the location-specificness of pictograms.
*2 See, for example, Carston (1997), Clark (2013), Sperber (2005), and Sperber and Wilson (1986/1995), for a fuller discussion on Fodorian modularity and pragmatics.
*3 I will explain the notion of resemblance in the next section.

References

Austin, John L. (1962/1975) *How to Do Things with Words*. Cambridge, MA: Harvard University Press.
Carston, Robyn (1997) Enrichment and Loosening: Complementary Processes in Deriving the Proposition Expressed?. *Linguistische Berichte 8 Special Issue on Pragmatics*: 103–127.
Carston, Robyn (2002) *Thoughts and Utterances*. Oxford: Blackwell.
Carston, Robyn (2010) Metaphor: Ad Hoc Concepts, Literal Meaning and Mental Images. *Proceedings of the Aristotelian Society* 110 (3): 295–321.
Carston, Robyn (2016) The Heterogeneity of Procedural Meaning. *Lingua* 175: 154–166.
Clark, Billy (2013) *Relevance Theory*. Cambridge: Cambridge University Press.
Danesi, Marcel (2017) *The Semiotics of Emoji: The Rise of Visual Language in the Age of the Internet*. London: Bloomsbury.
de Saussure, Ferdinand (1916/1959) *Course in General Linguistics*. New York: The Philosophical Library.
Profitt, Michael (2024) *Oxford English Dictionary*. 3rd Edition. Oxford: Oxford University Press.
Fodor, Jerry A. (1975) *The Language of Thought*. Cambridge, MA: Harvard

University Press.
Fodor, Jerry A. (1983) *The Modularity of Mind*. Cambridge, MA: MIT Press.
Forceville, Charles (2020) *Visual and Multimodal Communication: Applying the Relevance Principle*. Oxford: Oxford University Press.
Gasparri, Luca and Diego Marconi (2015) Word Meaning. In Edward N. Zalde (ed.) *The Stanford Encyclopedia of Philosophy* (Spring 2021 Edition). https://plato.stanford.edu/archives/spr2021/entries/word-meaning.
Grice, Paul H. (1957) Meaning. *The Philosophical Review* 64: 377–388.
Grice, Paul H. (1989) *Studies in the Way of Words*. Cambridge, MA: Harvard University Press.
Grosz, Patrick, Gabriel Greenberg, Christian De Leon and Elsi Kaiser (2023) A Semantics of Face Emoji in Discourse. *Linguistics and Philosophy* 46 (4): 905–957.
Horsey, Richard S. (2006) *The Content and Acquisition of Lexical Concepts*. University of London, University College London (United Kingdom).
Merrell, Floyd (1997) *Peirce, Signs, and Meaning*. Toronto: University of Toronto Press.
Noh, Eun-Ju (2000) *Metarepresentation: A Relevance-Theoretic Approach*. Amsterdam: John Benjamins.
Sasamoto, Ryoko (2019) *Onomatopoeia and Relevance: Communication of Impressions via Sound*. London: Palgrave MacMillan.
Sasamoto, Ryoko (2022) Perceptual Resemblance and the Communication of Emotion in Digital Contexts: A Case of Emoji and Reaction GIFs. *Pragmatics* 33(3): 393–417.
Searle, John (1969/1979) *Speech Acts*. Cambridge: Cambridge University Press.
Searle, John (1975) Indirect Speech Acts. In Peter Cole and Jerry L. Morgan (eds.) *Syntax and Semantics 3: Speech Acts*: 59–82. New York: Academic Press.
Sperber, Dan (2005) Modularity and Relevance. *The Innate Mind: Structure and Contents* 1: 53–68.
Sperber, Dan and Deirdre Wilson (1986/1995) *Relevance: Communication and Cognition*. 2nd Edition. Oxford: Blackwell.
Sperber, Dan and Deirdre Wilson (1998) The Mapping between the Mental and the Public Lexicon. In Peter Carruthers and Jill Boucher (eds.) *Language and Thought: Interdisciplinary Themes*, 184–200. Cambridge: Cambridge University Press.
Sperber, Dan and Deirdre Wilson (2015) Beyond Speaker's Meaning. *Croatian Journal of Philosophy* 15 (2): 117–149.
Veszelszki, Ágnes (2015) Emoticons vs. Reaction-Gifs. Non-Verbal Communication on the Internet from the Aspects of Visuality, Verbality and Time. In András Benedek and Kristóf Nyíri (eds.) *Beyond Words: Pictures, Parables, Paradoxes* (Series Visual Learning, vol. 5), 131–145. Frankfurt: Peter Lang.
Wharton, Tim (2008) 'MeaningNN' and 'Showing': Gricean Intentions and Relevance Theoretic Intentions. *Interculturel Pragmatics* 5: 131–152

Wharton, Tim (2009) *Pragmatics and Non-Verbal Communication*. Cambridge: Cambridge University Press. https://doi.org/10.1017/CBO9780511635649.

Wilson, Deirdre and Patricia Kolaiti (2017) Lexical Pragmatics and Implicit Communication. In Piotr Cap and Marta Dynel (eds.) *Implicitness: From Lexis to Discourse*, 147–176. Amsterdam: John Benjamins.

Wilson, Deirdre and Dan Sperber (1994) Outline of Relevance Theory. *Links & Letters* 1: 85–106.

Wilson, Deirdre and Dan Sperber (2004) Relevance Theory. In Laurence R. Horn and Gregory Ward (eds.) *The Handbook of Pragmatics*, 607–632. Oxford: Blackwell.

Wilson, Deirdre (2000) Metarepresentation in Linguistic Communication. In Dan Sperber (ed.) *Metarepresentations: A Multidisciplinary Perspective*, 411–448. Oxford: Oxford University Press.

Yus, Francisco (2019) Emoji: A Full Cyberpragmatic Approach. *Paper delivered at the 16th China Pragmatics Conference*. Nanchang, China.

Yus, Francisco (2021) *Smartphone Communication: Interactions in the App Ecosystem*. London: Routledge.

Inggiged and *tegeged* in Mongolian
A Cognitive-Pragmatic Approach

BAI Arong

1. Introduction

The connectives *inggiged* and *tegeged* in Mongolian connect two sentences in the form of 'P *inggiged/tegeged* Q', which expresses causality in which the occurrence of Q follows the occurrence of P, or one situation occurs after the other situation or one event is performed before another event. In this paper, from the viewpoint of Relevance Theory, I will attempt to show that both *inggiged* and *tegeged* encode conceptual and procedural information, and also contribute to truth and non-truth conditional content of an utterance.

2. Conceptual Meaning and Procedural Meaning

In the relevance theoretic framework, there are two basic types of information that may be expected to be encoded by linguistic constructions: conceptual representations and procedures for manipulating them. A conceptual representation has logical properties, which can act as the input to logical inference rule; and its truth conditional properties imply that it can describe a certain state of affairs.

Consider (1):

(1) Peter told Mary that he was tired.

(Higashimori and Yoshimura (2003: 76))

The logical form of (1) seems something like (2a), whose fully propositional form is (2b), completed by an inferential process of reference assignment:

(2) a. x told y at t1 that x was tired at t2.
 b. Peter Brown told Mary Green at 3.00 p.m. on June 23 1992, that Peter Brown was tired at 3.00 p.m. on June 23 1992. (Higashimori and Yoshimura (2003: 76))

The logical form (2a) and the fully propositional form (2b) are conceptual representations. (2a) is recovered purely by decoding and (2b) is recovered by decoding and inference. It can also be assumed that higher-level explicatures may be derived by embedding (2b) under various propositional attitudes or speech act descriptions and are viewed as further cases of conceptual representations (2b).

Now, let us examine the argument regarding the assumption that the parallelism between truth/non-truth conditional and conceptual/procedural meaning does not hold.

3. Conceptual/Procedural and Truth/Non-Truth Conditional Distinctions

Conceptual and Truth-Conditional

Generally, most 'content' words such as nouns and verbs can be assumed to encode conceptual meaning and contribute to the truth conditional content of an utterance. That is, most of the natural language words encode conceptual information, and contribute to the logical form, as in *snow*, *white* in (3). (cf. Scott (2008), Hussein (2008)).

(3) *Snow* is *white*. (Tarski (1944: 356))

Procedural and Non-Truth Conditional

The idea that some linguistic expressions may encode procedural information which constrains the inferential phase of an utterance comprehension was first put forward by Diane Blakemore (1987). Blakemore's semantic constraints on relevance are both procedural and non-truth conditionals. By her approach, discourse connectives such as *so, after all, but* etc. do not encode concepts, and do not contribute to the truth conditions of an utterance; instead, they guide the inferential phase of comprehension. Namely, the procedural information can be linguistically encoded and the linguistic meaning encoded by the discourse markers does not contribute to the truth conditions of the utterances in which they occur.

(4) a. John is a lawyer *but* he is in prison.
 b. Thaksin Shinawatra will buy Manchester City FC. *So*, he is a millionaire.

But in (4a) expresses the contrasts between the propositions *John is a lawyer* and *John is in prison now*; *so* in (4b) expresses the cause-effect connection between the two propositions *Thaksin Shinawatra will buy Manchester City FC* and *he is a millionaire*, but they do not contribute to the truth conditions of the utterances.

Conceptual and Non-Truth Conditional

According to Blakemore (1987) on discourse markers, it seems that the parallelism between the conceptual and the truth-conditional, and the procedural and the non-truth conditional seem to hold. On the other hand, however, there is an argument that the truth conditional and the conceptual, and the non-truth conditional and the procedural are not necessarily linked. That is, some truth conditional constructions encode concepts, others encode procedures; some non-truth conditional constructions encode procedures, others encode concepts. (cf. Ifantidou-Trouki (1993a, b), Wilson and Sperber (1993), Blakemore (1996), Carston (1998, 2002), Hussein (2008)).

See the following cases:

(5) a. *Confidentially*, I don't think Bob will get the job.
    b. *Seriously*, I'm pleased Bob didn't come.

For example, utterance (5a) is true if and only if the speaker does not think that Bob will get the job. *Confidentially* is seen as an illocutionary force indicator in a speech act term, hence, a non-truth conditional. The same is true of *seriously* in (5b). However, in the cases given below, we can see that they share the conceptual meaning with their manner adverbial counterparts, which contribute to truth-conditional content:

(6) a. I asked him *confidentially* if he was pleased.
    b. Michael took his role as team captain *seriously*.

Now see case (7), containing the reformulation marker *in other words* below:

(7) a. A: She said she no longer requires your services.
       B: *In other words*, she said I'm fired.
    b. She asked me to put it *in other words*.

Intuitively, the reformulation marker *in other words* in (7a) carries the procedural meaning and may be seen as contributing to the non-truth conditional content of an utterance, but it shares the conceptual meaning with its counterpart in (7b).

Thus, *confidentially*, *seriously* and *in other words* here are different from the discourse connectives *so*, *but*, or *after all*, that have no synonymous truth conditional counterparts. It seems reasonable to treat them as encoding the same concepts, i.e. *confidentially* in (5a) and in (6a), *seriously* in (5b) and (6b), *in other words* in (7a) and (7b). But they contribute to truth conditions in (6a, b) and (7b), but not in (5a, b) and (7a).

In a word, although they are non-truth conditional, they can also be seen as encoding conceptual information.

Procedural and Truth Conditional

Wilson and Sperber (1993) argue that the linguistic meaning encoded by pronouns is procedural rather than conceptual, as they guide the search for the intended referent, which is part of the proposition expressed. (Also see Scott (2008), Hussein (2008)).

(8)   *I* do not exist.

I in (8) refers to the speaker who utters it. If the speaker does not exist in the real world, it is impossible that the utterance in (8) is uttered. Hence, what is linguistically encoded by the pronoun *I* contributes to the true or false nature of the utterances in which it occurs. Also, it instructs the hearer to identify the referent.

On the other hand, Hussein (2008) points out that the pronouns are neither purely conceptual nor purely procedural. The pronouns are not empty lexical items; they carry some sort of conceptual meaning. As per his words, they are 'pro-concepts'.

(9)   *He* is not my friend.

According to Hussein, for example, *he* in (9) encodes a sub-propositional form which affects the truth conditional content of the utterance in which it occurs and at the same time it offers to the hearer an instruction as to how to reach the fully propositional form; that is, it will instruct the hearer to search for a referent which is *male* and *singular* rather than *female* and *plural*.

4. *Inggiged* and *tegeged* in Mongolian

In this section, I will analyze the connectives *inggiged* and *tegeged* in Mongolian. They are quite similar to the discourse connective *so* in English. Blakemore analyzes discourse connectives such as *so* and *after all* as procedural and non-truth conditional, not conceptual.

First let us see some cases containing *inggiged* and *tegeged*:

(10) a. Tere   nadadu ene   nom   i   abcirazu ʉgbe,
         he   me   this   book OBJ*1 bring   gave

   inggiged bi ene   hoyar edʉr ongsizu baina.
   so   I this   two   day   read   ing

   'He brought this book to me, *so* I have been reading it for these two days.'

   b. Nom*2 un   delgegʉr tu   ocila, *inggiged*
       book GEN store   to   went   so

   sayi harizu irezʉ baina.
   just come   back   now

   'I went to the bookstore, *so* I have just come back now.'

(11) a. Egʉle   garula, *tegeged* borugan oruba.
         cloud   appear   and/so   rain   -ed

   'It gets cloudy *and/so* rained.'

   b. Tere nadadu yarizu ʉgbe, *tegeged* bi
       he   me   tell   -ed   so   I

   sayi   medezei.
   just now   knew

   'He told me, *so* I came to know it.'

Inggiged in (10) and *tegeged* in (11) are interchangeable on many occasions. Moreover, it seems that *inggiged* and *tegeged* express the meaning of both *so* and *and* in English, because they express that the preceding utterances are the causes of the utterances that follow them on the one hand, and express that the utterances which follow them occur after the preceding ones, on the other hand.

Furthermore, following Haserdeni et al. (1996), these two connectives can also be treated as a sort of pronoun that replaces verbs. Each of them has a root and the root word is a verbal pronoun; the root of *inggiged* is *inggi* (=do it like this) and the root of *tegeged* is *tege* (=do it like that). According to Haserdeni et al. (1996), they can be used to replace verbs, and also can conjugate completely as a conjugated form of the verb. Let me display typically used examples as below:

(i) Examples of the conjugation form *inggi*
inggibel = inggi+bel   (if do it like this, if do so)
inggihu ber iyen = inggi+hu ber iyen (...rather than do it like this/so)
inggitele = inggi+tele (as soon as do it like this/so)
inggiged = inggi+ged (do it like this/so and then or as a result...)

(ii) Examples of the conjugation form *tege*
tegebel = tege+bel (if do it like that, if do so)
tegebecu = tege+be cu   (even though do it like that, even if do so)
tegehu ugei yum bol = tege+hu ugei yum bol (if not do it so/like that)
tegeged = tege+ged (do it so/like that and then or as a result...)

That is to say, all of them carry the function of both verbs and pronouns. As we saw in the examples above, *inggiged* is a derivative formed by the root verb *inggi* and the derivational suffix *ged*, which conveys the meaning of *do it like this/so and then or as a result...*, and *tegeged* is combined of the root verb *tege* and derivational suffix *ged*, which means *do it so/like that and then or as a result...*; thus, in some sense, we can say that *inggiged* and *tegeged* play the role of all of these verbs, pronouns and connectives.

Connectives *inggiged* and *tegeged* can be considered as expressing conceptual meaning and being truth conditional; meanwhile, they encode procedural meaning and contribute to the non-truth conditional meaning of an utterance. See the following case:

(12) A: Bi   ene   ʉde   in   hoina   kino   ʉzehu
         I   this   noon   GEN   after   movie   see

         er   ocina.   Ci   hamto   yabohu?
         to   go   you   together   come/go

    B: *Inggiged/tegeged*   hen   nadadu   dasgal   hizu
         so   who   me   homework   do

         ʉghu   *boi*!
         for   FP

    'A: I will go to the cinema this afternoon. Would you like to come with me?
    B: *So* who will do the homework for me!'

In case (12), both *ingiged* and *tegeged* are applicable. Here, each of them guides the hearer toward an explicature as in (13a) and an implicature as in (13b):

(13) a. I tell you that nobody will do the homework for me.
     b. I do not want to go to the cinema.

According to the relevance theoretic approach, higher-level explicatures or implicatures of an utterance are procedural and non-truth conditional. We an say that *ingiged* and *tegeged* can also express procedural encoding and contribute to the non-truth conditions.

Thus, the Mongolian connectives *ingiged* and *tegeged* can be viewed as both conceptual and procedural, and truth conditional and non-truth conditional.

5. Summary

I observed the relation of conceptual meaning and procedural meaning with the truth and non-truth conditional content in an utterance. From this view of Relevance Theory, I pointed out that it is possible that the connectives such as *inggiged* and *tegeged* in Mongolian contribute to all of these conceptual, procedural, truth and non-truth conditional aspects.

Notes

*1 OBJ, GEN and FP, which are adopted in this paper, refer to object particle, genitive particle and final particle.

*2 Mongolian alphabets, which are adopted here, refer to the standard Mongolian global alphabets in B. Wangcug (1997).

References

B. Wangcug (1997) *Mongol Helen no Heisburi Uge in Toli*. Baotou: Übur Mongol un Surgan Humuzil un Heblel un Horiya.

Bayantai (1989) *Öbesusen Surho Yapun Hele*. Huhhot: Übur Mongol un Surgan Humuzil un Heblel un Horiya.

Blakemore, Diane (1987) *Semantic Constraints on Relevance*. New York: Blackwell.

Blakemore, Diane (1992) *Understanding Utterances: An Introduction to Pragmatics*. Oxford and Cambridge: Blackwell.

Blakemore, Diane (1996) Are Apposition Markers Discourse Markers?. *Journal of Linguistics* 32: 325–347.

Blakemore, Diane and Robyn Carston (1999) The Pragmatics of *and*-Conjunctions: The Non-Narrative Cases. *UCL Working Papers in Linguistics* 11: 1–20.

Blakemore, Diane (2005) *and*-Parentheticals. *Journal of Pragmatics* 37: 1165–1181.

Carston, Robyn (1998) "The Semantics/Pragmatics Distinction: A View from Relevance Theory". *UCL Working Papers in Linguistics* 10: 1–30.

Carston, Robyn (2002) *Thoughts and Utterances: the Pragmatics of Explicit Communication*. Oxford: Blackwell Publishing.

Haserdeni, Goncugsurung, Secen Songrob, Toguga Dawadagba and Naranbatu (1996) *Orcin Cag un Mongol Hele*. Huhhot: Übur Mongol un Surgan

Humuzil un Heblel un Horiya.
Higashimori, Isao and Akiko Yoshimura (2003) *Kanrenseiriron no Shintenkai-Ninchi to Komyunike-shon.* Tokyo: Kenkyuusha.
Hussein, Miri (2008) The Truth-Conditional/ Non-Truth-Conditional and Conceptual/Procedural Distinctions Revisited. *New Castle Working Papers in Linguistics* 14: 61–80.
Ifantidou-Trouki, Elly (1993a) Sentential Adverbs and Relevance. *Lingua* 90: 69–90.
Ifantidou-Trouki, Elly (1993b) Parentheticals and Relevance. *UCL Working Papers in Linguistics* 5: 193–210.
Scott, Kate (2008) Reference, Procedures and Implicity Communicated Meaning. *Working Papers in Linguistics* 20: 275–301.
Tarski, Alfred (1944) The Semantic Conception of Truth and the Foundations of Semantics. *Philosophy and Phenomenological Research* 4:341–376.
Uchida, Seiji (2011) *Goyoron no Shatei: Go kara Tekusuto e.* Tokyo: Kenkyusha.
Wilson, Deirdre and Dan Sperber (1993) Linguistic Form and Relevance. *Lingua* 90: 1–25.

ことばのアイロニーとうそにより伝達される明示的意味

盛田有貴

1. はじめに

ことばのアイロニー*1とうそでは、話し手はともに話し手自身が真実であると信じていない内容を表現する。しかし、日常のコミュニケーションにおいて、多くの場合、私たちは両者を別のものとして理解する。辞書では、ことばのアイロニーとうそは次のように定義される。

(1) *irony*（noun）
 a. when you use words that are the opposite of what you really mean, often in order to be amusing
  （Longman Dictionary of Contemporary English）
 b. the expression of one's meaning by using language that normally signifies the opposite, typically for humorous or emphatic effect （The New Oxford Dictionary of English）
(2) *lie*（noun）
 a. something that you say or write that you know is untrue （Longman Dictionary of Contemporary English）
 b. a false statement made with deliberate intent to deceive; an intentional untruth
  （Random House Webster's Unabridged Dictionary）

辞書の定義では、うそは真実ではない（untrue）と知っていることを言う、あるいは書くこと、アイロニーは本当に意味することの反対の言葉を用いることであると説明される。辞書の記述からは、アイロニーとうそはともに、話し手の真意とは異なる内容をことばを

用いて表現する点では共通していると思われるが、両者を区別する要素は一体何であるか不明である。本稿では、関連性理論 (Sperber and Wilson（1986/1995²）) の枠組みを用い、ことばのアイロニーとうそについて、関連性理論で発話により伝達されると想定される表意（explicature）、高次表意（higher-order explicature）の点から2つの現象により伝達される明示的意味の比較、考察を行うことを目的とする。

　本稿の構成は以下のとおりである。まず、2節でことばのアイロニーとうそに関する先行研究を概観する。次に、3節で関連性理論において発話により伝達されると想定される意味区分について論じる。そして、4節でことばのアイロニーとうそについて、表意および高次表意のレベルで伝達される意味の相違点を明らかにする。また、分析上、両現象に共通するについても議論する。最後に、5節で本稿の結論を述べる。

2. 先行研究

　本節では、本稿で扱うことばのアイロニーとうそに関わる先行研究の概観を行う。

2.1　Wilson（2009）

　Wilson（2009）は、関連性理論（Sperber and Wilson（1986/1995²））に基づき、アイロニー発話を、話し手以外の誰かに帰属され（attributive）、かつ話し手の乖離的（dissociative）態度を示すものとして、以下の（3）のように定義付けている。

(3)　"Ironical utterances I have argued are not only attributive but dissociative: the speaker expresses a dissociative attitude to the attributed thought indicating that it is false, under-informative, or irrelevant."　　　（Wilson (2009: 221)）

これまでの関連性理論に基づいたことばのアイロニーの分析には、

Sperber and Wilson（1981）と Wilson and Sperber（1992）があり、これらは、ことばの「使用（use）」と「言及（mention）」の区別に基づいて、ことばのアイロニーを「エコー的言及（echoic mention）」として分析してきた。Wilson（2009）は、上記2つの研究を踏まえ、ことばのアイロニーを帰属的使用（attributive use）として再分析した研究である。以下の（4）と（5）は Wilson（2009）が、話し手の表現する態度により聞き手の解釈が異なることを示す例である。

(4) *Jack*: I've finished my paper.
(5) a. *Sue (happily)*: You've finished your paper! Let's celebrate!
    b. *Sue (cautiously)*: You've finished your paper. Really completely finished?
    c. *Sue (dismissively)*: You've finished your paper. How often have I heard you say that? (ibid.: 202)

（5a）から（5c）は、（4）の Jack の発話に対する Sue の返答である。括弧内の副詞は、発話に伴う話し手の態度として Wilson（2009）が加えているものである。Wilson（2009）に基づくと、（5a）から（5c）はともに、直前 Jack の発話 "I've finished my paper" を引用したエコー発話である。話し手 Sue が表す態度により、（5a）から（5c）では発話の解釈が異なる。例えば、（5a）において Sue は嬉しそうに発話することで、Jack の直前の発話の内容である、「論文を書き終えた」を信じていると解釈される。同様に、（5b）では Sue は用心深い態度を示し発話することで、Jack の発話の内容を信じて良いのか、判断しかねていることが考えられる。最後に（5c）では、Sue が拒否するような態度とともに発話を行う場合、Sue は Jack が論文を書き終えたとは到底思っておらず、Jack の発話の内容を偽であると信じていると解釈される。このように、ことばのアイロニーには、帰属的にことばを用いることに加え、乖離的態度（dissociative attitude）が伴うことで、他の発話と区別され、

ことばのアイロニーとして機能する発話であると説明される。

2.2 Coleman and Kay（1981）

Coleman and Kay（1981）は、英語の lie は、以下の（6）に示す3つのプロトタイプ要素により特徴づけられることを提案している。具体的には、命題が偽であること、話し手が発話する命題を偽であると信じていること、そして命題を発話する際に話し手は聞き手を騙すことを意図するというものである。Coleman and Kay（1981）は、3つのプロトタイプ要素とともに、うそに段階性が存在することを（7）のように示唆している。

(6) a. P is false.
　　 b. S believes P to be false.
　　 c. In uttering P, S intends to deceive A.

(Coleman and Kay (1981: 28))

(7) "The notion of prototype definition suggests that utterances which have all three of the elements above would be considered full-fledged lies, and that utterances which lack one or more of the elements might still be classed as lies, but less clearly so." (ibid.: 28)

Coleman and Kay（1981）によると、彼らの提案する3つの要素のうち、全ての定義特性を満たすものについては、完全なあるいは定義を十分に満たす（full-fledged）うそであり、1つあるいは2つ以上の定義特性を欠く場合でも、うそになり得る。

また、Coleman and Kay（1981）はうそと他のレトリックとの関連について、(8) のように比喩的発話（metaphoric speech）、皮肉（sarcasm）、誇張表現（hyperbole）は、話し手が聞き手に真実ではないことを信じ込ませようとしていないという点で、うその事例とは異なると分析している。

(8) "...cases of metaphoric speech (*He's a pig*), sarcasm (*You're*

a real genius, all right!), and hyperbole (*it's so hot out there, you could fry an egg on the sidewalk*) differ from cases of lying in that the speaker is not trying to induce the hearer to believe something which is not true." (ibid.: 28)

上記における分析をもとに Coleman and Kay（1981）は（6a）から（6c）の3つのプロトタイプ要素を含むストーリーを用いた調査を行い、プロトタイプ要素の数が、判断にどのように影響するか検証した。彼らは、あるストーリーがプロトタイプ要素を多く含むほど、うその度合い（lie scale）のスコアが高く、すなわち、うそとして判断する可能性が高いと仮説を立てた。Coleman and Kay（1981）は分析から、仮定されたプロトタイプ要素を多く含むほど、スコアが高くなることを明らかにした。被験者（15歳から72歳の71人）は、以下の（9）のような文を読み、その中で指定された発話が、うそであるか、そうでないかを7段階で回答した。

(9) Moe has eaten the cake Juliet was intending to serve to the company. Juliet asks Moe, 'Did you eat the cake?' Moe says, 'No.' Did Moe lie? (ibid.: 31)

上記の調査をもとに Coleman and Kay（1981）はさらなる調査を行なっており、プロトタイプ要素を2つ含むストーリーを比較し、それぞれのプロトタイプ要素は、相対的に重要性が異なることを（10）のように示している。

(10) "A consistent pattern was found: falsity of belief is the most important element of the prototype of *lie*, intended deception is the next most important element, and factual falsity is the least important." (ibid.: 43)

(10) に示す内容から、うその判断に貢献する可能性が最も高い要素は、話し手が命題を偽であると信じていること（falsity of

belief)、騙すことを意図すること（intended deception）、命題が偽であること（factual falsity）の順であると彼らは結論づけている。Coleman and Kay（1981）の研究は、プロトタイプ要素の考え方を用いて、読み手あるいは聞き手のうその理解に段階性があることを示した点、また、プロトタイプ要素間で相対的に理解に貢献する重要性が異なることを示した点において、高く評価されるべき研究であると言える。その一方で、うその理解において段階性が存在することへの根拠が、プロトタイプ要素の数のみである。うその理解にかかわる段階性をより詳細に説明するとともに、段階性の存在を裏付ける追加的な分析が必要であると思われる。

3. 関連性理論における発話により伝達される意味の2区分

　本節では、次節の分析において用いる、関連性理論において想定されている発話により伝達される2つの意味区分について概観を行う。関連性理論は、発話解釈理論としてSperber and Wilson（1986/1995[2]）により提唱された。関連性理論において、発話により伝達される意味は、表意*2（explicature）と推意（implicature）が想定されており、表意は基本表意（base-level explicature / lower-level explicature）と基本表意が話し手の態度や発話行為にかかわる表現に埋め込まれた高次表意*3（higher-level / higher-order explicature）が想定されている（Wilson and Sperber（1992: 5–6））。

　　(11)明示性（Explicitness）：発話Uによって伝達される想定は、それがUによってコード化された論理形式の発展であるならば、そしてそのときに限り、明示的（explicit）である。
　　　　　　　　　　　　　　　　　（内田他訳（1993/1999[2]: 221））
　　(12)「推意（implicature）」の類推から明示的に伝達される想定を表意（explicature）と呼ぶことにする。伝達されてはいるが明示的でない想定は非明示的に伝達されており、それ

が推意である。 (ibid.: 221)

上記の (11) と (12) の説明をもとに具体例に当てはめると、以下の (13) の会話における Mary の発話について、(14) と (15) のように基本表意 (= (14a))、高次表意 (= (14b), (14c), (14d))、推意 (= (15)) を表すことができる。

(13) Peter: Can you help?
　　　Mary (sadly): I can't.　　　(Wilson and Sperber (1992: 5))
(14) a.　Mary can't help Peter to find a job.
　　 b.　Mary says she can't help Peter to find a job.
　　 c.　Mary believes she can't help Peter to find a job.
　　 d.　Mary regrets that she can't help Peter to find a job.
(15) Mary will not help Peter to find a job.　　(ibid.: 5)

　基本表意の形成には、曖昧性除去 (disambiguation)、代名詞の指示対象を特定する飽和 (saturation)、省略されている内容を補う自由拡充 (free enrichment)、語の意味を文脈に応じて調節する、アドホック概念形成 (ad hoc concept construction) の4つの語用論的プロセスが関わり、命題の真理値の判断には、基本表意を形成することが必要であるとされる。(13) の Mary の発話から (14a) に示す基本表意を形成するためには、まず主語 I が Mary であることを明らかにする必要がある。続いて、can't 以下に省略されている内容である、help Peter to find a job を補う必要がある。動詞 help は Peter の直前の発話から補うことが可能だが、to 以下の内容は (13) には現れていないことから、これまでの会話の文脈から補う必要がある says、believes、regrets といった発話行為を表す表現に基本表意が埋め込まれた (14) は、複数の高次表意が伝達され得ることを示しており、(13) の Mary の発話により非明示的に伝達される内容は推意として (15) のように説明される。
　次節では、本節で概観した関連性理論において想定される、発話により伝達される意味の区分のうち、明示的意味に相当する基本表

意と高次表意のレベルにおいて、ことばのアイロニーとうそにより伝達される意味の比較を行う。表意と高次表意の概念を用いる理由として、以下が挙げられる。ことばのアイロニー、うその両現象において、話し手は話し手自身の本心を述べない。話し手が伝達することを意図する意味のうち、明示的な意味である表意がどのように伝達する意味の違いとして現れるのかを検討することは、それぞれの現象の特徴を明らかにすることにかかわると考えられる。また、ことばのアイロニーでは、話し手は発話時点において、話し手が信じていない内容を発話することから、話し手は帰属的にことばを用いる。発話の明示的意味が、関連性理論においてどのように扱われ得るかを検討することは、ことばのアイロニーにより話し手はどのようなことを聞き手に伝達することを目的としているか、また、ことばのアイロニーが現象として会話でどのような機能を担うのかを検討することに繋がると考えられる。

4. ことばのアイロニーとうそにより伝達される明示的意味

　本節では、前節で概観した関連性理論において想定される、発話により伝達される意味区分である基本表意と高次表意の概念を用いて、ことばのアイロニーとうそにより伝達される明示的意味について考察を行う。本稿では、2つの現象により伝達される非明示的意味である推意のレベルでの比較には立ち入らない。本節の最後には、明示的意味の表意のレベルの考察をふまえ、両現象に共通する点を考察し、話し手、聞き手の観点から段階性を持つこと、段階性の存在からプロトタイプ要素を用いた分析が適していることを述べる。

4.1　表意および高次表意のレベルにおける比較

　表意および高次表意のレベルにおける比較では、以下の（16）と（17）を用いる。（16）はことばのアイロニーの例であり、（17）はうその例である。（16）と（17）はともに映画からの引用である。

(16)（マージと息子のバートは 7 年前の写真を見ている。マージはバートの母親である。）

Bart: You don't look like a mom. You look happy.

Marge: We called ourselves the cool moms.

Bart: There's nothing cooler than calling yourselves cool.

Marge:（困惑し、写真を再び覗き込む。）

（*The Simpsons*（2011），括弧、下線は筆者）

(17)（フェリシアとウィリーは高校の同級生である。フェリシアはバレンタインデーの日に、恋人のウィリーから大きなくまのぬいぐるみをもらう。フェリシアはプレゼントのお礼にウィリーに陸上競技の練習で使う T シャツをプレゼントする。フェリシアは高校の構内で会ったウィリーに、お礼に送った T シャツが気に入ったかについて尋ねる。）

Felicia: Did you like your gift?

Willy: I didn't open it yet.

Felicia: You need to open it.

（ウィリーは微笑み、プレゼントの包みを開ける。）

Willy: Wow...it's, um...it's my track shirt.

Felicia: Yeah, but I ironed on your lucky number on the back... thirteen.

Willy: Oh...

（ウィリーはアメリカでは一般的によくない数字として認識される「13」の番号が付いた T シャツを見て苦笑いをする。）

Willy: But that's your lucky number.

Felicia: You don't even like it.

Willy: No, no. I love it. I can't wait to wear it.

Felicia: OK. Try it on now then.

（*Valentine's Day*（2010），括弧、下線は筆者）

(16) はアメリカで放送されたアニメからの引用である。マージと息子のバートは、マージがマージの友人と 7 年前に撮った写真を見

ている。バートは母親のマージに、マージが楽しそうに見えることを伝える。マージは"We called ourselves the cool mom"と言い、マージとマージの友人が自身のことを"the cool moms"と呼んでいたことを自慢げに語る。マージの発話に対し、バートは"There's nothing cooler than calling themselves cool"と、直前のマージの発話の一部をエコーし、アイロニー発話を行う。バートはアイロニーの発話時点において、マージとマージの友人が自身のことを"the cool moms"と呼ぶことに対して、cool（格好いい、素晴らしい）とは明らかに思っていない。バートの発話がマージによってアイロニー発話として理解されたことは、直後にマージが困惑した表情で写真を覗き込む様子から確認が可能である。

　次に（17）の下線部に注目する。プレゼントの包みを開いたウィリーは、プレゼントの中身が、一般的にアメリカではよくない数字として認識されている「13」の番号が付いたTシャツであることを知る。ウィリーが苦笑いをしていることに気がついたフェリシアは、ウィリーに"You don't even like it"とプレゼントのTシャツを気に入っていないのではないかと指摘する。フェリシアの指摘に、ウィリーは、"I love it. I can't wait to wear it"とうそをつく。下線部の直後のフェリシアの発話から、ウィリーのうそはフェリシアに見破られていないことが分かり、ウィリーは、「プレゼントでもらったTシャツを気に入っていない」というウィリーの本心とは異なる内容を述べていることが明らかである。

　基本表意と高次表意のレベルでの比較を行うにあたり、アイロニーとその話し手の点から、表意のステータスと発話に伴う話者態度の2点について注目したい。松井（2013）は、子どものことばの理解の観点から、うそと皮肉の理解について考察を行っている。松井（2013）によれば、うそはその使用の目的に応じ、うそと優しいうそに分けられる。

（18）うその中にも、自分の利益のためにだます悪意にもとづくものと、相手の気持ちに配慮してわざと事実に反したことを言う「優しいうそ」がある。　　　　　　（松井（2013: 39））

松井（2013）の説明に従うと、(17)はウィリーの「プレゼントでもらったTシャツを気に入っていない」という本心を隠すという、ウィリーの利益のためのだます悪意にもとづくうそであると説明できる。

　基本表意と高次表意の両者を含めた、表意のレベルにおける話し手の意図についてここで整理をする。うそと優しいうそでは、話し手が聞き手に伝達することを意図する意味のうち、明示的意味の表意のレベルでは、聞き手が字義通りの表意を真実として受け取ることを意図することから、表意が字義通りに伝わることが話し手により意図される。ことばのアイロニーでは、話し手が発話時点において信じていないことを述べる。また、話し手が発話する内容を、聞き手が真実として信じることを意図していないことから、Wilson (2009)でことばのアイロニーの特徴の1つとして挙げられるように、帰属的であると言うことができる。つまり、話し手は表意の内容を聞き手に伝達しようとしているわけでない。話し手が聞き手に伝達することを意図していないという点では、ことばのアイロニーの表意は、関連性理論において想定されている表意とは異なる扱いを受けざるを得ないことになる。

　では、ことばのアイロニーに伴う、表意に相当する明示的な意味は会話においてどのような役割を果たしているのか。本稿では、ことばのアイロニーの明示的意味は、聞き手が表意に相当する意味をきっかけに、話し手が本当に意図した意味を、高次表意および推意のレベルに探しに行くきっかけとなる、疑似表意（psuedo-explicature）として扱うことを提案したい。「疑似」ということばを用いる理由には、表意に相当するが話し手が伝達することを意図した内容ではないこと、一方で、文脈から聞き手が、表意相当に現れる意味が話し手の本心ではないことに気づき、発話により話し手が意図した解釈を高次表意と非明示的意味の推意のレベルに探しに行くためのきっかけとして表意に相当するものが必要であることが挙げられる。別のことばを用いるならば、表出命題（proposition expressed）が発話により伝達されるが、伝達された命題内容は話し手が聞き手に伝達することを意図しているわけではないため、表

意とはならないといえる。

　また、ことばのアイロニーとうそでは、典型的に話し手が意図する話者態度が大きく異なる。先の（16）と（17）を用いると、アイロニーの（疑似）表意には、話し手の帰属元の内容を疑う態度や偽であると信じている態度が（19）のように高次表意として現れる。うそでは、話し手が言う内容を聞き手が真実として受け取ることを意図するため、（20）のように seriously や sincerely といった副詞が基本表意に埋め込まれることが想定される。

(19) 発話：Bart: There's nothing cooler than calling yourselves cool.
　　 基本表意：There is nothing cooler than calling themselves the cool moms.
　　 高次表意：[Bart elaborately says that] there is nothing cooler than calling themselves the cool moms.

(20) 発話：I love it.
　　 基本表意：Willy loves his T-shirt.
　　 高次表意：[Willy seriously/sincerely says that] he loves his T-shirt.

（19）と（20）の比較から、話し手が聞き手に発話の内容を信じることを意図するかどうかにより高次表意が異なり、ことばのアイロニーとうそは、表意の取り扱い、および高次表意に想定される話者態度の点で異なると分析できる。

　上記の話し手の点からの考察を踏まえると、聞き手の点から、ことばのアイロニーとうその違いを理解するためには、聞き手の理解にメタ表示であることの理解が必要と言える。松井（2013）によれば、子どもが、優しいうそと皮肉の違いを理解するためには、次のような聞き手の信念が埋め込まれた階層構造を理解する必要がある。以下の（21）は優しいうその階層構造を、（22）は皮肉の階層構造を示している。

(21)［話し手は［聞き手が［話し手が言ったこと］を事実として信じる］ことを意図している］（優しいうそ）
(22)［話し手は［聞き手が［話し手が言ったこと］を事実として信じる］ことを意図していない］（皮肉） (ibid.: 49)

上記の階層構造を踏まえると、聞き手がことばのアイロニーとうその区別を理解するうえで必要なことは、ともにメタ表示が行われていること、ことばのアイロニーとうそでは、ともに話し手は本心ではないことを述べているが、発話に伴う話者態度が異なることを理解する必要があると言える。

4.2　ことばのアイロニーとうそに共通する段階性

4.1ではことばのアイロニーとうそにより伝達される意味について、基本表意と高次表意の点から考察を行った。4.2では、両現象に共通する点として、話し手の観点から伝達意図の段階性と、聞き手の観点から、理解の段階性について考察を行う。関連性理論では、コミュニケーションにおいて話し手は、聞き手に情報を伝えたいという意図として情報意図（informative intention）と、情報意図を持っていることを伝えたいという伝達意図（communicative intention）を持つことが想定されている。

うそは多くの場合、話し手がうそを聞き手に見破られることがないように、発話の内容を聞き手が信じることを意図し、真実ではない内容を伝達する。このことから、話し手はできるだけ、話し手の真意にかかわる内容は聞き手に伝達したくないと考えることになる。ことばのアイロニーの場合は、話し手がアイロニーを意図し、聞き手が同じくアイロニーの解釈に辿り着くことを期待し発話する。話し手の伝達意図と聞き手の解釈が一致する場合を、仮にことばのアイロニーが「成功」する状況*4であるとするならば、話し手はことばのアイロニーによってどのような内容を聞き手に伝達することを意図するのだろうか。

話し手の観点からことばのアイロニーとうそに共通する点として、話し手は聞き手に当該発話をどの程度、話し手が意図した通りに解

釈してほしいかということを考えて発話することが可能である。ことばのアイロニーにおいて、話し手がアイロニーを意図し、聞き手にも同じくことばのアイロニーとして解釈されるためには、例えば、話し手は帰属元を聞き手にとってアクセスしやすい帰属元に調整することで可能である。聞き手にとってのアイロニーの帰属元へのアクセスのしやすさは、時間的な距離（直前の発話の内容であるか、1ヶ月前の会話で発話された内容か）、帰属元が発話である場合、どの程度帰属元の内容が引用されているか（1語のみなのか、1文そのままを引用しているか）、アイロニーの発話時点において、帰属元に関する内容が、それまでの会話の流れからどの程度聞き手の中で活性化されているといった要素が関わると考えられる。聞き手に理解されることを期待せず、話し手自身の自己満足のためにアイロニー発話を行う場合、あえて聞き手が帰属元として特定しづらい帰属元に帰属させることも考えられる。聞き手が帰属元として特定しづらい帰属元には、例えば、特定の集団においてのみ共有されている情報が挙げられる。これらの帰属元の特定に関わる要素については、本稿ではこれ以上立ち入らないこととする。

　聞き手の観点からは、Coleman and Kay（1981）が挙げるように、うその理解には複数の要素がかかわるとともに、全ての要素が満たされない場合でもうそとして理解される可能性が示唆されている。ことばのアイロニーもまた、帰属元の特定には上述の話し手の観点で挙げたとおり、帰属元の特定に複数の要素がかかわる。このことから、ことばのアイロニーとうそは、ともに当該言語現象としてまとめられるカテゴリーの中に、段階性が存在すると考えられる。段階性は、話し手の観点からは、どの程度聞き手に当該言語現象として確実に解釈してほしいか調節可能な点において、伝達意図の段階性を持つ。聞き手の観点からは、聞き手のことばのアイロニーとうその理解には、明確にその言語現象であるとわかるものから、そうでないものまでが存在している点で聞き手の理解にかかわる段階性で存在する。ことばのアイロニーでは、話し手はアイロニー発話によってある種の否定的感情を非明示的意味である推意として伝達する傾向がある。アイロニー発話が典型的に伝達する推意や発話態

度については、詳細な記述を行なっている研究が現在までほとんど存在しておらず、アイロニー発話によって伝達される非明示的意味については、研究の余地が残されている。また、上述のように、話し手、聞き手の両者の観点で段階性の存在が示唆されることばのアイロニーとうそは、ともにプロトタイプの概念を用いた分析が、両現象の本質に迫るために適していると思われる。

5. 結語

本稿では、ことばのアイロニーとうその理解に関わる要因について、その相違点と共通点について、関連性理論において発話により伝達される意味区分のうち、発話の明示的意味に相当する基本表意、高次表意の観点から、ことばのアイロニーとうそにより伝達される明示的意味の考察を行なった。

考察から、ことばのアイロニーとうそは、関連性理論における表意の観点で取り扱いが異なること、および、話し手が聞き手に発話の内容を信じることを意図するかどうかにより高次表意に現れる話者態度が異なると結論づけられる。また、両現象に共通する点として、聞き手の観点からの特徴付けが当該現象の特性をあぶり出すために必要であり、話し手、聞き手の両方の観点から段階性が存在するため、プロトタイプ要素を用いた分析が適していると考えられる。

注
*1 本稿ではコミュニケーションにおけるアイロニーを対象とすることから、ことばのアイロニーのみを対象とする。
*2 発話の言語的解読によって得られた論理形式から、語用論的プロセスによって発展された命題形式（表出命題）（東森・吉村 (2003: 47)）。
*3 発話行為や命題態度を表す高次の想定スキーマに、基本表意が埋め込まれた形（ibid.: 47）。
*4 話し手が、聞き手にことばのアイロニーを必ず理解してほしいと思わず、ことばのアイロニーを発することそれ自体を自己満足とする状況も考えることができるが、本稿では比較の便宜上、話し手の伝達意図と聞き手の解釈が一致

する場合を主な対象とする。

参考文献

Coleman, Linda and Paul Kay (1981) Prototype Semantics: The English Word Lie. *Language* 57 (1): 26–44.

東森勲・吉村あき子 (2003)『関連性理論の新展開―認知とコミュニケーション』研究社.

松井智子 (2013)『そうだったんだ！　日本語　子どものうそ、大人の皮肉―ことばのオモテとウラがわかるには』岩波書店.

Grice, H. Paul (1967) Logic and Conversation. William James Lectures, Harvard University. (Reprinted in Grice (1989).)

Grice, H. Paul (1975) Logic and Conversation. In Peter Cole and Jerry Morgan (eds.) *Syntax and Semantics* 3: *Speech Acts*, 41–58. New York: Academic Press. (Reprinted in Grice (1989).)

Grice, H. Paul (1989) *Studies in the Way of Words*. Cambridge, MA: Harvard University Press.

Sperber, Dan and Deirdre Wilson (1981) Irony and the Use-Mention Distinction. In Peter Cole (ed.) *Radical Pragmatics*, 295–318. New York: Academic Press.

Sperber, Dan and Deirdre Wilson (1986/1995[2]) *Relevance: Communication and Cognition*. Oxford: Blackwell.（内田聖二・中逵俊明・宋南先・田中圭子訳 (1993/1999[2])『関連性理論―伝達と認知』研究社）.

Wilson, Deirdre (2009) Irony and Metarepresentation. *UCL Working Papers in Linguistics* 21: 183–226.

Wilson, Deirdre and Dan Sperber (1992) On Verbal Irony. *Lingua* 87: 53–76.

用例出典

Clements, Chris (2011) *The Simpson's* "Moms, I'd like to forget," 22nd Season 10th Episode.

Marshall, Garry (2010) *Valentine's Day*, Warner Brothers Entertainment.

辞書

Longman Dictionary of Contemporary English (2009) Pearson Education Limited: London.

Random House Webster's Unabridged Dictionary (2006) Random House.

The New Oxford Dictionary of English (1998) Oxford University Press: Oxford.

V

日英対照

革新的名詞派生動詞の日英対照研究

徳田真央

1. はじめに

　現代の日本語において、動詞化接尾辞「る」を用いたル動詞化は、語形成の中でも最も生産的でポピュラーなものの一つのように思われる。例えば、「事故る（事故に遭う）」、「パニクる（パニックになる）」、「ディスる（けなす）」、「告る（告白する）」、「きょどる（挙動不審な行動を取る）」など、「る」を用いた多数の造語（ル動詞）がある。日本語のル動詞に対応する英語の動詞には、動詞化接辞を用いたpurify、shorten、civilize、enrichのような動詞がある。ただし、英語には接辞を付加することなく品詞を変化させる語形成、品詞転換があり、品詞転換によって生じる動詞にはbook（予約する）、email（電子メールを送る）、monkey（遊び心やいたずら心を持って振る舞う）などがある。これらの中でも新しく造語され意味が確立されていないものを、Clark and Clark (1979) は革新的名詞派生動詞と呼んでいる。本稿では、このような革新的名詞派生動詞 (innovative denominal verb) を取り上げ、形態論や語彙意味論、語用論的観点から日本語のル動詞との比較対照を行う。

　本稿の第2節では、革新的名詞派生動詞に焦点を当て、その特徴を説明する。また、他にも日本語、英語それぞれの革新的名詞派生動詞に関する先行研究を概観する。ここでは、革新的名詞派生動詞が文脈に応じてその意味を変化させるものであることや、その意味解釈のプロセスを示す。第3節では、先行研究に対する考察と日英語間の革新的名詞派生動詞の相違点と類似点の整理、またそれらの動機付けについての考察を中心とする。例えば、"The 'Mona Lisa' has been caked in attempted vandalism stunt" という文はニュースの見出しだが、革新的名詞派生動詞cakeが用いられている。そ

れに対して、日本語ではそのような場合、名詞派生動詞は使用されない。このように、日本語革新的名詞派生動詞が用いられる状況が制限されているという事実から、日本語における革新的名詞派生動詞はレジスターに制限を受けることを示す。最後に、第4節で現時点での結論を述べる。

2. 革新的名詞派生動詞とは

　本節では、革新的名詞派生動詞の性質に関する先行研究の指摘を整理する。まず、Clark and Clark (1979) は名詞派生動詞を以下の4つのガイドラインに沿うものと定義づけている。

(1) a. Each verb had to be formed from its noun without affixation (though with possible final voicing, as in shelve).
　　b. The parent noun of each verb had to denote a palpable object or property of such an object, as in *sack*, *knee*, and *author*—but not *climax*, *function*, or *question*.
　　c. Each verb had to have a non-metaphorical concrete use as far as possible.
　　d. Each verb had to be usable as a genuine finite verb. This excluded expressions like *three-towered* and *six-legged*, which occur only as denominal adjectives.

(Clark and Clark (1979: 769))

　これらのガイドラインによると、(a) 名詞派生動詞は接辞付加化を伴わずに名詞から形成されなければならず、(b) 名詞派生動詞の親名詞は明白な物体やそのような物体の性質を表さなければならず、また (c) 名詞派生動詞は可能な限り比喩的でない具体的な用法を持たなければならず、さらに (d) 名詞派生動詞は定動詞として使用可能でなければならない（つまり、形容詞としてしか使われないものは除く）。ここでは名詞派生動詞と革新的名詞派生動詞は同列

のものとして扱われているが、Clark and Clark（1979）は英語の名詞派生動詞の中でも慣習化して意味が確立しているものといないものを区別しており、意味が確立していないものを革新的名詞派生動詞としている。ただし、そこにははっきりとした違いがあるわけではなく、段階的なものだと述べている。この慣習化の度合いについては、3節で詳しく説明する。

　Clark and Clark（1979）は、革新的名詞派生動詞を用いるとき、それを用いる話者は、同義の従来の動詞と比較して特殊な意味を伝達する意図を持つとし、したがって名詞派生動詞は従来の動詞が持たない新たな意味を持つと主張している。さらに、これらは時間や場所、状況によって意味や外延が変化するという点で、指示的表現や純粋な意味的表現とは異なると指摘している。また、親名詞に基づいて生産的なパターンから意味を予測することができないという点で、英語の革新的名詞派生動詞は慣用的動詞や確立された名詞派生動詞とも異なると述べている。(2) は Clark and Clark（1979）が主張した革新的名詞派生動詞使用の慣習である。

(2) THE INNOVATIVE DENOMINAL VERB CONVENTION.
　　In using an innovative denominal verb sincerely, the speaker means to denote
　　a.　the kind of situation
　　b.　that he has good reason to believe
　　c.　that on this occasion the listener can readily compute
　　d.　uniquely
　　e.　on the basis of their mutual knowledge
　　f.　in such a way that the parent noun denotes one role in the situation, and the remaining surface arguments of the denominal verb denote other roles in the situation.

(ibid.: 787)

この慣習に従えば、話者が革新的名詞派生動詞を誠実に使用するとき、その動詞は親名詞がその状況（状態、出来事、工程など）にお

ける一つの役割を示し、動詞の残りの項がその状況における他の役割を示す。そして、話者と聞き手の相互知識に基づいて、聞き手が容易に計算してその意味を一通りに決定できると話し手自身が信じられる状況を示すことを話者は意図しているのである。(3) の動詞 Houdini は Clark and Clark（1979）が紹介している英語の革新的名詞派生動詞の例である。前後の文脈に応じてその意味は、(3a) では「策略によって脱出すること」、(3b) では「警告なく強く打つこと」、(3c) では「注意深く分析して不正をあばくこと」へと変化している。

(3) a. My sister Houdini'd her way out of the locked closet.
　　b. Joe got Houdini'd in the stomach yesterday.
　　c. I would love to Houdini those ESP experiments.

(ibid.: 784)

以下は Clark and Clark（1979）による動詞 Houdini の意味を推測する際の道筋である。この動詞の親名詞は Houdini という脱出術師である。彼は腹を強く打たれたのが死因となって亡くなったと言われ、いかさま心霊術を見破ることを好んでいた。Houdini という人物を知っていれば、彼の人生や性質からそれに関係するものをこれら動詞の意味として導き出すのである。

　Clark and Clark（1979）の革新的名詞派生動詞使用の法則をより詳細に分析した Michaelis and Hsiao（2021）は、革新的名詞派生動詞の意味解釈を決定する際、構文文法、フレーム意味論、協働構築、概念融合理論が役立つことを主張し、それらがどのように機能しているかを説明した。これら4つの理論により、親名詞の意味、親名詞が属するフレームに関する知識、使われている構文、主語や目的語や斜格などに関する推論から、革新的名詞派生動詞の意味を解釈することができると Michaelis and Hsiao（2021）は主張している。

　また、Clark and Clark（1979）は、革新的名詞派生動詞が表現における経済性を持つことも指摘している。これにより、受け手は

動詞によって伝達される概念を正確かつ鮮明に解釈することができる。例えば、Clark and Clark（1979: 801）が挙げた"I guitared my way across the US."という例では、guitar という語を用いて転換動詞を形成しているため、一般には「ギターを弾くこと」を意味していると推測される可能性があるが、動詞 guitar が直接目的語の one's way と方向を表す前置詞句 across the US を伴い、way 構文に埋め込まれていることから、「ギターを弾きながら旅行して回る」や「ギターを弾きながら生活費を稼いで回る」という豊かな意味を表すことができると考えられる。

2.1 英語の革新的名詞派生動詞

続いて本項では、英語の革新的名詞派生動詞に特有の特徴について先行研究で指摘されていることを概観する。Clark and Clark（1979）は英語の名詞派生動詞には同義語による「先取りの原則」があると指摘している。その内容を以下（4）で示す。

(4) The principle of pre-emption by synonymy: If a potential innovative denominal verb would be precisely synonymous with a well-established verb, the innovative verb is normally pre-empted by the well-established verb, and is therefore considered unacceptable. (ibid.: 798)

Clark and Clark（1979）の指摘する名詞派生動詞の使用に関する慣習（2）のうち、（c）から（e）の制約、つまり「話者と聞き手の相互知識に基づいて、聞き手が容易に計算してその意味を一通りに決定できる」という点において、類義語による先取り原則が適用される。それは、革新的な動詞が既存の動詞と正確に同義である場合、革新的な動詞は通常、既存の動詞に先取りされ、したがって受け入れられないと見なされるというものである。例外として、buy と purchase のようにカジュアルな状況で使われるか、フォーマルな状況で使われるかという違いにより区別される語もある（Bolinger 1975）が、日本語とは少しその区別が異なるようである。これに

ついては3節で詳細に分析する。

2.2　日本語の革新的名詞派生動詞

Tsujimura and Davis（2018）は日本語の革新的名詞派生動詞を構文文法の観点から捉え、生産的な語形成のパターンがあるとしている。(5)はそれを定式化したものである。「≈」は二つの構文的スキーマのパラダイム的関係（Booij（2010））を示している。

(5) Innovative verb construction
$< [...[(C) V (C) V]_k ...]_{Ni} \leftrightarrow [SEM]_i > \approx$
$< [...[(C) V (C) V']_{k\text{-}r}]_{Vroot\text{-}l} \leftrightarrow$ [contextually determined event/state in which SEM_i is involved; casual style, playful] $_{SEMl} >$
　　　　　　　　　　　　　　(Tsujimura and Davis (2018: 380))

Tsujimura and Davis（2018）が定式化したスキーマによると、日本語の革新的名詞派生動詞は、形態・音韻的制約として、語根が2モーラ以上の名詞を語根とし、アクセントは一貫して語根の最終モーラに位置し、その動詞の現在形は「語根となる名詞＋る」の形をとる。また、革新的名詞派生動詞の意味は文脈的に決定される語根の名詞に関する出来事や状態を表す。そして、日本語の名詞派生動詞はカジュアルなスタイルでプレイフルに用いられ、また、時に特定のグループ内の話者間でのみ理解可能な秘密の言葉や暗号として機能するとも分析している。YouTube 上で収集した具体例（6）は、ゲームのプレイ動画を配信しているチャンネルに投稿されたコメントである。

(6) めっちゃバベるやん　　　　　　　　　　　　(Youtube)[*1]

この動詞「バベる」の語根が旧約聖書に登場するバベルの塔に由来することは推測可能かもしれない。しかし、この配信者が関わっている『いただきバベル』という楽曲があることやその歌詞やメロディを知っており、その楽曲を配信者が口ずさんでいる配信を視聴し

ていなければ、この動詞が「楽曲『いただきバベル』を歌うこと」を表しているとは分からないだろう。この意味が発話者の意図する意味で伝わるのは、この配信を視聴しているグループに属している者がこの配信者や楽曲に関する知識を持っているからなのである。これは、米川（1996）が若者言葉を「仲間内で会話促進・娯楽・連帯・イメージ伝達・隠蔽・緩衝・浄化などのために使う、規範からの自由と遊びを特徴に持つ特有の語や言い回しである」と定義づけたように、若者言葉全般に通じる機能でもあると考察できる。

　また、Tsujimura and Davis（2011, 2018）は、名詞派生動詞の語根の多くを漢語、外来語、固有名詞、あるいはそれらを縮約したものに分類できるとしている。漢語を元にした名詞派生動詞には「告る（告白＋る）」、「事故る」、「皮肉る」などがあり、外来語を元にしたものには「コピる（コピー＋る）」、「テロる」、「カフェる」、「メモる」など、固有名詞を元にしたものには「スタバる（スターバックス＋る）」、「ググる（グーグル＋る）」、「江川る」などがある。日本語革新的名詞派生動詞においても、同様の傾向があると考えられるだろう。ただし、(5)のスキーマで語根末は母音であると指定されているが、「ポケモンる」などの/n/で終わる語根に由来する動詞も実例としては見られる。

3. 日英語革新的名詞派生動詞の類似点と相違点

　ここまで、日英語の革新的名詞派生動詞についての先行研究による分析について説明してきたが、本節では先行研究に基づき、日本語革新的名詞派生動詞と英語革新的名詞派生動詞に類似する点、また異なる点を観察し、それらが何に由来しているのかを考察する。日本語革新的名詞派生動詞と英語革新的名詞派生動詞の類似点に関しては、德田（2024）でも論じている。德田（2024）によると、Clark and Clark（1979）とTsujimura and Davis（2011, 2018）がそれぞれ扱っている革新的名詞派生動詞は、意味が固定化されておらず、文脈に依存してその意味を変化させるという点において類似している。

2節で例に挙げた英語の革新的名詞派生動詞 Houdini と同様に、様々な意味で解釈可能な日本語革新的名詞派生動詞の例を（7）に挙げる。

(7) a. 今日、鬼滅ってきた！　　　　　　　　　(Twitter)＊2
　　 b. 鬼滅ってきた🐯　　　　　　　　　　　　(Twitter)＊3
　　 c. 鬼滅ってきた。　　　　　　　　　　　　(Twitter)＊4

(7)では、動詞「鬼滅る」が使われているが、それぞれ添付された画像や動画が異なる。(7a)には『鬼滅の刃』の映画パンフレットと半券の画像、(7b)には『鬼滅の刃』のキャラクターのコスプレをしている人物の画像、(7c)には『鬼滅の刃』に登場する藤棚がイルミネーションで飾り付けられている様子の画像が添えられている。それにより、「鬼滅る」という動詞が属するフレームが変化し、意味解釈に影響を与えるのである。その結果、その動詞の意味は、(7a)では「映画を見ること」、(7b)では「コスプレをすること」、(7c)では「作品に関係のある場所を訪れること」など多様に変化する。

　また、この豊かな意味の柔軟性に伴って生じる表現の経済性も同様に日英語間の類似が見られる。(8)は日本語の革新的名詞派生動詞「ウバる」の例である。クリスマスイブの前日にウーバーイーツでチェーン店「築地銀だこ」のたこ焼きを注文するといった内容である。

(8) クリスマスイヴイヴに銀だこをウバる。　　(Twitter)＊5

「ウバる」という動詞一語に「ウーバーイーツで商品を注文して配達してもらう」などのような豊かな意味が含まれていると推測できる。これは、動詞「ウバる」の目的語に「銀だこ」を取っていることや、その「銀だこ」が店名でもあるがそこで売られるたこ焼きを指すことも多いという知識から推測可能である。この例は、革新的名詞派生動詞の解釈が慣習に則ったものであること、つまり Clark and Clark（1979）や Michaelis and Hsiao（2021）が主張した通り、発話時の状況や統語的構造、フレーム意味論的知識に基づいて決定されることを示している。以上により、これらの特徴は日本語と英語両方の革新的名詞派生動詞の意味解釈において普遍的な共通点であると言える。

　続いて、日本語名詞派生動詞と英語名詞派生動詞の相違点を観察し、それらを動機づける要素について、Clark and Clark（1979）や Tsujimura and Davis（2011, 2018）に基づいて考察する。

　一つ目の相違点は、形態的特徴である。英語では名詞が動詞化される際に接辞が付加される名詞派生動詞もあるが、接辞付加なく動詞に転換されるものも多い。したがって、動詞化接辞は英語名詞派生動詞形成の必須要件ではないことがわかる。それに対して、日本語では名詞を動詞として用いる際には動詞化接尾辞「る」が必須である。これは日英各言語自体の形態的差異に由来すると推測でき、ここではこれ以上考察しない。なぜならここでは接辞自体が持つ意味に重きを置かず、名詞派生動詞全体での意味を重視するからである。

　二つ目は、先取り原則の適用可否である。英語では、2.1節の(4)で引用した先取り原則の通り、既存の動詞と完全に同義の革新的名詞派生動詞が作り出されることはない。一方、日本語においては多くの革新的名詞派生動詞が従来の確立された動詞と完全に同義であり、状況によって使い分けられていると考えられる。(9a)の例では「失敗する」と完全に同義の「ミスる」という名詞派生動詞が用いられており、(9b)では「けなす」と完全に同義の「ディスる」という名詞派生動詞が用いられている。

(9) a. QRコードとか交通系ICカードとか、前の人がタッチ失敗して待たされるたびにめっちゃムカついてしまうの、本当良くない。
これを防ぐために、タッチをミスると後方にいい匂いのミストとかを噴射する機構にしてほしい。

(Twitter)＊6

b. YouTubeのコメントって、人の容姿を<u>ディスる</u>コメント多すぎない？　好きな動画のコメント欄とか見るの億劫になる。もちろん私の動画にもつくが、俺のようなオッサンの容姿を<u>けなし</u>て意味があるのか、とも思う。若いインフルエンサーなら傷つくだろうな。見た目をけなす人間に現実で出会ったことないぞ。

(Twitter)＊7

　(9a)の「失敗する」と「ミスる」、(9b)の「けなす」と「ディスる」はそれぞれ目的語が指すものがほぼ同じであるため、動詞の持つ意味は完全に同じであると思われる。これにより、日本語では先取り原則が適用されていない事が分かる。ではなぜ異なる表現が用いられるのか。これは後述の日本語革新的名詞派生動詞のレジスターの制約により、用いられるのに適切な文脈や、用いられたときに受け手に与える印象が異なることに起因すると考えられる。

　三つ目は、レジスターの違いである。多くの英語の名詞派生動詞は、慣習化の度合いにかかわらずレジスターに制約はないが、日本語の名詞派生動詞は、ほぼ全ての語にレジスターの制約があり、慣習化が進むと制約が段階的に解除される。(10)は日本語の名詞派生動詞を慣習化の度合いに基づいて分類したものである。

(10) a. 革新的名詞派生動詞
　　　　レジスターの制限：フォーマルでない、遊び心がある、若者言葉
　　　　例) 鬼滅る、タピる、ウバる、ポケモンる
　　b. やや慣習化された名詞派生動詞
　　　　レジスターの制限：フォーマルでない、(若者言葉)
　　　　例) デコる、パニクる、ディスる、告る、サボる、スタンバる、ミスる、ダブる、メモる、コピる、駄弁る、愚痴る
　　c. 一般化された名詞派生動詞
　　　　レジスターの制限：なし

　　　　例）皮肉る、牛耳る、野次る

　慣習化した名詞派生動詞「皮肉る」、「牛耳る」はその語源を中国の故事成語までさかのぼる必要があり、意味が親名詞から推測できないレベルまでイディオム化している。そして、あらゆるレジスターの制限が解除され、フォーマルな文脈でも使用可能になっている。例えば、国会会議録に収録されている語のうち、「牛耳る」、「皮肉る」、「野次る」の数を比較すると、その活用形含む「牛耳る」が1007件、「皮肉」4276件中「皮肉る」が321件、「野次」6659件中「野次る」が30件と数に偏りが見られた。これは慣習化の進行度合いが「牛耳る」、「皮肉る」、「牛耳る」の順で大きいためであると考えられる。このように、形成されたばかりの日本語革新的名詞派生動詞日本語が「フォーマルでない」、「遊び心がある」、「若者が使用する」というレジスターを持っているのに対して、慣習化が進むと徐々に「遊び心を持つ」という側面が失われ、語によっては「若者が用いる」という性質も脱落する。さらに慣習化が進むと、フォーマルな文脈でも用いられるように変化するのである。

　一方、英語の名詞派生動詞は、多少のフォーマルさの程度の違いはあるが、比較的どのような文脈でも使用可能である*8。(11)はフォーマルな文脈で用いられる英語革新的名詞派生動詞の例である。(11a)のlockdownは論文のタイトル、(11b)のcakeはCNNのニュースの見出し、(11c)のtsunamiはニュージーランド警察協会の公式サイトに掲載されたコラム記事からの引用、(11d)のmissileはリバティ大学公式サイトに掲載されている卒業式でのスピーチの一部に含まれる革新的名詞派生動詞である。

(11) a. Lockdowned: Everyday mobility changes in response to COVID-19　　　　　　　　　　　(Twitter) *9
　　 b. The 'Mona Lisa' has been caked in attempted vandalism stunt　　　　　　　　　　　　　(Twitter) *10
　　 c. He was on track to be making a difference in the lives of others when his past "tsunamied" back into his life

　　　　in the form of untreated PTSI (post-traumatic stress
　　　　injury)　　　　　　　　　　　　　　　　　(Twitter)＊11
　　d. We got missiled and mortared almost every day, the
　　　　enemy trying to terrorize us, ...　　　　　　(Twitter)＊12

　英語革新的名詞派生動詞のフォーマルな文脈での使用は、特に新聞記事などのタイトルや見出しにおいてよく見られる。これは、限られたスペースに情報を詰め込まなければならないという見出しの特性と名詞派生動詞の経済性の高さの相性の良さから生じている現象であると考えられる＊13。

　先述の日本語の革新的動詞のレジスター制限は、語根のインフォーマルさと動詞化接尾辞「る」の持つフォーマルさによるものであると考察できる。日本語革新的名詞派生動詞では、カジュアルな状況で用いられることが多い語が語根となる傾向が高い。さらに、日本語革新的名詞派生動詞の語根には「ウバる」、「鬼滅る」、「スタバる」のような縮約形も多く用いられる。接辞「る」自体も「する」を縮めたものであると考えられる。長野・島田（2022: 277）によると、「1語中で、1つの文法的な意味に対して2つ、あるいはそれ以上の形態が生起する現象」を多重具現という。例えば、英語の動詞 get の過去形を gotted にしてしまったり、「書けることができる」と言ったりするような例がある。これは、経済性などの面で合理的な表現とは言えないが、様々な言語に見られる現象である。長野・島田（2022: 308）は多重具現の現れやすさについて、ドイツ語やスペイン語をはじめとする諸言語では「性・数・人称などの一致素性に多重具現が見られるのに対して、日本語の多重具現は対人関係層に見られ」、他者に向けた命令や依頼、願望などの表現と共起することが多いと指摘している。つまり、例えば「お召し上がりください」のように、日本語の依頼や願望に冗長で婉曲的な表現が用いられるのも、この多重具現の一種であると考えられる。ある意味を持つ表現を重ねることで、相手に対する丁寧さが増すのである。そう考えると、語の省略や縮約によってカジュアルさが生じると考えても不自然ではないだろう。これにより、日本語のル動詞は

インフォーマルな響きを持つのだと言える。また、一般に日本語のル動詞が若者言葉に属するとされるように、若者グループ内での秘密の言葉・暗号として機能することが多く、フォーマルな場面においてはふさわしくないとされる傾向にあることも要因の一つと言えるだろう。

　ここで英語の先取り原則が適用されていない例を見てみる。2.1 節でも述べたが、同じ意味を持つにもかかわらず使われる状況が異なる複数の動詞があるものは英語にも存在する。例えば、buy と purchase のような関係である。これらはフォーマルさ・カジュアルさの指標で言うと、日本語の「買う」と「購入する」のような差であると考えられる。英語の革新的名詞派生動詞がフォーマルな文脈でも使われうるのに対して、日本語の革新的名詞派生動詞はフォーマルな文脈では使われないことを考慮すると、これらは「買う」とも「購入する」とも異なる、よりカジュアルな動詞であると考えられる。つまり、最も革新的な段階にある日本語の名詞派生動詞は、フォーマルさの指標だけで見ても英語の革新的名詞派生動詞とは根本的に異なる性質を持つと考えられる。

4. 結論

　本稿では、日本語と英語の革新的名詞派生動詞の類似点と相違点の比較を行った。日英語問わず、名詞派生動詞が最も手軽に語を作り出す便利な語形成パターンの一つを経たものであることは確かである。しかし、しかし日本語と英語の名詞派生動詞は本質的に異なると考えてよいだろう。英語の革新的名詞派生動詞が比較的幅広くフォーマルな場面でも用いられているのに対し、日本語の革新的名詞派生動詞は、慣習化の度合いに応じてレジスターが制限を受けており、若者言葉のようなインフォーマルな用法のみが容認される。これは語根や接尾辞「る」が持つインフォーマルさに由来するものと考えられる。

　ここでは扱わなかったが、名詞以外の品詞を語根として持つ日本語ル動詞や、そのような語から派生した英語転換動詞についても、

本稿の議論同様のことが言えると予測できる。それについての分析は今後の課題としたい。

注

＊1　SukoyaKana.【第五人格】イクラお誕生日おめでとう！BANするけど！【健屋花那/にじさんじ】, YouTube, 2020.10.31.〈https://www.youtube.com/live/-E3SwX1WHic?si=PKeqUWSAq-zdP5z0〉2022.12.16.

＊2　erippo012, 2020.12.28 20:03, Twitter〈https://twitter.com/erippo012/status/1343512965211820032?s=46〉2022.12.16.

＊3　guriko, 2021.2.7 20:47, Twitter〈https://twitter.com/guriko3_3/status/1358381953309839360〉2022.12.16.

＊4　kimagure_hanko, 2020.11.28 18:35, Twitter〈https://twitter.com/kimagure_hanko/status/1332618999935369216〉2022.12.16.

＊5　henachu_asd, 2021.12.23 19:29, Twitter〈https://twitter.com/henachu_asd/status/1473964027122688002?s=46〉2022.12.16.

＊6　gra_pon, 2022.11.7 20:55, Twitter〈https://twitter.com/gra_pha/status/1589587387952541697〉下線は筆者による。2022.12.16.

＊7　Keiji_ch, 2021.1.16 17:23, Twitter〈https://twitter.com/keiji_ch/status/1350357928411205632〉下線は筆者による。2022.12.16.

＊8　ただし、その革新的名詞派生動詞の意味を正確に解釈するのが極端に難しい場合、フォーマルな場面での容認度は低いと考えられる。これは語のフォーマルさによるものではなく、容易な計算可能性の低さによるものである。

＊9　ScienceDirect, "Lockdowned: Everyday mobility changes in response to COVID-19," Journal of Transport Geography, Elsevier.〈https://www.sciencedirect.com/science/article/pii/S0966692320309832〉2022.12.16.

＊10　Jacqui Palumbo, "The 'Mona Lisa' has been caked in attempted vandalism stunt," CNN style, CNN.〈https://edition.cnn.com/style/article/mona-lisa-louvre-cake-attack/index.html〉2022.12.16.

＊11　"Health & Wellbeing: 'I Thought I Had It under Control,'" New Zealand Police Association.〈https://www.policeassn.org.nz/news/health-wellbeing-i-thought-i-had-it-under-control#/〉2022.12.16.

＊12　Ted Allen, "Military graduates charged to go 'all in' and take Gospel to ends of the world, wherever duty calls," Liberty University.〈https://www.liberty.edu/news/2021/05/11/military-graduates-charged-to-go-all-in-and-take-gospel-to-the-ends-of-the-world-wherever-duty-calls/〉2022.12.16.

＊13　日本語では、漢語がこれらの働きを担っている。

参考文献

Bolinger, Dwight (1975) *Aspects of Language*. 2nd Edition. New York: Harcourt College.

Booij, Geert (2010) *Construction Morphology*. Oxford: Oxford University Press.

Clark, Eve V. and Herbert H. Clark (1979) When Nouns Surface as Verbs. *Language* 55: 767–811.

Fillmore, Charles J. (1969) Types of Lexical Information. In Ferenc Kiefer (ed.) *Studies in Syntax and Semantics*, 109–137. Dordrecht: Springer.

Fillmore, Charles J. (1976) Frame Semantics and the Nature of Language. In Douglas Braaten (ed.) *Annals of the New York Academy of Sciences: Conference on the Origin and Development of Language and Speech* 280 (1): 20–32. New Jersey: Wiley-Blackwell.

Fillmore, Charles J. (2006) Frame Semantics. In Dirk Geeraerts (ed.) *Cognitive Linguistics: Basic Readings*, 373–400. Berlin: De Gruyter Mouton.

Michaelis, Laura A. and Allen M. Hsiao (2021) Verbing and Linguistic Innovation. In Justin Lewis (ed.) *Frontiers in Communication* 6. Lausanne: Frontiers. 〈https://www.frontiersin.org/articles/10.3389/fcomm.2021.604763〉

長野明子・島田雅晴（2022）「多重具現の言語間比較の試み」廣瀬幸生・島田雅晴・和田尚明・長野明子編『比較・対照言語研究の新たな展開―三層モデルによる広がりと深まり』277–313．開拓社．

Pustejovsky, James (1998) *The Generative Lexicon*. Cambridge: MIT Press.

Pustejovsky, James (2012) Co-compositionality in Grammar. In Markus Werning, Wolfram Hinzen, and Edouard Machery (eds.) *The Oxford Handbook of Compositionality*, 371–382. Oxford: Oxford University Press.

德田真央（2024）「日本語革新的名詞派生動詞の意味解釈に関する考察」『英語学英米文学論集』50: 29–39．奈良女子大学英語英米文学会．

Tsujimura, Natsuko and Stuart Davis (2011) A Construction Approach to Innovative Verbs in Japanese. *Cognitive Linguistics* 22 (4): 797–823.

Tsujimura, Natsuko and Stuart Davis (2018) Japanese Word Formation in Construction Morphology. In Geert Booij (ed.) *The Construction of Words: Advances in Construction Morphology*, 373–398. Dordrecht: Springer.

米川明彦（1996）『現代若者ことば考』丸善．

用例出典

X（旧Twitter）
YouTube

日英の明示的皮肉標識に対する語用論的アプローチ

東元千尋

1. はじめに

本稿では、予想外の出来事であるとされている、状況的皮肉（situational irony）に焦点を当て、明示的皮肉標識（explicit irony markers）が合図する状況について、日本語の「皮肉なことに」と英語のironicallyを比較して分析し、ironicallyと「皮肉なことに」が合図する出来事には違いがあるということを明らかにする。

2. 明示的皮肉標識

明示的皮肉標識（explicit irony markers）とは、Barbe（1995）で定義されている。Barbe（1995）は、ある思考や発話、出来事などが皮肉的であるという、話し手・書き手の見解を伝達するものが明示的皮肉標識であると述べている。この標識にはironicallyの他、isn't it ironic thatなどの表現が含まれる。

西谷（2008）は、Barbe（1995）の明示的皮肉標識を日本語の「皮肉なことに」と同等の表現であると述べている。また、「皮肉なことに」の使用をみると、Barbe（1995）の説明のように、ある出来事が皮肉的であるということを示している。そのため、日本語の「皮肉なことに」と英語のironicallyはどちらも明示的皮肉標識であるといえる。

3.「皮肉なことに」とironicallyが合図する出来事の種類

「皮肉なことに」とironicallyという表現は、ある出来事が皮肉的であるという話し手・書き手の見解を伝達するものであるという

ことが先行研究からわかった。それでは、この2つの標識が皮肉であると合図する出来事は同じなのだろうか。本節では、「皮肉なことに」と ironically で示される出来事のうち、肯定的な結果をもつ出来事と、偶然の一致（coincidence）が起こっている出来事の2つに注目して、「皮肉なことに」と ironically が示す出来事の違いを明らかにする。

3.1 肯定的結果をもつ出来事

日本語の「皮肉なことに」という表現は、否定的な結果に終わる出来事に対して用いられ、肯定的な結果になる出来事に対してはあまり用いられないように思われる。しかし、「皮肉なことに」が肯定的な結果の出来事に対して用いられることもある。否定的な予想や期待とは裏腹に、肯定的な結果となったというような状況である。そこで、「皮肉なことに」は、肯定的な結果の出来事を示すことができるということを例を用いて明らかにする。3.1.1節では、「皮肉なことに」と否定的結果に関する先行研究を、3.1.2節では ironically と否定的結果および肯定的結果に関する先行研究を挙げ、3.1.3節でデータ分析を行う。

3.1.1 「皮肉なことに」と否定的結果

河上（2018）によると、日本語の「皮肉なことに」は、反対関係的な偽の構造、その中でも否定的結果型アイロニーの構造が存在していることをメタ言語的に示す表現である。また、「皮肉なことに」の皮肉は、できごとの意外な成り行きという意味である。

まず、反対関係的な偽の構造とは、話し手が皮肉表現を発話し、聞き手がそれを認識するとき、話し手と聞き手の心の中に生じるようになるアイロニーの認識構造である。この構造は、外観・先行認識と実体・現実認識の間のズレの構造を指している。以下の（1）の例は、信じていた友人に裏切られたときのアイロニー発話であり、反対関係的な偽の構造が存在している。

(1) ［友人だと思っていた相手に裏切られたとき］

「あいつは良い男だよ、まったく。ひどい目にあった」
(河上（2018: 54）)

このとき、外観・先行認識は「よい友」で、実体・現実認識は「悪い友」であり、先行認識が肯定的で現実認識が否定的である。反対関係的な偽の構造は、外観・先行認識と実体・現実認識の肯定・否定の組み合わせと、人間が自らの外観を取り繕おうとする擬態があるかどうかによって、4つのタイプに分けられると説明されている。その4つの中で、「皮肉なことに」と関係しているのが否定的結果型アイロニーである。これは、なんらかの行動や状況について、期待・予測・願望などと反対の否定的な結果が生じたときに発話されるものである。このときの外観・先行認識が肯定的で、実体・現実認識が否定的である。以下の例が「皮肉なことに」が使用される否定的結果型アイロニーである。

(2) 彼は熱心に朝まで勉強した。しかし、(皮肉なことに、)寝坊してテストを受けられなかった。

(河上（2018: 137）, 下線は筆者)

(2) の例では、テストでよい結果を残すために朝まで熱心に勉強したが、寝坊してしまってテストを受けることさえできなかったという否定的な状況が「皮肉なことに」によって示されている。登場人物である「彼」が期待しているのは、テストでよい点を取ることであるため、テストを受けられさえしなかったという結果は予想外で否定的である。

3.1.2 ironically と否定的結果および肯定的結果

「皮肉なことに」と同じように、英語の ironically は、否定的な結果を伴う出来事を描写することができると考えられる。Lucariello（1994）は、ironically などの表現は、予想外で通常の出来事の流れから逸脱している出来事を示す状況的皮肉 (situational irony) の前置きとして用いられると説明しており、皮

肉的な出来事である状況的皮肉の出来事（situational ironic events）を4つの特徴から、7つの主要タイプに分類している。4つの特徴とは意外性（unexpectedness）、人間の脆さ（human frailty）、結果（outcome）、対立（opposition）である。これをもとに、Imbalances、Losses、Wins、Double Outcomes、Dramatic、Catch-22、Coincidenceの7つの主要タイプの分類がなされた。その中のLosses（敗北）タイプが否定的結果を伴う状況にあたる。(3)はLossesタイプの例である。

 (3) A man died the day before a hurricane hit, when it was sunny and calm. He was electrocuted while removing the TV antenna from his roof, as a precaution against the storm.
(Lucariello (1994: 132))

この例では、ハリケーンが直撃する前の晴れていて穏やかな日に、ハリケーンに備えてテレビのアンテナを外そうとした男性が感電死してしまったという否定的な結果が描写されている。

 さらに、状況的皮肉は、否定的な結果だけではなく、肯定的な結果を示す状況をも含む。Lucariello (1994) の分類では、肯定的結果を含む状況はWins（勝利）タイプに分類される。例を (4) に挙げる。この例では、ある男性が女性と車の事故を起こし、訴えられそうになったのだが、話し合いののちに女性は訴訟を起こすことをやめたばかりか、2人は結婚することになったという状況である。事故が起きたのは敗北であるが、この事故が結婚という勝利をもたらしている。

 (4) A man is in a car accident with a woman, who as a consequence intends to sue him. They have a meeting and she decides not to sue. A year later they marry.
(ibid.)

このWinsタイプのサブタイプの1つであるFluke（思わぬ幸運）に注目する。(4) の例は、事故が起こったという否定的な結果と、

結婚することになったという肯定的な結果の両方が起こっていると説明されているが、Fluke タイプは、個人が意図しない、計画していない、偶然起こった行動の結果、利益を手にするという状況であり、肯定的な結果のみをもっている。(5) が Fluke の例である。この例ではある学生が空手の試験を受けているという状況が描写されている。試験中、学生は正しい動きを忘れてしまい、立ち止まってしまったが、たまたまその時停止することが正しい動きであったために、その学生は一番よい点を取ることができたという肯定的な結果になっている。

(5) A karate student pauses during a test trying to remember a move. The student gets the best score because it happens that a pause should occur at just that point. (ibid.)

このように、英語では、否定的な結果を示す状況と、肯定的な結果を示す状況の両方を皮肉であるということができることがわかる。

3.1.3 データ分析

先行研究から、「皮肉なことに」は、否定的結果を伴う結果のみを示す一方、ironically は否定的結果だけでなく、肯定的結果を伴う状況も示すことができるとされていることがわかった。この点が「皮肉なことに」と ironically の違いであるように思われるが、日本語の「皮肉なことに」においても、肯定的結果をもつ状況を指し示すと考えられる例がある。本節では、このタイプの例を分析することで、河上 (2018) に加えて、日本語の「皮肉なことに」が肯定的結果をもつ状況を示すことができるということを提案する。分析の手法として、河上 (2018) の反対関係的な偽の構造の考えに沿って、「皮肉なことに」が用いられている例において、先行認識と実体認識が何であるかを特定することで、評価性が否定的結果型アイロニーとは反対に、先行認識が否定的で現実認識が肯定的となっていることを示す。

以下の (6) の例では、ニュースキャスターである磯村尚徳が放

送中にミスを犯した際に、普通なら怒られるだろうと予想されるにも関わらず、予想外にほめられるという状況が描写されている。

(6)　[NHK の組合の団体交渉において、磯村尚徳は使用者側の当事者として団体交渉に臨んでいた。その中で、悪意なしに言った言葉であってもとりようによっては誤解を招くこともあるということを学び、言っていいことと悪いことがわかるといった反射神経が身についたと語っている。NC.9 というニュース番組のキャスターを 3 年間務めていたが、解説者やアナウンサーは専門職であって、実践の場数を踏んでいない、キャスターとしての反射神経が備わっていない人が自分同様多いという。]

この三年間、私は放送で、ずい分「ニア・ミス（決定的ミスに近いミス）」をしました。一年に、二度や三度は（小野吉郎前会長の進退の時など）NHK をやめるハラを固めて発言する正念場にも出合いました。しかし、周囲の同僚の迅速な手あてと、私の第六感とがあいまって、とにかく、「ニア・ミス」の段階で、なんとか乗り切る毎日でした。<u>皮肉なことに</u>、「ニア・ミス」の時ほど、"NHK 的でない"、"ミスを、率直にすぐ謝まるところがいい" などと、むしろおほめをいただくのですから、わからないものですね、テレビというのは…。

(磯村尚徳『続・ちょっとキザですが』, 下線は筆者)

先行認識は決定的ミスに近いミスを犯した人物は怒られるはずだという否定的な予測である。ほめられるというのはある行為に対してよい評価がなされた結果であるため、肯定的結果である。そのため、現実認識は決定的ミスに近いミスを犯したにも関わらず、ほめられるという肯定的な結果になっている。

　もう 1 つ例を観察する。(7) の例では、出版社で働いていたが子育て中体調が悪くなったため退職せざるを得なくなった (7) の筆者が、その後その子育ての経験がきっかけとなり、フリーランスと

して復帰することができたという状況が描写されている。

(7) ［筆者は子育て中に体調が悪くなり、親子共倒れになってはいけないということで出版社の出版部を退職せざるを得なかった。その後、子育てをしながらフリーランスとして復帰することを決めた。］
仕事を再開したといっても、家でじっと待っていても仕事が降って湧いてくるわけではありません。子どもを背負って、企画書を出版社に売り込みに行きました。最初の企画案は、自分自身が苦労した離乳食です。さすが、自分で体験してみると、どこに母親はいちばん悩むかがよくわかるので、自分でも自信を持ってアピールすることができました。幸い企画はすぐに採用され、皮肉にも、出版社をやめなければならなかった子育てのおかげで、フリーの編集者としてのスタートを切ることができたのです。

(BCCWJ, 下線は筆者)

　この例でも肯定的結果がある。子育て中に仕事をやめなければならなくなってしまったが、その子育てのおかげで、その後復帰することができているため、肯定的結果であるといえる。先行認識は、子育ては退職や休職せざるを得ない可能性があるというもので、現実認識は、その子育てが新たな職を得る手助けとなったというものである。
　以上より、日本語の皮肉標識「皮肉なことに」は、否定的結果をもつ状況だけではなく、英語のironicallyと同じように、肯定的結果をもつ状況をも指し示すことができるとわかった。

3.2　偶然の一致を含む皮肉的な状況について

　3.1節での結果をみると、「皮肉なことに」とironicallyはどちらも、否定的な結果をもつ状況と肯定的な結果をもつ状況の2つを示すことができるとわかる。しかし、「皮肉なことに」は肯定的な結果のある状況よりも、否定的な結果のある状況に対して使用される

ことが多いため、この結果のみではこの2つが同じような使用をされていると結論づけることはできない。

さらに、ironically は偶然の一致を含む状況を皮肉的だとして表すことができるが、日本語に関してはそのような状況を皮肉的だとして示すことができるとは考えにくい。この偶然の一致を皮肉であると示すことができるかどうかという点がこの2つの標識の違いである。本節では、英語の ironically は偶然の一致を含む状況を指し示すことができるが、日本語の「皮肉なことに」はできないということを明らかにする。

3.2.1　英語の明示的皮肉標識と偶然の一致を含む状況

本節では、英語の明示的皮肉標識が偶然の一致を含む状況を指し示すことができるということについて、先行研究を2つ挙げる。

まず、Lucariello（1994）における、situational ironic events の7つの主要タイプの分類の中で、Coincidence（偶然の一致）タイプが因果関係や慣習的基盤（conventional basis）のない一連の出来事や、複数の行動の共起を含んでいる。以下に例を挙げる。(8) の例は、Mitch が見知らぬ女性に出会い、話しているうちに彼女は Mitch の甥とたまたま同じ町に住んでおり、彼と付き合いはじめたばかりということが判明したという状況である。偶然にも自らと関わりのある人物と出会っている。

(8) (It's a small world) Mitch chats on the ski lift with a stranger, a pretty young woman. She is from a town where a nephew that Mitch has not seen in years lives. Mitch asks if she knows his nephew, and it turns out she just started dating him.　　　　　　　　　　　　(Lucariello (1994: 133))

次に、Barbe（1995）によると、明示的皮肉標識が使用されている状況で、異なる2人の参与者（P1、P2）のそれぞれの行動（A1、A2）が対立している場合、その皮肉的状況は coincidence というタイプになると説明されている。このとき、2つの行動に因果関係は

なく、トピックが同じか、もしくは同時に起こったというような関係しかない。以下（9）がcoincidenceの例である。消防士であるAlanが火事の予防について説教をしているのと同時に、別の消防士Bobが寝室でタバコを吸って火事を起こしたという例である。

(9) *It seems ironic that* on Monday Fireman Alan preached prevention of fire at the same time when Fireman Bob set himself on fire smoking in bed.（Barbe (1995: 141), 斜体は筆者）

この例において、消防士Alan（P1）が火事の予防の説教をしている（A1）ことと、消防士Bob（P2）が火事を起こした（A2）ということが偶然にも同時に発生している。火事の予防を訴えるのと、火事を起こすという別々の消防士による2つの行為が対立している。

3.2.2 データ分析

3.2.1節の先行研究から、ironicallyは偶然の一致を含む状況を指し示すことができるということがわかった。一方、日本語の「皮肉なことに」については、そのような状況を指し示すことができると述べている先行研究はみられない。そこで、本節では、日本語の「皮肉なことに」が偶然の一致を含む状況を指し示すことができないことを、例とインフォーマント調査の結果を用いて明らかにし、この点が「皮肉なことに」とironicallyの違いであることを主張する。

分析方法として、偶然の一致を含むと考えられる皮肉的状況の例について、英文とその和訳を比較する。まず、(10) の例を観察する。ファンク・ソウル・バンドのパイオニアである、Earth, Wind & Fireの創立メンバーであるMaurice Whiteが亡くなったこと、そして同バンドが音楽の専門家の組織であり、グラミー賞の授与を行っているThe Recording Academyからグラミー賞の特別功労賞生涯業績賞を授与される予定であることがわかる。さらに、このことに加えて、同時期にJefferson Airplaneという他のロックバンドも同じく創立メンバーを亡くし、Earth, Wind & Fireと同じ賞を受

賞する予定だったという偶然の出来事が描写されている。

(10) Earth, Wind & Fire is due to receive a Lifetime Achievement Award from the Recording Academy this spring. *Ironically*, Jefferson Airplane, another band that's due to receive that same honor, lost not one but two of its founding members last week: guitarist Paul Kantner and singer Signe Anderson.

(ABC News, "Earth, Wind & Fire's Maurice White Is Dead at 74", 斜体は筆者)

この出来事は、ironically で皮肉な出来事として合図されている。しかし、同じ時期にメンバーを亡くしたバンドが、同じ時期に素晴らしい賞を同時に受賞する予定であるというような偶然の一致だと考えられる状況を、「皮肉なことに」を使って皮肉だと示すことには違和感を覚える。そこで、奈良女子大学学部生を中心としたインフォーマント調査を行い、(10) の和訳である (11) の容認度について調べた。

(11)［先駆的なファンクミュージック・バンドであるアース・ウィンド・アンド・ファイアの共同創立者であるモーリス・ホワイトが長きにわたるパーキンソン病の闘病の末、74歳で亡くなった。］
アース・ウィンド・アンド・ファイアはこの春、ザ・レコーディングアカデミー（最も権威ある音楽賞の1つであるグラミー賞を主催する組織）の特別功労賞を受賞する予定である。皮肉なことに、ジェファーソン・エアプレインというもう一組のバンドも同じ賞を与えられることになっており、このバンドは先週一人ばかりでなく二人も創立メンバーを失った。ギタリスト、ポール・カントナーとボーカルのシグニー・トリー・アンダーソンである。

(和訳，下線は筆者)

調査は、参加者6名に偶然の一致を含むと考えられる日本語の例に対して、「皮肉なことに」が使用されていることに違和感があるかどうかを0から3の4段階で評価してもらったものである。0が「違和感がない」、1が「どちらかというと違和感がない」、2が「どちらかというと違和感がある」、3が「違和感がある」と設定した。その結果、(11) に関して、16.7％が0、0％が1、66.7％が2、16.7％が3という回答になり、「どちらかというと違和感がある」、「違和感がある」という回答が83.4と、約8割近くとなった。このことから、ほとんどの参加者がこの例で「皮肉なことに」を使用することが自然であると感じていないことがわかる。この結果、日本語の「皮肉なことに」は偶然の一致を示す状況を合図できない可能性が高いといえる。

4.「皮肉なことに」と偶然の一致に関する考察

前節で、日本語の「皮肉なことに」は偶然の一致を含む状況を合図できない可能性が高いと述べた。しかし調査の結果、偶然の一致だと考えられる状況であっても、「皮肉なことに」が使用されていて違和感がないとする回答が非常に多い (12) の例があった。(13) は (12) の和訳の元となる英語の例である。

(12) ［アメリカの著名なR＆B歌手、ローリン・ヒルが6人目の子供を出産した。彼女の5人の子供の父親であるローアン・マーリーは、現在スーパーモデルのイザベリ・フォンタナと恋愛中で、長い間交際していたローリン・ヒルを捨てたと噂されている。彼はフォンタナとの関係を否定していないが、ヒルと決別したと発表もしていない。そんな中、ヒルは6人目の子供の父親を明らかにせず、言ったらびっくりするだろうとほのめかしている。］
　　フォンタナはブラジル出身で、二度離婚しており、それぞれの結婚で一人ずつ息子を授かっている。皮肉なことに、彼女の長男の名前はザイオンといい、ヒルのマーリーとの

最初の息子と同じ名前なのである。そして、ヒルのヒット曲のタイトルも『トゥー・ザイオン』なのだ。

(和訳、下線は筆者)

(13) Fontana, a native of Brazil, is twice-divorced and has a son from each marriage. *Ironically*, her oldest son is named Zion, the same name as Hill's first-born son with Marley and the subject of Hill's hit song "To Zion."

(ABC News, "Lauryn Hill-Rohan Marley Baby Drama Centers on Supermodel Isabeli Fontana", 斜体は筆者)

この例では、66.7％が「違和感がない」、33.3％が「どちらかというと違和感がない」を選び、「少し違和感がある」、「違和感がある」という回答はなかった。このように、同じように偶然の一致を示す例（11）よりも容認度がかなり高くなっていることがわかる。その原因はなんだろうか。それは、状況から話者の期待が読み取れ、それが裏切られているかどうかにあると考える。

（12）の例では、歌手のLauryn Hillの恋人であるRohan Marleyがほかの女性Isabeliと近しい関係にあるという状況が描写されている。そして、偶然にもHillと、Rohanの別の恋人のIsabeliの子供の名前が一致している。この点において、自らのパートナーの別の恋人の子供と、自らの大切な子供の名前が同じであるはずがない、あってほしくないという期待が想起され、それが裏切られていると考える。このように、（12）には実現していない期待があり、これが（11）よりも容認度が高くなっている理由であると考える。そのため、日本語の「皮肉なことに」は、偶然の一致を含む状況であっても、裏切られる期待があれば当該の状況を皮肉として提示できる可能性があると結論づける。

裏切られるのは、肯定的な期待でも否定的な期待でもよく、結果として否定的になる出来事だけでなく、肯定的になる出来事でもよい。否定的な期待が裏切られている、肯定的な結果に終わる出来事も存在する。（14）のように、「皮肉なことに」でも、肯定的結果の出来事と共起することができる。

(14) [NHK の組合の団体交渉において、磯村尚徳は使用者側の当事者として団体交渉に臨んでいた。その中で、悪意なしに言った言葉であってもとりようによっては誤解を招くこともあるということを学び、言っていいことと悪いことがわかるといった反射神経が身についたと語っている。NC.9というニュース番組のキャスターを3年間務めていたが、解説者やアナウンサーは専門職であって、実践の場数を踏んでいない、キャスターとしての反射神経が備わっていない人が自分同様多いという。]

この三年間、私は放送で、ずい分「ニア・ミス（決定的ミスに近いミス）」をしました。一年に、二度や三度は（小野吉郎前会長の進退の時など）NHK をやめるハラを固めて発言する正念場にも出合いました。しかし、周囲の同僚の迅速な手あてと、私の第六感とがあいまって、とにかく、「ニア・ミス」の段階で、なんとか乗り切る毎日でした。皮肉なことに、「ニア・ミス」の時ほど、"NHK 的でない"、"ミスを、率直にすぐ謝まるところがいい" などと、むしろおほめをいただくのですから、わからないものですね、テレビというのは…。　　　　　　　　　　　　　　　（=（9））

普通、否定的な結果に対して用いられる「皮肉なことに」が、(14) のように肯定的な結果に対しても用いられる場合がある理由は、日本語の「皮肉なことに」という表現が、解釈の際に何らかの期待が裏切られているということを読み手に意識させるからであり、このことが「皮肉なことに」の役割の1つであると考える。

5. まとめ

本稿では、明示的皮肉標識である日本語の「皮肉なことに」と英語の ironically を比較し、どちらも否定的結果・肯定的結果を表すことができる点では類似しているが、偶然の一致を含む状況を示すことができるかどうかという点では異なっていると結論付ける。ま

た、考察で示したように、日本語の「皮肉なことに」は裏切られた期待があれば偶然の一致を含む状況を合図できる。また、このことから、「皮肉なことに」は解釈の際に何らかの期待が裏切られているということを意識させる可能性があり、この点が3.1節で述べた「皮肉なことに」が肯定的な結果も示すことができるということの理由であると考える。

参考文献

Barbe, Katharina (1993) 'Isn't It Ironic that…': Explicit Irony Markers. *Journal of Pragmatics* 20: 579–590.

Barbe, Katharina (1995) *Irony in Context*. Amsterdam: John Benjamins Publishing Company.

河上誓作(2018)『アイロニーの言語学』鳳書房.

Lucariello, Joan (1994) Situational Irony: A Concept of Events Gone Awry. *Journal of Experimental Psychology*: *General* 123: 129–145.

西谷工平(2008)「談話上の位置から見た「皮肉なことに」の機能」『日本語用論学会第11回大会研究発表論文集』4: 87–94. 日本語用論学会.

例文出典

ABC News, "Earth, Wind & Fire's Maurice White Is Dead at 74", https://abcnews.go.com/Entertainment/earth-wind-fires-maurice-white-dead-74/story?id=36723376, 2024.7.18 閲覧.

ABC News, "Lauryn Hill-Rohan Marley Baby Drama Centers on Supermodel Isabeli Fontana", https://abcnews.go.com/Entertainment/lauryn-hill-rohan-marley-isabeli-fontana-baby-drama/story?id=14161007, 2024.7.18 閲覧.

磯村尚徳(1977)『続・ちょっとキザですが』講談社.

『現代日本語書き言葉均衡コーパス』(BCCWJ)

日英語の節連言文の語用論的分類

長辻幸

1. はじめに

　節レベルの要素を等位接続詞andでつなぐ英語のand連言文は、等位項で描写された事態間の様々な関係を伝達する。例えば、(1a)では、2つの等位項"John missed the usual train"と"he was late for work"が因果関係にあると解釈されるのに対し、(1b)では、それぞれの等位項"We still keep in touch"と"we sometimes go out for a meal"が、「話し手と話題に上っている人物は数年来の親友だ」といった共通の推意（implicature）を導くための別々の証拠として、並列的な関係にあると解釈される。

(1) a. John missed the usual train and he was late for work.
　　b. We still keep in touch, and we sometimes go out for a meal.

　このような英語のand連言文の多様な解釈を説明するため、Grice (1967, 1975, 1989) 以来、さまざまな語用論的説明が提案されてきた。その中の主要なものの1つにAriel (2012) があり、彼女は、and連言文の解釈に2つの異なるタイプの推論が関わると主張している。そこで、Nagatsuji (2021) は、英語のand連言文に関するGrice以来の主要な語用論的説明を検証し、発話解釈における推論上の特性という観点から、Arielの二分的説明がand連言文の正確な語用論的分類を与える点で妥当であることを明らかにした。
　しかし、英語以外の言語における節連言文の語用論的分類については、これまでほとんど考察されていない。また、通言語的な観点

から、これらの語用論的分類の共通点についても明らかにされてこなかった。

例えば、日本語には、英語のand連言文に対応すると考えられる節連結構造が複数ある。代表例として、(2a)のようなテ形構造や(2b)のようなシ構造があるが、文脈に応じた細かな使い分けが観察されることから、節連言文の語用論的分類において、英語とは異なる様相を見せるように思われる。

(2) a. 東京都では石原都知事が無法なカラスに頭にきて、カラスを撃退するためのプロジェクトチームを発足させました。　　　　　　　　　　　　　　　　　　(BCCWJ)
　　b. それまでに試したコイやカブトエビは水生生物で、生息条件が厳しかったんです。
　　　　水温が高いと働かないし、水がなくなったら死んでしまう。　　　　　　　　(『プロフェッショナル　仕事の流儀』p. 31)

では、英語と日本語に照らして、発話解釈における推論上の特性という観点から、節連言文の語用論的分類に共通点はあるのだろうか。本稿では、英語のand連言文の語用論的分類としてAriel (2012)の二分的説明を採用し、日本語の節連言文の語用論的分類については、テ形構造とシ構造に焦点を当てて考察を行う。そして、英語と日本語の節連言文が、Arielの二分的説明に一致して、2つの異なるタイプの推論に基づく語用論的分類を共有すると主張する。

本稿の構成は以下のとおりである。まず、2節で、英語のand連言文の語用論的分類として、Ariel (2012)の二分的説明を概観する。次に、3節で、日本語の節連言文の語用論的分類を考察する。ここでは、テ形構造とシ構造のデータに基づき、2つの異なるタイプの推論が日本語の節連言構造の解釈の境界を定める基準の1つとなっていることを示す。そして、4節で、日英語の節連言文の語用論的分類について共通点と相違点を明らかにする。最後に、5節で全体をまとめる。

2. 英語の and 連言文の語用論的分類

Ariel（2012）は、英語の and 連言文に関する二分的説明を提案し、その解釈は異なるタイプの推論が関わる 2 つの語用論的ストラテジーによって説明されると主張している。2 つの語用論的ストラテジーは関係的ストラテジー（relational strategy）と独立的ストラテジー（independent strategy）に区別され、関係的ストラテジーでは、等位項間の関係が推論によって引き出されたうえで、等位項とその間の推論された関係からなる連結命題が全体として談話のトピックに貢献するのに対し、独立的ストラテジーでは、個々の等位項が別々にではあるものの、並行して同じ談話のトピックに貢献する。

ここで、関係的ストラテジーと独立的ストラテジーの具体例を見てみよう。典型的なものとして、(3a) の解釈プロセスは関係的ストラテジーに分類され、(3b) の解釈プロセスは独立的ストラテジーに分類される。

(3) a.　KEN: So I eat the local food, and get deathly ill.

（Ariel (2012: 1692)）

　　b.　My client entered ((Israel))*1 legally and he was born here and you know it is his right to be here.　(ibid.: 1697)

(3a) は、KEN がなぜメキシコへ戻りたくないのかを説明しているという文脈で発話されたものである。このとき、等位項で描写された事態間の因果関係が推論によって引き出され、等位項とこの因果関係からなる連結命題全体が談話のトピック、すなわち、「KEN はなぜメキシコへ戻りたくないのか」というこの文脈での話し手の要点に貢献する。一方、(3b) の and 連言文はある弁護士の発話で、依頼人の男性は合法的にイスラエルへ移住してきたと主張している文脈で使用されている。この場合、個々の等位項は別々の証拠として機能し、そのそれぞれが、「依頼人に不利な法的主張の根拠はまったくない」という結論を導く点で、並行して同じ談話のトピック

に貢献している。

　このように、関係的ストラテジーと独立的ストラテジーは異なる推論プロセスをとるが、Ariel は、その違いがさまざまな現象において対照的に現れると指摘している。例えば、そのような現象の1つに等位項の省略がある。関係的ストラテジーの解釈を伴う and 連言文では、等位項間の関係が重要な役割を果たし、連結命題全体が談話のトピックに貢献するため、等位項の1つが省略されると、談話の一貫性が保てなくなる。これに対し、独立的ストラテジーの解釈を伴う and 連言文では、個々の等位項が同じ談話のトピックに直接貢献するため、等位項の1つが省略されても、談話にはほとんど影響しないのである。

　このことを（3）の and 連言文発話に基づいて確認してみよう。

(4) a. ??KEN: I eat the local food.
　　 b.　My client entered ((Israel)) legally.　　　(ibid.: 1697)

KEN がなぜメキシコへ戻りたくないのかを説明している（3a）の文脈において、（4a）の発話は、因果関係を説明するのに十分ではない。しかし、ある弁護士が、依頼人の男性は合法的にイスラエルへ移住してきたと主張している（3b）の文脈において、（4b）の発話は、もとの and 連言文発話（3b）に比べると結論を強化する効果が弱いものの、弁護士の主張を支持する証拠として機能する。

　また、関係的ストラテジーと独立的ストラテジーの違いが対照的に現れる他の現象として、添加の機能を持つ表現の挿入がある。この場合も、関係的ストラテジーの解釈を伴う and 連言文では、等位項間の関係を含む連結命題全体が談話のトピックに貢献するため、what's more のような添加を表す語句を等位項の間に挿入することができない。しかし、独立的ストラテジーの解釈を伴う and 連言文では、個々の等位項が同じ談話のトピックに直接貢献するため、等位項の間に添加を表す語句を挿入することができる。

　再度、（3）の and 連言文発話を使ってその違いを見てみよう。

(5) a. ?? KEN: So I eat the local food and **what's more**, get deathly ill.
   b. My client entered ((Israel)) legally and he was born here and **what's more**, you know it is his right to be here.

(5a) は、KEN がなぜメキシコへ戻りたくないのかを説明しているという (3a) の文脈において容認されない。これは、what's more が挿入されたことで、因果関係を伝達する連結命題として機能できなくなり、その結果、and 連言文全体として談話のトピックに貢献できないためである。一方、(5b) は、個々の等位項が「依頼人の男性は合法的にイスラエルへ移住してきた」という弁護士の主張への証拠として機能し、同じ談話のトピックに直接貢献するため、容認されるのである。

2 節では、Ariel（2012）による英語の and 連言文の二分的説明に従い、関係的ストラテジーと独立的ストラテジーの区別を概観した。これら 2 つの推論パターンは、いくつかの現象において対照的な振る舞いを見せる点で選言的であり、英語の and 連言文の主要な語用論的分類として捉えることができる。次節では、関係的ストラテジーと独立的ストラテジーを区別する Ariel の分析方法を援用し、日本語の節連言文の語用論的分類を考察する。

3. 日本語の節連言文の語用論的分類

本節では、日本語の節連言文の中でも、典型的なものとしてテ形構造とシ構造に焦点を当て、それぞれの推論特性を明らかにする。そして、テ形構造の解釈には関係的推論（relational inferences）が関わるのに対し、シ構造の解釈には独立的推論（independent inferences）が関わることを示す。

3.1 テ形構造

「Pテ、Q」という形式をとるテ形構造は、接尾辞テで連結され

ている 2 つの節で描写された事態間の様々な関係を伝達する。テ形構造により伝達されるこれらの関係は、英語の and 連言文と同様、推論によって引き出されるものである*2。

(6) a. おかあさんの声をさえぎるようにプーと大きくブザーが鳴って、それから電話は切れた*3。　　　（BCCWJ）
　　b. 東京都では石原都知事が無法なカラスに頭にきて、カラスを撃退するためのプロジェクトチームを発足させました。　　　　　　　　　　　　　　　　（＝(2a)）
　　c. 船眼は「マタ・ノ・タタラ」と呼ばれていて、眼の構図に興味深い特徴がある。　　　　　　　　（BCCWJ）
　　d. 彼女（マザー・テレサ）はこれだけ偉大なことをしていて、自分のことをちっとも偉大だとは思っていない。
　　　　　　　　　　　　　　　　　（BCCWJ, 括弧内は筆者）

(6a) のテ形構造は、ある女の子が母親に公衆電話で話をしているという場面で、時間的順序の関係にあると解釈され、(6b) では、因果関係の解釈が得られる。また、タタラという名前の船に描かれた眼の模様について述べている (6c) では、並列的な解釈が得られるのに対し、(6d) は、逆接的な関係にあると解釈される。

　ここで重要なのは、テ形構造の場合、連結されている節間の関係が推論によって引き出され、これらの節とその間の関係からなる連結命題が全体として談話のトピックに貢献するということである。実際、この特性は、選言文や原因・理由を表すノデ節へのテ形構造の埋め込みから示唆される。

(7) a. 大きな爆発音がして島全体が激しく揺れたか、島全体が激しく揺れて大きな爆発音がしたかのどちらかだ。
　　b. 東京都では石原都知事が無法なカラスに頭にきて、カラスを撃退するためのプロジェクトチームを発足させたので、カラスに関する苦情は激減した。

例えば、(7a)では、選言文「PかQかのどちらかだ」にテ形構造が埋め込まれているが、「大きな爆発音がした」ことと「島全体が激しく揺れた」ことの間の推論された時間的順序が論理演算子∨のスコープ内にあり、「大きな爆発音がして、その後、島全体が激しく揺れたか、島全体が激しく揺れて、その後、大きな爆発音がしたかのどちらかだ」と解釈されなければ、この文全体を正しく理解することができない。同様に、ノデ節にテ形構造が埋め込まれた(7b)でも、推論によって引き出される因果関係はノデ節のスコープ内にあり、東京都でカラスに関する苦情が激減した理由は、「石原都知事が無法なカラスに頭にきて、その結果、カラスを撃退するためのプロジェクトチームを発足させた」からだと理解される。つまり、テ形構造は、節間の推論された関係を含む連結命題が、全体として埋め込みを伴う発話全体の真理条件に貢献するのである。

(7)の観察から、テ形構造は、連結されている節とその間の推論された関係からなる命題全体が談話のトピックに貢献するということがわかる。そして、この推論特性は、Ariel (2012)による英語のand連言文の二分的説明において、関係的ストラテジーが持つ特性と一致している。このことを確認するため、独立したテストとして、節の省略と添加の機能を持つ表現の挿入をテ形構造に適用してみよう。

2節で見たように、関係的推論と独立的推論はさまざまな現象において対照的な振る舞いを見せる。節の省略に関して言えば、関係的推論を伴う連言文は、節間の関係を含む連結命題全体が談話のトピックに貢献するため、節の1つが省略されると、談話の一貫性が保てなくなる。一方、独立的推論を伴う連言文は、個々の節が同じ談話のトピックに直接貢献するため、節の1つが省略されても、談話にほとんど影響しない。日本語の節連言文も英語のand連言文と同様の説明が可能であれば、関係的な推論特性を持つテ形構造は、節の省略が容認されないはずである。

(8) a. 東京都では石原都知事が無法なカラスに頭にきて、カラスを撃退するためのプロジェクトチームを発足させ

　　　　　ました。　　　　　　　　　　　　　　　　（＝（2a））
　　　b. ??東京都では石原都知事が無法なカラスに頭にきました。
（9）a.　彼女（マザー・テレサ）はこれだけ偉大なことをして
　　　　　いて、自分のことをちっとも偉大だとは思っていない。
　　　　　　　　　　　　　　　　　　　　　　　　（＝（6d））
　　　b. ??彼女はこれだけ偉大なことをしている。

　例えば、都知事の無茶ぶりを説明している（8a）の文脈において、テ形構造の後半節が省略された（8b）は容認されない*4。また、マザー・テレサがどれほど謙虚なのかが談話のトピックになっている（9a）の文脈においても、テ形構造の前半節のみの発話（9b）は容認されない。これは、テ形構造が節間の関係を含む連結命題全体として談話のトピックに貢献するにもかかわらず、節を省略することで、連結命題を形成することができなくなるためである。
　そして、添加の機能を持つ表現の挿入に関しても、日本語の節連言文は英語のand連言文と同様に説明することができる。2節で見たように、この場合も、関係的推論を伴う連言文は、連結命題全体が談話のトピックに貢献するため、添加を表す語句を節間に挿入することができない。しかし、独立的推論を伴う連言文は、個々の節が同じ談話のトピックに直接貢献するため、節間に添加を表す語句を挿入することができるのである。

（10）a.　おかあさんの声をさえぎるようにプーと大きくブザー
　　　　　が鳴って、電話は切れた。
　　　b. ??おかあさんの声をさえぎるようにプーと大きくブザー
　　　　　が鳴って、そのうえ電話は切れた。
（11）a.　船眼は「マタ・ノ・タタラ」と呼ばれていて、眼の構
　　　　　図に興味深い特徴がある。　　　　　　　　　（＝（6c））
　　　b. ??船眼は「マタ・ノ・タタラ」と呼ばれていて、そのう
　　　　　え眼の構図に興味深い特徴がある。

節間の時間的順序を伝達する（10a）の文脈において、「そのうえ」

という添加を表す語が挿入された（10b）はこの関係を伝達することができず、容認されない。また、（11a）のテ形構造は、並列的な関係を伝達することから、一見すると添加の機能を持つ表現と共起できるように思われるが、このような並列的なテ形構造でさえ、（11b）は語用論的に容認されない。テ形構造は節間の関係を含む連結命題全体として談話のトピックに貢献するが、添加の機能を持つ表現が挿入されることで個々の節が談話のトピックに直接貢献するような推論が行われるよう聞き手を方向づけるため、推論プロセスに矛盾が生じてしまうのである。

（8）–（11）のテストから、テ形構造は、この構造を構成する節とその間の関係からなる連結命題が全体として談話のトピックに貢献するという推論特性を持ち、その解釈に関係的推論が関わることが明らかになった。次節では、もう1つの日本語の節連言文の代表例として、シ構造を分析する。

3.2　シ構造

「Pシ、Q」という形式をとるシ構造は、「並列」の用法と「理由」の用法を持つとされる（前田（2005）、日本語記述文法研究会編（2008）他）。しかし、両用法に共通するその主要な機能は、証拠を与えることで何らかの想定を強化することにあると考えられる。まずは、それぞれの用法の具体例を見てみよう。

(12) a.　それまでに試したコイやカブトエビは水生生物で、生息条件が厳しかったんです。
　　　　水温が高いと働かないし、水がなくなったら死んでしまう。　　　　　　　　　　　　　　　　（＝(2b)）
　　b.　ただ、あんまり期待されちゃ困る。それに、彼女を探しだすことを引き受けるわけじゃないよ。
　　　　まだわからないことの方が多いし、とりあえず、この状況をどうにかできないものかどうか、当たってみるという程度だ。　　　　　　　　（『火車』p. 39）

「並列」の用法に分類される（12a）は、コメの無農薬栽培に取り組んできたある男性へのインタビューの一部で、田の雑草駆除のために現在の方法を確立するまで試してきたさまざまな方法がことごとく失敗に終わったと語っている場面である。このとき、シ構造の個々の節、すなわち、「水温が高いと働かない」と「水がなくなったら死んでしまう」は、「コイやカブトエビといった水生生物の生息条件は厳しい」という先行想定に別々の証拠を与えることで、この想定を強化している。つまり、1つ目の節も2つ目の節も、異なる推論の前提（premise）として機能することで、「水生生物の生息条件は厳しい」という共通の結論（conclusion）を導くのである。特に、2つ目の節は、1つ目の節に加えてさらなる証拠を与える点で、想定を強化する効果に関わっている。

一方、「理由」の用法に分類される（12b）は、ある刑事の発話で、遠戚の男性から行方がわからなくなった婚約者を見つけ出してほしいと依頼されたのに対し、この仕事に興味を持ちながらも、引き受けることをためらっているという状況である。（12b）のシ構造は、（12a）と異なり、どちらの節も別々の証拠として並行的な役割を果たすというわけではない。むしろ、1つ目の節である「まだわからないことの方が多い」は、推論の前提として機能することで、現時点で刑事にできることには限りがあるという結論を導き、2つ目の節「とりあえず、この状況をどうにかできないものかどうか、当たってみるという程度だ」は、1つ目の節から引き出された結論を明示的に表示することで、それを強化していると考えられる。

つまり、シ構造は、2つ目の節が個別のケースで果たす特定の役割に関係なく、「並列」の用法でも「理由」の用法でも、1つ目の節が証拠として与えた想定を2つ目の節が強化するということである*5。これは、シ構造の個々の節の命題が同じ談話のトピックに直接貢献するということを示唆し、この推論特性はAriel（2012）による英語のand連言文の二分的説明において、独立的ストラテジーが持つ特性と一致する。このことを確認するため、節の省略と追加の機能を持つ表現の挿入をシ構造にも適用してみよう。

2節で見たように、節が省略されるとき、関係的推論を伴う連言

文は、節間の関係を含む連結命題全体が談話のトピックに貢献するため、談話の一貫性が保てなくなる。一方、独立的推論を伴う連言文は、個々の節が同じ談話のトピックに直接貢献するため、節を省略しても談話にはほとんど影響しない。ここで、シ構造が独立的推論の特性を持つのであれば、節の省略は容認されるはずである。

(13) a. まだわからないことの方が多いし、とりあえず、この状況をどうにかできないものかどうか、当たってみるという程度だ。　　　　　　　　　　　　(= (12b))
　　　b. まだわからないことの方が多いんだ。

(13a) の文脈において、シ構造の後半節が省略されている (13b) は、もとのシ構造より想定を強化する効果が弱まるものの、(13a) のシ構造の1つ目の節と同じ結論を引き出すことが可能であり、「刑事はこの仕事を引き受けることをためらっている」という想定への証拠を与える。したがって、シ構造では、節を省略しても談話の一貫性が保持され、解釈に支障をきたすことはない。

　また、添加の機能を持つ表現の挿入に関しても、関係的推論を伴う連言文は、連結命題全体が談話のトピックに貢献するため、節間に挿入できないのに対し、独立的推論を伴う連言文は、個々の節が同じ談話のトピックに直接貢献するため、挿入することができるという対照性が見られた。ここでも、シ構造が独立的推論の特性を持つのであれば、添加を表す語句の挿入は容認されるはずである。

(14) a. 水温が高いと働かないし、水がなくなったら死んでしまう。　　　　　　　　　　　　　　　　　(= (2b))
　　　b. 水温が高いと働かないし、そのうえ水がなくなったら死んでしまう。

(14a) の文脈において、シ構造の節間に「そのうえ」という表現が挿入された (14b) は、1つ目の節で提示された証拠に加え、2つ目の節で新たに別の証拠が導入されることがより明確になるが、

もとのシ構造（14a）と同じように機能する。つまり、添加を表す語句の挿入は、シ構造の2つ目の節でさらなる証拠を与えていることを明示し、聞き手にとって想定を強化する効果が得られやすくなるが、解釈にはほとんど影響しないのである。

　(13)(14)のテストから、シ構造は、個々の節の命題が同じ談話のトピックに直接貢献するという推論特性を持ち、その解釈に独立的推論が関わることがわかる。次節では、テ形構造とシ構造の分析に基づき、日本語の節連言文の語用論的分類を示すとともに、その特徴を明らかにする。

3.3　日本語の節連言構造と推論パターンの相関関係

　ここまでの議論をまとめると、日本語の節連言文は、テ形構造の解釈に関係的推論が関わり、シ構造の解釈に独立的推論が関わる。つまり、これら2つの節連言構造の区別は推論パターンの区別に並行するのである。

　この分析の妥当性は、テ形構造とシ構造の交替可能性を観察することでより強固になる。

(15)a.　東京都では石原都知事が無法なカラスに頭にきて、カラスを撃退するためのプロジェクトチームを発足させました。　　　　　　　　　　　　　　　（＝(2a)）
　　b.??東京都では石原都知事が無法なカラスに頭にきたし、カラスを撃退するためのプロジェクトチームを発足させました。
(16)a.　船眼は「マタ・ノ・タタラ」と呼ばれていて、眼の構図に興味深い特徴がある。　　　　　　　（＝(6c)）
　　b.??船眼は「マタ・ノ・タタラ」と呼ばれているし、眼の構図に興味深い特徴がある。

(15)(16)はともに、テ形構造をシ構造に入れ替えたケースである。いずれも、テ形構造が使用されている文脈で、シ構造は容認されない。(15a)では因果関係の解釈が、(16a)では並列的な解釈

が得られるが、それぞれに対応する（15b）（16b）からは同様の解釈が得られない。

また、シ構造をテ形構造に入れ替えた場合も、シ構造が使用されている文脈で、テ形構造は容認されない。

(17)a. それまでに試したコイやカブトエビは水生生物で、生息条件が厳しかったんです。
水温が高いと働かないし、水がなくなったら死んでしまう。　　　　　　　　　　　　　　　　（＝(12a)）
b. ??水温が高いと働かなくて、水がなくなったら死んでしまう。

(18)a. ただ、あんまり期待されちゃ困る。それに、彼女を探しだすことを引き受けるわけじゃないよ。
まだわからないことの方が多いし、とりあえず、この状況をどうにかできないものかどうか、当たってみるという程度だ。　　　　　　　　　　（＝(12b)）
b. ??まだわからないことの方が多くて、とりあえず、この状況をどうにかできないものかどうか、当たってみるという程度だ。

(17a)の「並列」のシ構造は、「コイやカブトエビといった水生生物の生息条件は厳しい」という先行想定に対して別々の証拠を与え、この想定を強化していると理解されるが、対応するテ形構造(17b)は、この文脈において不自然に聞こえる。また、(18a)の「理由」のシ構造は、1つ目の節が推論の前提として機能し、そこから引き出された結論「現時点で刑事にできることには限りがある」を2つ目の節が明示的に表示することで、これを強化していると理解されるが、ここでも、対応するテ形構造(18b)は不自然である。

注目すべきは、因果関係や理由、さらには、単なる並列的な関係といったテ形構造とシ構造のどちらでも表しうるような関係でさえ、両者の交替は語用論的に容認されないということである。つまり、

テ形構造とシ構造は、発話解釈において利用される推論パターンが根本的に異なるのである。

　加えて、テ形構造が持つ関係的な推論特性とシ構造が持つ独立的な推論特性は、従属節に埋め込まれても基本的に維持される。2つの節連言構造の区別と推論パターンの区別に相関関係があることは、(19) からも確認できる。

(19) a. 昨日は友達が来たし、コンピュータが壊れた<u>ので</u>、何もできなかった。
　　　b. ??昨日は友達が来て、コンピュータが壊れた<u>ので</u>、何もできなかった。

ノデ節にシ構造が埋め込まれた (19a) は、シ構造の個々の節で描写された出来事が話し手の1日を台無しにしてしまったことへの別々の証拠として解釈される。一方、テ形構造が埋め込まれた (19b) は、テ形構造が節間の推論された関係を含む連結命題全体として談話のトピックに貢献するため、2つの出来事の間に時間的順序もしくは因果関係が読み込まれる。その結果、(19b) は、話し手が何もできなかったことへの別々の証拠を与えるという文脈に適合せず、容認されない。

　3.3節では、(15)–(19) で見たテ形構造とシ構造の交替可能性に基づき、これらの節連言構造の区別が、関係的か独立的かという推論パターンの区別と相関関係にあることを明らかにした。言い換えれば、関係的推論と独立的推論の区別は、日本語の節連言構造の解釈の境界を定める基準の1つになっているのである。次節では、本稿の議論全体をまとめ、日英語の節連言文の語用論的分類について共通点と相違点を示す。

4. 日英語の節連言文の共通点と相違点

　2節で概観した Ariel (2012) の二分的説明に基づくと、英語の and 連言文の解釈には関係的ストラテジーと独立的ストラテジーが

関わり、この推論パターンの区別がand連言文の主要な語用論的分類を構成する。また、3節で考察した日本語のテ形構造とシ構造の分布から、2つの節連言構造の区別と関係的推論・独立的推論の区別は並行し、推論パターンの区別が日本語の節連言構造の解釈の境界を定める基準の1つとなっていることがわかった。つまり、関係的か独立的かという推論パターンの区別は、日本語の節連言文にとっても重要な語用論的分類の1つであり、英語と日本語で共通するのである。

しかし、日英語の節連言文が共有するこの語用論的分類は、それぞれの言語において何を反映するのかという点で異なる。英語のand連言文は、統語的にも意味論的にも単一の構造として見なされ、関係的推論と独立的推論の区別は言語的に影響を与える特性ではない。2つの推論パターンに基づく語用論的分類は、あくまでも実際の発話解釈における、文脈に依存した語用論的ストラテジーの区別を反映する。他方、日本語では、推論パターンの区別が節連言構造の解釈の境界を定める基準の1つになっている。言い換えれば、関係的か独立的かという推論特性は、テ形構造とシ構造のそれぞれに意味論的特性として組み込まれているのである。したがって、2つの推論パターンに基づく語用論的分類は、節連言構造を特徴づける意味論レベルの区別を反映する。

以上から、日英語の節連言文の語用論的分類として、図1が得られる。

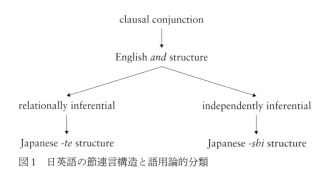

図1　日英語の節連言構造と語用論的分類

英語と日本語が類型論的に異なるにもかかわらず、両言語の節連言

体系が関係的推論と独立的推論の区別に基づく語用論的分類を共有するということは、これら2つの推論パターンの区別が通言語的に節連言文の基本的な語用論的分類であることを示唆する。もしこの方向性が正しければ、関係的推論と独立的推論の区別は、Ariel (2012) が主張するような単なる語用論的ストラテジーの区別にとどまらず、節連言文の解釈に貢献する、より根本的な特性として捉えなおすことができるのである。

5. 結語

本稿では、英語のand連言文に対応する日本語の代表例として、テ形構造とシ構造に焦点を当て、日英語の節連言文の語用論的分類における共通点と相違点を明らかにした。英語も日本語も、節連言文は、Ariel (2012) の二分的説明に一致して、関係的推論と独立的推論の区別に基づく語用論的分類を共有する。しかし、この語用論的分類は、それぞれの言語の節連言文の解釈において、どのような位置づけにあるのかという点で異なる。英語のand連言文では、実際の発話解釈における、文脈に依存した語用論的ストラテジーであるのに対し、日本語の節連言文では、テ形構造とシ構造の解釈の境界を定める基準として、節連言構造を特徴づける意味論特性の1つになる。そして、日英語の非常に限られた観察からではあるものの、この相違点は、関係的か独立的かという推論パターンの区別が節連言文の解釈に貢献する根本的な特性になり得ることを示している。

注
* 本稿は、2021年6月12日・13日にオンラインで開催された、関西言語学会第46回大会での口頭発表の内容に加筆・修正を施したものである。発表の構成にあたり、吉村あき子先生から有益なコメントを多数いただいた。また、発表内容について、上田功先生、西田光一先生から貴重なご質問・コメントを頂戴した。ここに記して感謝申し上げる。

*1　二重括弧内は、解釈を助けるため、実際の発話にArielが挿入した語である。
*2　テ形構造が節間の様々な関係を伝達することは、仁田（1995）、日本語記述文法研究会編（2008）、三原（2011）、益岡（2014）他で述べられているが、これらの関係が推論によって引き出されることを示したものはほとんどない。この点に関しては、Hasegawa（1996b）、Nagatsuji（2021: 65–94）を参照されたい。
*3　(6a)のテ形構造には時間的順序の関係を明示する「それから」という語が共起している。しかし、この表現が含まれていない（i）のテ形構造でも、その解釈は（6a）とほとんど変わらない。

(i) おかあさんの声をさえぎるようにプーと大きくブザーが鳴って、電話は切れた。

もとのテ形構造（6a）と同様、（i）は時間的順序の関係を伝達する。このことから、（6a）における時間的順序の解釈は、「それから」という語の使用に起因するものではないことがわかる。
*4　西田（2023: 150）が指摘するように、(8b)が語用論的に容認されないのは、石原都知事という有名な人物がトピックになっており、この情報だけでは知事についてのニュースにならないという理由によるのかもしれない。しかし、ここで注目したいのは、3.2節のシ構造に関する分析でも見るように、節を省略したとき、当該文脈で、もとの節連言構造と同様の機能を果たすことができるかという点である。確かに、(8b)には文法上の欠陥がなく、(8a)のテ形構造の節を分離して（i）のように2つの文を並立させても、ややぎこちないながら、もとのテ形構造と同じように因果関係の解釈が得られる。

(i) 東京都では石原都知事が無法なカラスに頭にきました。カラスを撃退するためのプロジェクトチームを発足させました。　　　　　　　　　(ibid.)

紙幅の関係上、本稿では扱えないが、テ形構造に関わる談話の一貫性の問題については、（i）のような並立文（juxtaposed sentences）も含め、別稿に譲りたい。
*5　シ構造における「並列」の用法と「理由」の用法は、連続的でどちらの解釈も可能なケースがあり、必ずしも明確に区別できるわけではないことから、語用論的である。詳細は、Nagatsuji（2021: 117–120）を参照されたい。

参考文献
Ariel, Mira (2012) Relational and Independent *and* Conjunctions. *Lingua* 122: 1692–1715.
Blakemore, Diane (1987) *Semantic Constraints on Relevance*. Oxford: Blackwell.
Blakemore, Diane and Robyn Carston (2005) The Pragmatics of Sentential Coordination with *and*. *Lingua* 115: 569–589.

Carston, Robyn (2002) *Thoughts and Utterances: The Pragmatics of Explicit Communication*. Oxford: Blackwell.

Grice, H. Paul (1967) Logic and Conversation. William James Lectures, Harvard University. (Reprinted in Grice (1989).)

Grice, H. Paul (1975) Logic and Conversation. In Peter Cole and Jerry Morgan (eds.) *Syntax and Semantics 3: Speech Acts*: 41–58. New York: Academic Press. (Reprinted in Grice (1989).)

Grice, H. Paul (1989) *Studies in the Way of Words*. Cambridge, MA: Harvard University Press.

Hasegawa, Yoko (1996a) *A Study of Japanese Clause Linkage: The Connective TE in Japanese*. Stanford, CA: CSLI Publications and Tokyo: Kurosio Publishers.

Hasegawa, Yoko (1996b) The (Nonvacuous) Semantics of TE-Linkage in Japanese. *Journal of Pragmatics* 25: 763–790.

Haspelmath, Martin (2004) Coordinating Constructions: An Overview. In Martin Haspelmath (ed.) *Coordinating Constructions*, 3–39. Amsterdam: John Benjamins.

前田直子（2005）「現代日本語における接続助詞「し」の意味・用法―並列と理由の用法を中心に」『人文』4: 131–144. 学習院大学人文科学研究所.

益岡隆志（2014）「日本語の中立形接続とテ形接続の競合と共存」益岡隆志・大島資生・橋本修・堀江薫・前田直子・丸山岳彦編『日本語複文構文の研究』521–542. ひつじ書房.

三原健一（2011）「テ形節の意味類型」『日本語・日本文化研究』21: 1–12. 大阪大学.

Nagatsuji, Miyuki (2021) *The Pragmatics of Clausal Conjunction*. Tokyo: Hituzi Syobo.

中俣尚己（2009）『日本語並列表現の体系と記述』博士論文. 大阪府立大学.

日本語記述文法研究会編（2008）『現代日本語文法6―第11部　複文』くろしお出版.

西田光一（2023）「Miyuki Nagatsuji, *The Pragmatics of Clausal Conjunction* (Hituzi Linguistics in English No. 33), 2021, Tokyo: Hituzi Syobo, xii + 160p., ISBN 978–4–8234–1069–7」『語用論研究』24: 146–156. 日本語用論学会.

仁田義雄（1995）「シテ形接続をめぐって」仁田義雄編『複文の研究（上）』87–126. くろしお出版.

Ohori, Toshio (2004) Coordination in Mentalese. In Martin Haspelmath (ed.) *Coordinating Constructions*, 41–66. Amsterdam: John Benjamins.

Sperber, Dan and Deirdre Wilson (1986/1995[2]) *Relevance: Communication and Cognition*. Oxford: Blackwell.

寺村秀夫（1984）「並列的接続とその影の統括命題―モ、シ、シカモの場合」『日本語学』3 (8). （寺村秀夫（1992）『寺村秀夫論文集I―日本語文法編』337–347. くろしお出版に再録.）

用例出典
宮部みゆき(1998)『火車』新潮社.
茂木健一郎・NHK「プロフェッショナル」制作班編(2008)『プロフェッショナル 仕事の流儀―失敗の数だけ、人生は楽しい』日本放送出版協会.

コーパス
国立国語研究所コーパス開発センター(2011)「現代日本語書き言葉均衡コーパス」(The Balanced Corpus of Contemporary Written Japanese; BCCWJ).

VI

英語教育・外国語教育

A Study on the Current Situation of English Picture Book Teaching in Elementary School

ZHOU Lin

1. Introduction

Picture books refer to children's books with illustrations accompanied by text, presenting stories or teaching content. Picture books are a form of children's literature that can cover a wide range of genres (Young, Bryan, Jacobs and Tunnell (2019)), and they are beloved reading materials for children.

Researches indicate that reading English picture books is a beneficial way to promote children's foreign language acquisition and holistic development.

Firstly, Pictures can draw students' attention, and stimulate their imagination and reading interest (Zhou and Xiong (2018)).

Secondly, English picture books can contribute to students' language development with authentic language and repetition of language knowledge that students need to learn. Incorporating picture books into instructional materials not only stimulates students' curiosity but also greatly enhances vocabulary and grammar learning (Niblack (1995)). Most English picture book reading series include exercises for phonics training and reading skill development for the initial stage. Picture books are highly suitable for training reading comprehension strategies (Al Khaiyali (2014)).

Thirdly, picture books of various genres, contents, and difficulties can meet children's reading needs, aiding in forming their independent reading habits (Wang and Tuya (2017), Zhou et al. (2018)).

Fourthly, reading picture books promotes children's thinking skill. The elementary stage is the initial phase of children's formation of abstract thinking abilities. Picture books visualize abstract concepts, train children's logical thinking abilities through interesting illustrations and stories, promote the development of their visual thinking and creative thinking. Picture book stories can assist children in forming many new thinking ways (Zambo (2011)).

Fifthly, picture books aid students in understanding society (Farris and Fuhler (1994)). Original English picture books contain lots of information about the customs, habits, and cultural knowledge of English-speaking countries, helping children to learn the cultures of English-speaking and cultivate their cultural awareness.

Picture book reading conforms to the psychological characteristics and language learning laws of elementary school students, which is a good way to develop children's language abilities (Zhou and Xiong (2018)). This paper will introduce the teaching of English picture books in elementary school in China, illustrate how picture books teaching improves Children's language development, fosters children's thinking skills, and enriches their emotional experiences; analyze the problems and causes of picture book teaching in elementary schools. Finally, corresponding suggestions will be proposed to address these issues.

2. The Development of English Picture Book Teaching in China

English picture book teaching in elementary schools in China primarily originated and evolved from research projects in universities funded by the Ministry of Education. These projects focused on English teaching reforms and enhancing students' English reading abilities. In 2007, a research team from Beijing Foreign Studies University chose *Good English Series*, which comprises selections from the Oxford Reading Tree accompanied by recordings and Chinese annotations. *Pandeng (Climbing meaning in Chinese) English Reading Series* for children aged 5–12 is one of research project outcomes by a research team from Beijing Normal University. These English picture books served as experimental teaching materials and were utilized in experimental schools nationwide. Starting in 2012, another research team from Beijing Normal University led the project of *Standards for Graded English Reading Systems for Chinese Primary and Secondary School Students*, thereby popularizing elementary English picture book instruction in China.

Publishing houses provide diverse resources for elementary English picture book instruction. China Youth Publishing Group has published *Good English Series*. Beijing Normal University Publishing Group has published *Pandeng English Reading Series*. Foreign Language Teaching and Research Press has published various English picture book reading series. Moreover, the internet further enriches resources for English picture book instruction.

Academic research has advanced the elementary English picture book instruction. The publication of *Standards for Graded English Reading Systems for Chinese Primary and Secondary School Students* by Wang Qiang and Chen Zehang in 2016 has facilitated systematic and rational instruction in this field. Wang et al. (2017) have elaborated on the significance, theoretical foundation, and methods of elementary English picture book reading instruction. Various teacher training programs, academic conferences, and research papers related to elementary English picture books instruction have enhanced in-service teachers' understanding of the theory and methods involved in teaching and learning English through picture books.

The teaching of English picture books in primary schools in China has made significant progress but is still in its initial stages and exploration phase. Wu and Wu (2016) conducted a survey on the current situation of English picture book teaching in primary school classrooms in Hainan Province. The results showed that 74.7% of teachers consider the greatest difficulties to be the constraints are students'

English proficiency and classroom time. Yang (2017) investigated English picture book reading instruction for lower-grade primary school students in Yichun City, Hubei province and found problems related to selecting picture books, teaching methods, and fostering students' English reading habits. Zhang (2016) pointed out that elementary English teachers in Beijing lack the theoretical foundation and methods for picture book instruction. Zhou et al. (2018) conducted a survey on the current state of picture book instruction in eighteen primary schools in Beijing. The findings revealed a deficiency in systematic planning for utilizing picture book resources, constrained English class hours, and inadequate proficiency among teachers in text interpretation.

3. Cases of English Picture Book Teaching in Elementary Schools in Beijing

To investigate the implementation of English picture book teaching in primary schools, we conducted classroom observations and teaching design analyses in several primary schools in Beijing. In the following section, we will present several illustrative teaching cases of English picture book teaching in primary schools.

3.1 Developing Children's Language

Children learning phonetic spelling rules through reading picture books in a joyful atmosphere. Ms. Zhou used the picture book *Frank the Rat* to help first-grade students perceive the name and sound of the letter *a*. In the warming-up stage, she made the use of the word *ant*, which the students had learned previously, to help them distinguish between letter name and letter sound. Then, she demonstrated how to pronounce and spell the word *rat* and the rat's name *Frank*. Together with the students, they read the text from the picture book, such as *Frank the rat is in a bag. Frank the rat is in a hat. Frank the rat is in a pan*. *Frank is on an apple. Frank the rat is on a bat. Frank the rat is on a cat.* She helped students practice spelling while reading. After reading the story, students were asked to classify the given words including *rat, hat, pan, ran, fat, man, map, bag, nap, mad, gap, cap, ham* and so on. She guided them sort the words according to foot rhymes -*at*, -*ap*, -*an*, to reinforce spelling practice and train their thinking skills.

Picture book reading helps students learn function words. Ms. Liu selected the picture book *Where is Spot?* for her third-grade students when they study *Unit 4 Where is my shirt?* in English textbook. This unit focuses on learning positional prepositions, which can be somewhat challenging for children to understand. The vocabulary in the picture book includes prepositional phrases such as *behind the door, inside the clock, in the piano, under the stairs, in the closet, under the bed, in the box*, etc. Through the story of a mother dog searching for her playful puppy, students can further understand and learn positional prepositions.

3.2 Developing Learning Strategies and Thinking Skill

Picture book stories can assist children in forming many new thinking ways (Zambo (2011)). Ms. Pan and her fourth-grade students explored the non-fiction picture book *Robots* together, emphasizing the development of students' learning strategies and critical thinking through three stages: pre-reading, during reading, and post-reading. In the pre-reading stage, the teacher guided students to observe the cover of the English picture book, asked them to look at the table of contents and predict the content of the story. The teacher also posed questions regarding the main content of the picture book and introduced an incomplete mind map, addressing the definition of robots, their appearance, internal structure, and functions. During the reading stage, the teacher had students read, analyze the content, summarize information, and independently find answers to these four aspects to complete the mind map. In the post-reading stage, the teacher guided students to discuss twelve different types of robots and had students classify the robots based on their functions, in order to train students' thinking skills. The homework assignment involved students designing their own robots with the consideration of the appearance, structure, and functions of robots, aiming to foster their innovative thinking.

Each stage of this non-fiction picture book reading requires students to fully engage in active thinking. Students can develop thinking skills through discussions. Utilizing the story map model helps students understand structure, predict main content, identify important information, and summarize, which also contributes to cultivating students' reading strategies.

3.3 Cultivating Collaborative Learning and Humanistic Values

Picture book reading is a beneficial way for both physical and mental development. Ms. Lin employed the Jigsaw Reading method (cooperative reading) to tackle the challenges posed by lengthy texts and difficult levels. The non-fiction English picture book *Africa's Big Three* explores three large animals living in Africa: elephants, rhinos, and hippos. Ms. Lin divided the class into groups twice, allowing students to learn English through group cooperation. In the first step, within the respective groups, students were asked to choose one animal they were interested in and independently read the relevant passages from the text. They then completed work sheets in mind map forms, answering questions about the lifespan, diet, habitat, and characteristics of elephants or rhinos or hippos. After that, they presented their findings to their group for the first time. In the second step, Ms. Lin regrouped the students based on their chosen animals, forming new groups with members who had read about the same animal. These groups were designated as the Elephant Group, Rhino Group, and Hippo Group. Students within each group discussed, summarized, and organized information regarding the appearance, habits, and living environments of elephants, rhinos, and hippos. In the third step, students returned to their original groups and shared the knowledge they had acquired about elephants, rhinos, and hippos with their group members for the second time. In the fourth step, Ms. Lin had students watch a video and engage in group discussions, contemplating the following questions: *What should we do? What do you think of the environment? Do you have any advice and give your reasons?* This activity aimed to prompt students to reflect on the factors driving the decline in animal populations and the threats they face, thereby fostering their awareness of the importance of animal conservation.

3.4 Enriching Emotional Experiences

Characters and events in picture books often evoke experiences from children's own lives (Kiefer (1986)). Ms. Li chose *It's Not Easy to be a Mother.* for her fifth-grade students. The story is about a young girl and her mother who exchange roles for a day. The girl in the story experiences a day in the life of the mother, and gets to understand the struggles and challenges her mother faces.

Before reading, Ms. Li guided students to examine the cover, fostering their understanding of books by identifying elements such as the title, author, and illustrator. This process helped students predict the book's content and sparked their interest. During the reading, Ms. Li allocated ample time for students to interact with the text, designing diverse reading tasks and questions at different levels. In this way, she encouraged students to explore both the illustrations and the text, leading to a deeper understanding of the story's themes and values. In the post-reading discussion, Ms. Li posed open-ended questions such as *Who is not easy in your family? Why?* to make students connect the events of the picture book with their own lives, and to encourage students to think critically about the story. By reflecting on the mother's feelings in the story, students could get a better understanding of the challenges their own parents may face.

During the final step of the writing activity, the teacher assigned students a task of writing letters to express love and understand to their parents. This activity aimed to help students establish connections between the text and their own lives, deepening their understanding and love for their parents.

4. The Problems of English Picture Books Teaching and Their Causes Analysis

To make an understanding the problems and the causes of English picture books teaching, Zhou et al. (2019) interviewed eight educational coaches from six districts in Beijing, who are responsible for providing feedback, advice, and resources to in-service teachers to help them perform better in the classroom, and found the results as follows:

First, limited class time is one of the problems for carrying out the picture book teaching. Due to the limited time allocated for English instruction, many teachers find it challenging to incorporate picture book teaching into their curriculum.

Second, difficulties in selecting picture books are another problem, caused by three main reasons: insufficient or lacking resources of picture books, imbalances between students' cognitive abilities and their English language proficiency, and lack of assessing criteria for selecting picture books. Teachers often rely on English textbooks and language knowledge as criteria for choosing picture books, which makes it difficult to find books suitable for students of varying language levels.

Third, need for improvement in teachers' theories and methods of picture book teaching, which is manifested in following three aspects. First, teachers lack a sufficient understanding of the relationship between phonics and reading ability. Second, some teachers focus excessively on teaching vocabulary and sentences in the text, neglecting the overall comprehension of the picture book while others emphasize the educational value of picture books but overlook language learning.

Third, teachers struggle to flexibly apply different teaching methods to various picture books, which affects teaching effectiveness. Overall, picture books have yet to fully leverage their advantages in English teaching.

5. Suggestions for English Picture Book Teaching

Regarding the questions mentioned above, we propose the following corresponding suggestions, drawing from the experience of picture book teaching for English Language Learners in the United States.

5.1 Increasing Students' Reading Volume

Given the problem of limited class time, we recommend that teachers utilize extracurricular reading to increase students' reading volume. Good readers acquire knowledge through reading and continuously improve their reading proficiency through extensive reading (Fountas and Pinnell (2015)). Within the limited class time, teachers can introduce a particular picture book for a couple of minutes to capture student interest. Teachers can also design work sheets for students to complete picture book readings outside of class, gradually fostering good reading habits. Additionally, teachers can also focus on demonstrating simple reading strategies and encourage students to practice them in extracurricular reading.

5.2 Selecting Picture Books

To address the problems related to the difficulty in selecting picture books, our suggestions are as follows.

First, regarding the issue of limited picture book resources, teachers can utilize online resources for picture books, request funding from the school for purchasing picture books, and encourage parents and older students to donate picture books to enrich classroom reading corner.

Second, to handle the imbalance between students' cognitive abilities and English language proficiency when selecting picture books, teachers can refer to *Graded Reading Standards for Chinese Primary and Middle School Students' English* (experimental draft) developed by Wang Qiang and Chen Zehang in 2016, which allows teachers to choose books suitable for students at different proficiency levels.

Third, to address the lack of proper assessment tools for accurately selecting picture books, teachers can make use of reading assessment tools from abroad. Furthermore, we should make efforts to establish a diversified reading assessment system for our students.

5.3 Enhancing Teaching Theory and Skills

A common issue is that teachers often lack theories and methods for teaching with picture books, especially in areas such as integrating phonics instruction with picture book reading, providing accurate and in-depth text interpretation, and applying flexible teaching methods tailored to different picture books. It's typical for teachers who are new to incorporating picture books into their teaching to experience these challenges. Teaching is a process that involves integrating theory with practice, continually summarizing experiences, and discovering the most effective methods for both teachers and students. However, we will discuss some of the challenges that teachers may encounter when conducting picture book readings in class.

Phonics Instruction

Phonics instruction is primarily a skills-based teaching method. Picture books which are mainly aimed at phonics skill training by using engaging visuals, help students learn phonetic patterns, develop word recognition abilities, and improve reading fluency. For non-native English speakers, repeated listening, reading aloud, and pattern recognition aid in language development and cognitive training.

Text Interpretation

Text interpretation is a crucial aspect of picture book teaching. Zhang and Wang (2016) identified five dimensions of text interpretation, namely theme, content, language, style, and author. Chen and Yan (2018) proposed three key perspectives for text interpretation: *what the text is about, why the author wrote it*, and *how the author expressed it*. According to the three lines, they also gave suggestions of six steps of text analysis: *catching the main idea, uncovering the meaning behind the details, capturing the context, associating frequently, filling gaps, and asking questions*. Hou (2018) suggests interpreting texts from several dimensions including language, meaning, thinking, and humanities.

Flexible Teaching Methods Application

Depending on the teaching objectives, different teaching methods with picture books can be employed. Wang and Tuya (2017) introduced the teaching mode and teaching steps of Picture Tour, Jigsaw Reading, Story Maps, Sustained Silent Reading, Reading Circle. Teachers often utilize the method of Picture Walk to young elementary school students, prompting questions based on illustrations in picture books to guide students' predicting, reading and thinking, and to enhance their reading comprehension. Teachers can also encourage student participation and classroom discussion by using vocabulary, key phrases, and functional sentences from the picture book. Jigsaw Reading requires students to interact in groups by reading different parts of the same story and then integrating and sharing their findings. Reading Circle requires students in group to undertake diverse roles and fulfill different tasks related the picture book reading. Both methods of Jigsaw Reading and Reading Circle contribute to foster student autonomy and collaborative learning. Story Maps actually is not a method but a reading activity which assists students in summarizing the structure of reading material and extracting key information of it. Sustained Silent

Reading is a form of independent reading that helps students develop reading habits and increase the volume of their reading. Moreover, Neal and Moore (1991) advocate that teachers can use picture books to teach different content and skills to various learners.

Standardization of Teaching Procedures

Implementing a procedural teaching can enhance the effectiveness of picture book teaching whereby the organization and arrangement of classroom instruction follow a fixed pattern. Students know what to do first upon receiving a picture book, and then proceed with their tasks, thus saving time on explanation, guidance, and activity coordination. Fountas and Pinnell (2015) have summarized twelve reading instructional strategies based on years of research and teaching experience, providing detailed sets of questions for each reading strategy. Teachers can refer to and apply these strategies in their own classroom instruction.

Given the educational value of picture books for children's reading and their significant role in English language teaching, picture books have gradually become one of the language teaching materials in primary school English learning. How to help students acquire English language knowledge, learn interdisciplinary content, develop positive emotions, and enhance thinking skill through picture book reading is a topic for researchers, educators, and parents to continue exploring.

References

Al Tiyb Al Khaiyali, S. A. Tiyb (2014) ESL Elementary Teachers' Use of Children's Picture Books to Initiate Explicit Instruction of Reading Comprehension Strategies. *English Language Teaching* 7 (2): 90–102.

Chen Zehang and Chibing Yan (2018) Xiaoxue Yingyu Huiben Wenben Jiedu Yu Jiaoxue Sheji [Text Interpretation and Instructional Design of Elementary School English Picture Book]. *English Language Learning* 3: 38–43.

Farris, Pamela J. and Carol J. Fuhler (1994) Developing Social Studies Concepts Through Picture Books. *The Reading Teacher* 47 (5): 380–387.

Fountas, Irene and Guy Sue Pinnell (2015) *Guided Reading: Responsive Teaching Across the Grades* (2nd ed.). Portsmouth, NH: Heinemann.

Hou Yunjie (2018) Yingyu Yuedu Jiaoxue Zhong Wenben Jiedu De Yiyi Fangfa He Wenti [The Significance, Methods and Issues of Text Interpretation in English Reading Instruction]. *English Language Learning* (11): 11–16.

Kiefer, Barbara Z. (1986) The Child and the Picture Book: Creating Live Circuits. *Children's Literature Association Quarterly* 11 (2): 63–68.

Neal, Judith C. and Kay Moore (1991) "The Very Hungry Caterpillar" Meets "Beowulf" in Secondary Classrooms. *Journal of Reading* 35 (4): 290–296.

Niblack, A. Rita (1995) Art Criticism: A Whole Language Approach to Art. *Art Criticism* 4: 18–21.

Wang Qiang and Tuya (2017) Zhongxiexue Yingyu Huiben Jiaoxue De Tujing He Fangfa [Approaches and Methods for Teaching English Picture Books in Elementary and Middle Schools]. *Curriculum, Teaching Material and Method* 4: 68–73.

Wang Qiang, Tuya and Shaoxi Luo (2017) Xiaoxue Yingyu Fenji Yuedu Jiaoxue: Yiyi Neihan Tujing [Elementary School English Graded Reading Instruction: Significance, Content, and Approaches]. Beijing: Foreign Language Teaching and Research Press.

Wang Qiang and Zehang Chen (2016) Zhongguo Zhongxiaoxuesheng Yingyu Fenji Yuedu Biaozhun [Chinese Elementary and Middle School English Graded Reading Standards]. Beijing: Foreign Language Teaching and Research Press.

Wu Yanman and Yanhui Wu (2016) Hainansheng Xiaoxue Yingyu Huiben Jiaoxue Xianzhuang Diaocha Ji Gaijin Duice Yanjiu [A Study on the Current State and Improvement Strategies of English Picture Book Teaching in Hainan Province Elementary Schools]. *English Teachers* 3: 33–42.

Yang Liu (2017) Duoyuan Zhineng Lilun Zhidao Xia De Xiaoxue Dinianji Xiaoxue Yingyu Huiben Jiaoxue Yanjiu [English Picture Book Reading Instruction in Lower Elementary Grades Guided by Multiple Intelligences Theory]. *Journal of Yichun College* 5: 122–125.

Young, Terrell, Gregory Bryan, James S. Jacobs and Michael O. Tunnell (2019) *Children's Literature Briefly*. 7th Edition. Columbus, OH: Pearson.

Zambo, Debby (2011) Using the Picture Book Thank You, Mr. Falker to Understand Struggling Readers. *Journal of Adolescent and Adult Literacy* 48 (6): 502–512.

Zhang Qiuhui and Qiang Wang (2016) Qianxi Wenben Jiexi De Wuge Jiaodu [Exploring Five Perspectives of Text Analysis]. *Foreign Language Teaching in Schools* 11: 11–16.

Zhang Min (2016) Xiaoxue Yingyu Huiben Jiaoxue Cunzai De Wenti Ji Jiejue Celve [Issues and Solutions in Elementary School English Picture Book

Teaching]. *Journal of Beijing Institute of Education* 5: 80–84.

Zhou Lin and Yanyan Xiong (2018) Dui Ruhe Xuanze He Shiyong Xiaoxue Yingyu Huiben Dcee Sikao [Reflections on Selecting and Using Elementary School English Picture Books]. *English Language Learning* 5: 5–9.

Zhou Lin, Yanyan Xiong and Dan Wang (2018) Xueke Yuren Shiajiao Xia De Xiaoxue Yingyu Huiben Jiaoxue [Elementary School English Picture Book Teaching from the Perspective of Educational Values]. *English Language Learning* 6: 12–15.

Zhou Lin, Qiuying Wang and Yanyan Xiong (2019) Xiaoxue Yingyu Huiben Jiaoxue De Xianzhuang He Zhanwang [The Current Situation and Future Prospects of English Picture Book Teaching in Elementary School]. *English Language Learning* 11: 7–12.

Picture Books

Hill, Eric (1980) *Where's Spot?* London, UK: Frederick Warne & Co.

Scott, Jonathan and Angela Scott (2016) *Africa's Big Three.* from *Big Cat Series.* Beijing: Foreign Language Teaching and Research Press.

Tuchman, Gail (2015) *Robots.* New York: Scholastic.

Wang Wenjing (ed.) (2016) *Frank the Rat.* from *Pandeng English Reading Series.* Beijing: Beijing Normal University Publishing Group.

Wang Wenjing (ed.) (2016) *It's Not Easy to Be a Mother.* from *Pandeng English Reading Series.* Beijing: Beijing Normal University Publishing Group.

「〜ている」構文に相当する英語の表現
テンス・アスペクト・モダリティの指導における留意点

高岡朱美

1. はじめに

　日本語の「〜ている」という表現は、高等学校の英語の授業では、現在分詞の修飾用法や、現在進行形を学習する際によく使われる。また辞書や教科書では、状態動詞の単純現在形と現在完了形の訳例としてや、英訳の問題文にも出てくる。例えば、『ジーニアス英和辞典［第6版］』の live の項の用例と訳例を見ると、次のようにある。

(1) a.　I live in Tokyo.
　　　　（私は東京に住んでいる）
　　b.　I am living in Tokyo.
　　　　（今は東京に住んでいる）
　　c.　We've lived [We have been living] in London since last May.
　　　　（昨年の5月からロンドンに住んでいる）

　　　　　　　　（『ジーニアス英和辞典』［第6版］: 1217. 下線は筆者＊1)

　訳例の「住んでいる」の部分が、英語では単純現在形・現在進行形・現在完了形、現在完了進行形の4種類の形で表現されている。(1a) と (1b) の表現の使い分けは、授業でも説明することが多いだろう。しかし、(1a) と (1c) はどうだろうか。37人の大学生に、文中の括弧内の動詞の形式を変えて、日本語で示された意味の英文を完成させる調査を行った＊2。その中で「私の父は40年間大阪に住んでいる。」という意味の英文として、次のように解答した学生が、13人いた。

(2) *My father lives in Osaka for forty years.

　同じ調査で、「その時計は止まっているよ。」という文では、(3a) と解答したのが 9 人で、6 人が (3b) のように解答した。

(3) a.　The clock stops.
　　b.　The clock is stopping.

(3) の 2 つの文は、文法的には間違いではないが、どれも元の日本語文の意味には相当しない。意外に「〜ている」という表現は、英語にする際、動詞をどういう形にするべきか学習者には理解しにくいようだ。この稿では、まず、主として髙嶋 (2019) や髙見・久野 (2006) を参考に、日本語の「〜ている」と、その丁寧表現にあたる「〜ています」を使った表現の、意味の広汎性や曖昧性に言及する。次に日本語と英語のテンス・アスペクト表現の違いを再確認し、今後の教室での指導で配慮すべき点について考えたい。

2. 「〜ている」に相当する英語の表現の多様性

　髙嶋 (2019: 103–105) は、日本語の「〜ている」の意味・用法を、次のように 6 つに分類し、それぞれ英語ではどう表現されるかを述べて、(4)–(9) の例文を示している。

　　　6 つの分類　　　英語の表現
① 「進行・継続」：現在（完了）進行形
② 「結果の状態」：形容詞や過去分詞、現在完了形
③ 「習慣・反復」：現在形
④ 「経歴・経験」：現在完了形や過去形
⑤ 「完了」　　　：現在完了形
⑥ 「属性・状態」：状態動詞や形容詞

(4) My father is watching TV.

(父はテレビを見ています)　　　　　①「進行・継続」
(5) a.　The clock is broken./ The clock has been broken.
　　　　(その時計は壊れています)　　　②「結果の状態」
　　b.　This bird is dead.
　　　　(この鳥は死んでいます)　　　　②「結果の状態」
(6) I read books every night before I go to bed.
　　(毎晩、私は寝る前に本を読んでいます)　③「習慣・反復」
(7) a.　I have read the book before.
　　　　(私は以前その本を読んでいます)　④「経歴・経験」
　　b.　I read the book in 2012.
　　　　(私は2012年にその本を読んでいます)　④「経歴・経験」
(8) I have already read the book.
　　(私はその本をもうすでに読んでいます)　⑤「完了」
(9) The lion's teeth are sharp.
　　(ライオンの歯はとがっています)　　　⑥「属性・状態」

（高嶋（2019: 103–105））

　以上の5種類のテンスやアスペクトの組み合わせ以外にも、さらに表現の可能性がある。ピーターセン（2010: 53–54）は、日本人が間違いやすい例として、(10)–(12)のa.の文を挙げ、正しくはb.のように表現すべきだと述べている。

(10) a.　* I am waiting for you forever.
　　　b.　I will wait for you forever.
　　　　　(君をいつまでも待っている)
(11) a.　* Yesterday, when I am waiting for you, I fell asleep on the couch.
　　　b.　Yesterday, when I was waiting for you, I fell asleep on the couch.
　　　　　(きのう、君を待っている時、カウチで寝てしまった)
(12) a.　* Tomorrow, I am waiting for you at my house.
　　　b.　Tomorrow, I will be waiting for you at my house.

　　　　　（あした、家で君を待っている）
　　　　　　　　　　　　　　　（ピーターセン（2010: 53–54））

　モダリティのwillをともなったものと、従属節の中の過去進行形の例である。また高校生の参考書である大西・マクベイ（2017: 85–86）には、次のような用例とその訳例がある。

(13) My mother has been shopping all day.
　　　（母は一日中、買い物をしているんです）
(14) I will have finished my homework by ten.
　　　（私は10時までには宿題を終わらせていますよ）
(15) We will have arrived at the station by six-thirty.
　　　（私たちは6時半までには駅に着いていますよ）
　　　　　　　　　　　　　　（大西・マクベイ（2017: 85–86））

　ここまでに出てきた表現を学校文法の用語でまとめると、「〜ている」のついた動詞句は、次の9種類の英語のテンスやアスペクト、モダリティの組み合わせで表現される可能性があることになる。

現在時制：　　単純現在形（受動態やbe＋形容詞も含む）
　　　　　　　現在進行形
　　　　　　　現在完了形（経験/完了/結果/継続）
　　　　　　　現在完了進行形
過去時制：　　単純過去形　　過去進行形
未来を表す表現：単純未来　　未来進行形　　未来完了形

　(5a) の1つめの文のbrokenは、形容詞化しているとも考えられるが、この文は遂行結果を表わす動詞の受動態とも考えられる。Swan (2016: 66) には、遂行結果を表わす動詞の受動態は、動作そのものと、結果の状態の2つの解釈ができることが書かれている。また英語の現在完了形はふつう、明確に終わった過去の特定の時点を示す表現と、一緒に用いられることがないことから、(7b) のよ

うに、過去形が用いられることはよく知られている。

　以上、「〜ている」表現に相当する英語表現の多様性を見てきたが、このことは、「〜ている」構文の意味領域が、「進行相」にとどまらず、複数のテンス・アスペクトやモダリティ表現にわたっていることを示している。次に、高見・久野（2006）の分析から、この構文の解釈の判断基準について、あらためて確認する。

3. 高見・久野（2006）の分析

　高見・久野（2006: 100-127）は、「〜ている」構文は大きく分けて、「動作継続」と、過去に起こった変化事象の後に生じた結果状態が現在まで続いている「結果継続」の2つを表すとする。またその派生的意味として「単なる状態」、「反復性」、「パーフェクト性」も表現できることも確認し、合わせて5つの意味解釈を認めている。

　「単なる状態」とは、過去のある動作・作用は実際に観察できなくても、それによって生じた結果・状態の継続を、実際に観察できる状態なので「結果継続」である。「反復性」は、過去に始めた断続的動作が連続しているので「動作継続」、「パーフェクト性」は、過去の出来事（経験）の結果・効力・影響が現在にまで及んでいるので、「結果継続」である。この高見・久野の意味領域の分類は、「パーフェクト性」が「経歴・経験」や「完了」も含み、また「反復性」には、「習慣」も含むと考えられるので、用語は違うが高嶋（2019）と、ほぼ同じと考えてよいだろう。

　高見・久野は、5つの意味解釈に共通項として存在する「〜ている」形の表す意味を次のように規定している。

(16)「〜ている」形は、ある動作・作用・あるいはその後に生じる結果状態が、「〜ている」形が指し示す時点において、進行し、連続（継続）していることを表す。

（高見・久野（2006: 127））

そして「〜ている」構文の「動作継続」か「結果継続」かの解釈に課される意味的・機能的制約として、次の仮説を述べている。

(17) 動詞が、主体のある動作・作用を表わし、その過程・経過を話し手が発話の時点で観察できれば、「〜ている」構文は動作継続の解釈となる。一方、動詞が、主体の動作・作用を表わし、主体がその動作・作用の結果、状態変化を受け、その変化状態を話し手が発話の時点で観察できれば、「〜ている」構文は、結果継続の解釈となる。　　　　(ibid.: 127)

この定義と仮説は、「〜ている」構文は、英語の単純時制だけでなく、英語での進行相と完了相のアスペクトの解釈も、網羅していることを示唆している。また高見・久野は、従来の研究では「〜ている」構文の意味解釈に関して、動詞の表わす意味のみに焦点を当てることが多かったが、副詞などの文脈要素や、発話時における観察内容も考慮に入れなければならないと指摘している（高見・久野 (2006: 127)）。例えば、高見・久野は、(18) を例として挙げている。

(18) 桜の花が散っている。　　　　　　　　　　(ibid.: 118)

この文は「桜の花びらが散っている最中だ」という動作継続の解釈と、「桜の花びらが散ったあと、地面に残っている」という結果継続の2つの解釈ができる。発話時点で観察できる状況によって、この文の解釈が決まることになる。

高見・久野の分析は、「〜ている」構文は、英語の動詞句のように、それ自体でアスペクトが決まるわけではないことを示している。共起する文脈や状況にかなり依存する曖昧な表現でもあるのだ。そして、英語の進行形の表すアスペクトだけでなく、かなり広い意味で用いることができる。日本人学習者は、この構文を日常的に使い、受容する場合も、直感的に解釈している。しかし同じ状況を慣れない英語で表現しようとする際には、どのテンス・アスペクトを使え

ばよいのか、混乱することもあるのではないか。

　そして高見・久野の仮説は、共起する文脈要素が解釈に影響するという点において、例文（10b）、（12b）、（14）、（15）のように、法助動詞willの意味が加わる可能性も示唆しているとも考えられる。この点については、英語のテンス・アスペクトの表現と、日本語の動詞表現の特徴を再確認しながら、次の節で考察したい。

4. 英語のテンス・アスペクト表現と日本語の特徴

4.1　英語の現在形・現在進行形・現在完了形の定義

　「～ている」構文に対して、どうして複数の英語表現が相当するのかを考えるには、英語のテンスやアスペクトが表現するそれぞれの守備範囲を、確認しておく必要があるだろう。ここでは特に現在形と現在進行形、そして現在完了形について、Quirk et al.（1985）をもとにした久野・高見（2013）の定義を紹介する。

久野・高見（2013）の定義
　(19) 英語の現在形の意味
　　　英語の現在形は、動詞の表す状態や動作・出来事が、発話時を中心とした現在において起こっていることを表わす。
　　　　　　　　　　　　　　　　　　　　（久野・高見（2013: 37））
　(20) 英語の進行形の意味
　　　英語の進行形は、継続的、または断続的動作・出来事が一定の時間内で進行、連続していることを表す。　　（ibid.: 69）
　(21) 英語の現在完了形の意味
　　　英語の現在完了形は、動詞の表わす動作・出来事や状態が現在までに起こったことを表わし、それらが現在と関係づけられていることを示す。　　　　　　　　　　　（ibid.: 47）

　次に久野・高見を中心に、必要に応じてQuirk et al.（1985）やSwan（2016）等の解説も交えて、上の3つの定義の内容を確認する。そして、それぞれの英語表現と、「～ている」構文との関連性

や、学習者の間違いから観察した注意点について、筆者の考えを述べる。

4.2 単純現在形

「現在」というのは一般に、発話時を中心に、状況によって長短はあるものの、過去から未来にかけての幅のある時間のことである。久野・高見（2013）では、英語の現在形は（i）現在の状態、（ii）現在の習慣的動作・出来事、（iii）現在の動作・出来事の実況的報道の3つを表すとし、次のように図示している。

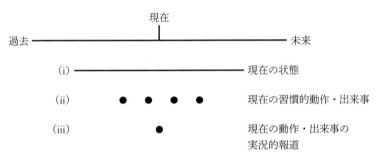

図1　現在形：「現在の状態や動作・出来事」（久野・高見（2013: 25））

（i）の直線は状態を表わし、●は動作や出来事を表わしている。英語の現在形は発話時点だけではなく、過去のある時点から、未来にわたる範囲のことを表現できる表現である。（ii）の現在の習慣的動作・出来事というのは、発話時点に実際に起こっているとは限らない。（iii）の実況的報道とは、スポーツの実況放送や、「チャーリーがやってきた。（=Here comes Charlie.）」のように、目の前で短時間に起こる動作や出来事を表す表現だ。いわゆる状態動詞や形容詞による表現が（i）にあたり、（ii）と（iii）は動作動詞を使った表現が中心になる（久野・高見（2013: 15-26））。

以上の説明から判断すると、「～ている」構文の「単なる状態」は（i）に、「反復性」は（ii）に相当し、表現できると考えられる。

4.3 現在進行形

（20）の定義を現在時制にあてはめると、英語の現在進行形が表

わすのは、(i)「発話時を含む一定の期間内に進行している動作」や (ii)「発話時を含む過去のある時点から未来にかけてのある限られた期間内に、断続的に連続している動作・出来事」になる。期間の長さは長短あるが、単純現在形とは違い、期間・時期を表す表現を伴うことが多い。(ii) の場合は発話の時点で進行しているとは限らず、また久野・高見（2013: 66-69）では、動作主が同一の場合と複数の場合があることも述べているが、この稿ではまとめて、(i) と (ii) を次のように図示する。時間軸の下の細線は「現在」、太線部分は、限られた期間内であることを示している。

(i) 発話時を含む一定の期間内に進行している動作

(ii) 発話時を含む過去のある時点から未来にかけてのある限られた期間内に、断続的に連続している動作・出来事

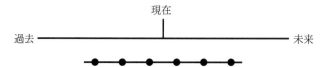

図2　現在進行形の表す動作・出来事

　Quirk et al.（1985: 205）では、動詞 live は sit や stand なども含めて、姿勢を表す動詞（stance verbs）として、状態動詞と動作動詞の中間に位置付けている。1節でとりあげた次の文は、「今は」という、一定の限られた期間内に進行している状況なので、進行形を用いることになる。

　　(22) I am living in Tokyo.（今は東京に住んでいる）　　　(= (1b))

またこういった姿勢態動詞は、live なら、「住んでいる」だけでなく、(23) のように「住む」という意味もある。sit も「座る」と

「座っている」、stand は「立ちあがる」と「立っている」の意味を持つ。

(23) She needs to find somewhere to live.
　　　（彼女はどこか住むところを探す必要がある）

　live のように、「〜ている」形の意味もあると考えて、誤ってしまった例が、1節の (3a) と同じ (24a) の文である。stop には、「止まる」という意味はあっても、状態的な「止まっている」の意味はない。よって、「その時計は止まっている (=The clock has stopped.)」という意味にはならない。

(24) a.　The clock stops.　　　　　　　　　　　　(= (3a))
　　　b.　The clock is stopping.　　　　　　　　　　(= (3b))

(3b) と同じ (24b) の文は、「止まる」という動作が一定の時間内に進行しているということで、英語の発想では「止まりつつある/止まりかけている」ということになる。
　英語の現在進行形は、always を使った批判的な意味を含む例もある。しかし「〜ている」構文に関して言えば、基本的に「一定の期間内の動作継続」、つまり「進行中」だけでなく、(25) のように、断続的動作である「一定の期間内の反復・習慣」も表現できると考える。

(25) The professor is typing his own letters while his secretary is ill.
　　　（教授は秘書が病気のあいだ、自分で手紙をタイプしている）
　　　　　　　　　　　　　　　　　　　　　(Quirk et al. (1985: 199))

4.4　現在完了形

ここでは、久野・高見の定義のもとになっている Quirk et al.

（1985: 192–193）を参考に、現在完了形の表す次の（a）から（c）の3つの意味領域を図3に示し、その解説を（26）に簡単にまとめて紹介する。

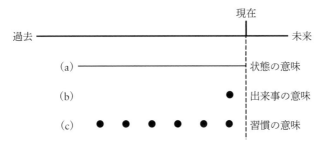

図3　現在完了形の意味領域

(26)(a) 状態（state）の意味
　　　少なくとも現時点まで続く状態。
　(b) 出来事（event）の意味
　　　過去から現在までのあいだの、特に明示されていない時に起きた単数または複数の出来事。特にイギリス英語では、それが1回きりの出来事なら、それぞれ場合によって、次の3つの含意のどれかを含む可能性がある。
　　(i) （過去に起こったことだが）関連する時間帯が、現在時まで及んでいる。
　　(ii) ごく最近（直前）に起こったことである。
　　(iii) その行為の結果が、まだ現在にも及んでいる。
　(c) 習慣の（habitual）意味
　　　過去から現在まで続く習慣や繰り返し起こる出来事。

(26) の（a）と（c）は存続期間を表わす副詞句をほぼ必ず伴い、（c）には頻度を表わす表現も伴うこともあると述べられている（Quirk et al.（1985: 192））。
　以上の分類は、従来の学校文法とは異なるが、(a) は継続用法に相当することがわかる。学校文法では、継続用法を状態動詞に注目して教えることが多い。しかし、柏野（1999: 179–181）は、動作

動詞の使われている文も、切れ目のある継続、つまり「反復・習慣」を表わすとして、継続用法に分類している。その際、(26)の(c)の例として Quirk et al.（1985: 192）が挙げる次の文を、柏野は引用している。

 (27) Mr. Terry has sung in their choir ever since he was a boy.
  （テリーさんは、子供のときからずっと聖歌隊で歌を歌っている）　　　　　　　　　　　　　　　（柏野（1999: 180–181））

(26) の (b) の (i) は、Quirk et al. では、次の (28) の例を紹介し、過去形で尋ねる疑問文とは違い、現在でも展覧会は続いていることを暗示すると述べている（ibid.: 193）。

 (28) Have you seen the Javanese Art Exhibition?
  （ジャワ美術の展覧会をもう見ましたか）　　　（ibid.: 193）

(26) の (b) は、(ii) と (iii) を除いて学校文法の経験用法、(ii) と (iii) は、完了と結果を表わす用法に、それぞれ近いものと考えてよいだろう。ここで注目すべきは、単純現在形とは異なり、現在で区切られていることだ。また、図3をみれば、1節で紹介した次の文が間違いと判断される理由がわかる。

 (29) *My father lives in Osaka for forty years.　　　(= (2))

Swan（2016: 469）が「現在までの持続を表現するには現在時制ではなく、現在完了時制を用いる。」として、(30) の文は間違いとするのと同じ理由だ。単純現在形が for を伴うと、未来にも言及することになるからだ。since も現在完了形と共に用いられることが多い。

 (30) *We live here for 20 years.　　　　　（Swan（2016: 469））

現在完了形は、いったん現在で区切ってこれまでのことを述べる表現である。Swan が指摘するように「現在のことを考えていない場合は用いない」（ibid.: 47）ので、現状に関わるこれまでのいきさつや経験も述べることができる。「〜ている」構文の「パーフェクト性」や「結果継続」を表わすのに適した表現でもあり、現状までに焦点をあてて述べるのであれば、「反復・習慣」も表現できると考える。

　現在完了進行形や未来進行形など、ほかの表現については、ここで詳細に述べることは省略する。現在完了に進行形が合わさると、「少なくても現在までの、一定の期間の進行・継続・反復・習慣」を表すことになる。will がつくと、モダリティの「推量」や「意思」などの意味が付加されることになるだろう。

4.5　日本語のル形と「〜ている」構文のテンス・モダリティ

　ここで、日本語の動詞表現の特徴について再確認したい。辞書に出ている日本語動詞の形（辞書形）は、国文法では終止形、日本語文法では一般にル形と呼ばれている。英語の副詞節や関係詞節等にあたる従属節で用いられる、国文法でいう動詞の連体形も、終止形と同じ形である。この稿では連体形と終止形のどちらもル形と呼ぶ。

　久野・高見（2013: 4–6）は、いわゆる終止形のル形を現在形と呼び、それは「非過去時制」表すとしている。高嶋（2019: 96）も、ル形は非過去の時制（過去ではない時制）を表すとしている。ル形（現在形）が「現在（時制）」を表すとは限らないという点を中心に、両者は基本的に共通している。ここでは用語の統一性を考え、ル形で統一している高嶋の説をもとに、考察していく。

　高嶋は、状態動詞のル形は基本的に現在・未来を表し、動きを表す動詞のル形は基本的に未来を表すと述べている。基本的にというのは、動作動詞でも現在の「習慣」を表わすこともあるし、また「太陽は西に沈む」のように「一般的事実・真理」を表わす場合もあるからだ（ibid.: 96–97）。

　では、現在か未来か、何によって決まるのだろうか。従属節の中

のル形は主節の時制に呼応し、発話時から見て過去や未来のことを表わすこともある。日本語の動詞表現は全体的に、共起する副詞や文脈によって、テンスやモダリティが決定されることが多いのではないか。高嶋の例を借用すると、「私は今、広島にいます」(=I am in Hiroshima now.) は現在だが、「私は来週、博多にいます」(= I'll be in Hakata next week.) は未来を表す (ibid.: 96)。これは、「今」と「来週」というル形と共起する修飾語、または文脈によって、テンスの解釈が変化することを示している。

　また、庵・清水 (2016: 19) や、ピーターセン (2010: 47–49) が、指摘するように、日本語の小説や物語文には、過去を表わすタ形のなかに、ル形が過去の情景表現として、自然な流れの中で混在する。次の例はハリー・ポッターと新入生たちが、マクゴナガル先生に案内されて、初めてホグワーツ魔法学校に入っていく場面である。全体が過去の話なので、原文の英語ではすべて過去形だが、翻訳文では、過去を表わすタ形ではない形容詞の辞書形、「〜ていた」ではなく「〜ている」形も混じえて、物語の中にひきこまれるような描写になっている。

> (31) She pulled the door wide. The Entrance Hall was so big you could have fitted the whole of the Dursley's house in it. The stone walls were lit with flaming torches like the ones at Gringotts, the ceiling <u>was too high</u> to make out, and a magnificent marble staircase facing them <u>led</u> to the upper floors.　(J.K. Rowling, *Harry Potter and the Philosopher's Stone*)
> (マクゴナガル先生は扉を大きく開けた。玄関ホールはダーズリーの家がまるまる入りそうなほど広かった。石壁が、グリンゴッツと同じような松明の炎に照らされ、天井はどこまで続くかわからないほど<u>高い</u>。壮大な大理石の階段が正面から上へと<u>続いている</u>。)
>
> 　　　　　　　　　　（松岡佑子訳『ハリー・ポッターと賢者の石』）

(31) はほんの一例で、原文ではすべて過去形でも、翻訳文はル形

交じりで書かれている箇所が、物語の冒頭から随所にみられる。

　英語でも、現在形で（32）のように、確定的な未来を表わすものや、（33）のように歴史的現在のような例もある。しかし、それ以上に日本語の時間表現は、ル形だけでなく「～ている」構文でも、文脈依存、あるいは状況や共起する表現で判断するといった、相対的な傾向が強いのではと考える。

(32) The next Olympic Games are held in Los Angeles in 2028.
(33) Aristotle writes that imitation is natural to man from childhood.

　テンスのことだけに限らない。特に、「帰りは、僕が運転する。」とか、「明日の試合は絶対に勝つ。」などと、ル形で言い切ると、主語が1人称ということもあって、will（意思）のようなモダリティの要素も強く感じられる。高嶋（2019: 97）も、ル形は話者の意思も表せることを述べている。同様に「～ている」表現の場合も、例文（10b）、（12b）、（14）、（15）のように、文脈要素にもささえられて、英語で表現する際には、法助動詞 will を加える必要もありうる。

5. まとめと考察

　ここまで、日本語の「～ている」構文の意味領域の広さと、日本語と英語のテンス・アスペクト・モダリティの表現方法の違いについて確認し、「～ている」構文に相当する英語表現が多様化する可能性をみてきた。英語では基本的に、必要に応じて助動詞も加えた動詞句が、テンス・アスペクト・モダリティを明示するが、日本語では状況や文脈、共起する表現に、かなりその解釈が左右される。そのため「～ている」構文も、進行・完了といったアスペクト以外にも、テンス・モダリティの要素も考慮した多様な解釈が生じる。英語で表現する際には、注意すべきだ。テンスに関しては、英語で表現する際、（11）の例のように、主節の時制に相対的にあわせる

従属節の時制の選択を、間違える学習者が少なからずいる。高見・久野（2006）による（17）の仮説の中の、話し手の観察内容に関しては、発話時だけでなく、場合によっては、文脈の表す時間も影響するとも考えられる。英語で表現する際には、モダリティのwillが必要になることもある。

アスペクトに関して特に再確認したのは、英語の完了形を指導する際の難しさである。現在完了は、日本語にあまりなじみのない概念だ。日本人学習者は、「〜ている」構文や、過去も完了も両方表現できる日本語の「タ形」を使用してきた。そして、それらを文脈や状況から直感的に解釈することに慣れてしまっている。しかし、同じ内容を英語では、日本語とは違う概念を駆使して表現しなければならない。英語には過去形・現在形だけでなく、どうして現在完了や現在完了進行形などといった表現が存在するのか、またそれがどういうものなのかということ自体、理解しにくい学習者も多いと思われる。わかっているようでも、間違えてしまう者もいるだろう。

今回の大学生に行った調査では、例文（2）のように単純現在形と現在完了形の使い分けが、意外に間違えやすいことがわかった。また、同じ調査で「雨が3日間降り続いている。(=It has been raining for three days.)」という文では、現在形や現在進行形の解答も多く、has been rainingと答えた学生は4割程度だった。現在完了進行形は、学習者には、特になじみにくい形式のようだ。

さらに「〜ている」構文に関することだけでなく、テンスやアスペクト表現全般に関して、指導上配慮すべきだと、あらためて気づいた点がいくつかあった。例えば、日本語のル形やタ形には、モダリティの要素を含んでいる場合もあり、また、そもそも英語の現在形や過去形・完了形とは意味する範囲が異なることだ*3。英語の姿勢態動詞の単純形や、遂行結果を表わす動詞の受動態などは、「〜ている（状態）」と動作の2つの解釈を持つこともある。

テンス・アスペクト・モダリティの表現はそれぞれ、自分が伝えたいことを効果的に表現する手段の1つでもある。しかし、英語を学んでいく際には、学習者にとって、思わぬところに新しい発見や、迷ったり、意外に感じたりする箇所があるだろう。「道に財布が落

ちている（= A wallet is lying in the street.）」のように、英語では、思いもよらない表現を使うこともある。また、同じような過去を表わす表現なのに、before を使った（7a）の「読んでいます」は現在完了形なのに、（7b）の in 2012 だと、過去形だったりもする。機会をみて、ひとつひとつ学習者の「気づき」を促すように、指導していくほかないだろう。今まで気づかなかった、小さいけれども意外な発見が、これからもまたあるかもしれない。

注
*1 以下の例においても、下線はすべて、筆者によるものである。
*2 調査には、高校生が使う教科書や参考書、辞書などに掲載されている、単純現在形、進行形、完了形などの英語の用例を、ほぼそのまま使用した。それぞれの英文の「〜ている」を含む日本語訳例も、訳例のなかった一部を除き、出典と同様のものを使用し、合計 37 問出題した。出題方法は、日本語と同じ内容の英文を完成するには、括弧内の動詞をどのように変化させる必要があるかを問うもので、括弧に入る部分のみ解答させた。「〜ている」の部分には、注目するように下線をつけた。変化すべき動詞のアスペクトやテンスに関しては、ランダムに並べた。
　以下、本稿で取り上げた特に間違いの多かった 2 つの文の実際の出題例を抜粋する
　　出題例　16. その時計は止まっているよ。
　　　　　　　　The clock (stop).
　　　　　　25. 父は 40 年間大阪に住んでいます。
　　　　　　　　My father (live) in Osaka for forty years.
*3 モダリティを表わす日本語のタ形の例としては、高嶋（2019: 95）にも、「あ、ここにあった」、「今日は土曜日でしたよね」、「ちょっと待った」などの例が挙げられている。いずれも英語で表現する際、過去形にも完了形にもならない。

参考文献
庵功雄・清水佳子（2016）『時間を表す表現―テンス・アスペクト改訂版』スリーエーネットワーク.
柏野健次（1999）『テンスとアスペクトの語法』開拓社.
久野暲・高見健一（2005）『謎解きの英文法―文の意味』くろしお出版.
久野暲・高見健一（2013）『謎解きの英文法―時の表現』くろしお出版.
ピーターセン, マーク（2010）『日本人が誤解する英語』光文社.
Quirk, Randolph, Sidney Greenbaum, Geoffrey Leech and Jan Svartvik

(1985) *A Comprehensive Grammar of the English Language*. London: Longman.
Swan, Michael (2016) *Practical English Usage*. 4th Edition. Oxford: Oxford University Press.
高嶋幸太 (2019)『英語教師が知っておきたい日本語のしくみ―英文法・英作文指導に活かす』大修館書店.
高見健一・久野暲 (2006)『日本語機能的構文研究』大修館書店.

例文出典

松岡佑子訳 (2014)『ハリー・ポッターと賢者の石1―I』ペガサス文庫 静山社.
南出康世・中邑光男 (編集主幹) (2023)『ジーニアス英和辞典』［第6版］大修館書店.
大西泰斗・ポール・マクベイ (2017)『総合英語FACTBOOK これからの英文法』桐原書店.
Rowling, J. K. (1997) *Harry Potter and the Philosopher's Stone*. London: Bloomsbury.

ベトナム人女子留学生の声
超短期プログラムから得たもの

松永光代

1. はじめに

　日本において、留学生を対象とした超短期プログラム*1が広く実施されるようになったのは、比較的最近のことである。近藤（2009）は、大阪大学における9日間の超短期プログラム開発についての報告であるが、その冒頭には「本学をはじめとする日本の大学に『超短期』のプログラムを定着させていくための若干の提言もしたい」（同上：45）とあり、このようなプログラムが15年ほど前には先進的な取り組みであったことがわかる。世界的な学生モビリティの加速が予測される中、2008年1月に当時の福田康夫首相が施政方針演説の中で打ち出した「留学生30万人計画」への対応も相まって、その時期から留学生の多様な受入れ形態が模索されるようになり、超短期プログラムは徐々に多くの大学で行われるようになった。独立行政法人日本学生支援機構においては、2009年度に『短期教育プログラムによる外国人学生受入れ状況調査』が試行として始まった。この調査は、在留資格「留学」によらず日本の大学等が科目設置や受講証明書の発行を伴って実施する6か月未満の短期教育プログラムに参加する学生を対象としたものである。2019年度における参加学生の合計は20,571人。「留学生30万人計画」を1年前倒しで達成した同年度の『外国人留学生在籍状況調査結果』によると、高等教育機関に在籍した留学生数は228,403人とあるので、比較すると規模としては小さいが、留学生受入れ数増のため、未来の交換留学生や正規生確保に繋げるため、あるいは学生交流や研究教育交流の促進のため、超短期プログラムは日本の大学において定着してきたといえるだろう。ちなみに、前出の『短期教育プログラムによる外国人学生受入れ状況調査結果』を、プログラ

ム期間に注目して参照すると、「2週間未満」の割合が非常に高い。2019年度は、20,571人中11,064人が「2週間未満」のプログラムに参加しており、6か月未満のプログラムが対象になっているものの、特に日数の短いプログラムが主流であることがわかる。

　奈良女子大学では、留学生の受入れ数増や学内の国際化促進を目的に、2015年度に英語による超短期プログラムを、2016年度に日本語によるプログラムを開始した。期間はいずれも約10日間である。新型コロナウイルスの影響で2020年度からはオンラインのみの実施であったが、2023年度に期間を1週間にして、対面でのプログラムを再開した。筆者は、当初より超短期プログラムの運営に携わってきた。プログラムの終了時には、アンケートを毎回行なうため、参加者の声は蓄積されてきたものの、参加者のその後にプログラムがどのような影響を与えたのかについては調査してこなかった。これまでの参加者には、交換留学や大学院進学で戻ってくる学生もいたし、何度も超短期プログラムに参加するリピーターの学生もいた。もちろん大学に戻ってきてくれることは嬉しいが、それにとどまらず、参加学生が自らの経験を振り返った時、超短期プログラムをどのように位置づけているのかを探りたいと考えた。

　そこで本研究では、2023年度の日本語によるプログラムに参加した留学生2名にインタビュー調査を行い、このプログラムへの参加を含めた日本にまつわる経験をライフストーリーとして考察した。日本語による超短期プログラムに関する先行研究としては、各機関における実施報告のほか、プログラム参加者にアンケートを行った金他（2018）、日本語発話力の変容に注目した秋元他（2020）などがあるものの、交換留学をはじめとした1学期以上のプログラムを対象とした研究の多分野にわたる豊富な蓄積に比べると、質・量ともに十分ではない。特に、プログラム参加者が自らの経験を振り返り、日本語による超短期プログラムへの参加をどのように位置づけているのかを探るような研究は、情意面に焦点を当てて過去のプログラム参加者にアンケートを実施し、学習効果の傾向を探っている松尾他（2018）を除いてほとんど確認できない。松尾他（2018）が「情意面」に注目しているように、短い日数のプログラ

ムにおいては、その参加経験がどのように現在に繋がっているのかを明らかにすることに１つの意味があると思われる。ライフストーリーとは、「個人のライフ（人生、生涯、生活、生き方）についての口述（オーラル）の物語」（桜井（2012: 6））であり「個人が聞き手とのコミュニケーション過程をとおして過去の自分の人生や自己経験の意味を伝える語りのことであり、それは、解釈され再解釈されて繰り返し伝えられるもの」（同上：11）である。そのため、ストーリーは常に「〈いま―ここ〉」（桜井（2008: 190））での物語として構築される。この手法は、語られた個人の経験を「他者と共有可能な一定の自律したリアリティ」（同上：191）として提示することを可能にするため、本研究の趣旨に沿うと考えた。

2. インタビュー調査

2.1 プログラム概要

調査協力者が参加した日本語による超短期プログラムは、奈良女子大学が2023年7月に実施したもので、プログラム期間は1週間、プログラム参加者は5名である。参加者は大学近くのドミトリータイプの宿泊施設に滞在し、寝食を共にした。また、同大学の日本人学生が1名ずつ交代で一緒に宿泊した。これらの日本人学生は、本プログラムを含めた超短期プログラム参加者との交流イベントを企画・実施するという授業科目の受講生たちであった。彼女らはキャンパスツアーやウェルカムイベントを行ったほか、参加者が生活に困らないよう課外でも進んでサポートしてくれた。

今回のプログラムテーマは「REVOLUTION」。フィールドトリップ先として選んだ吉野郡下市町での活動について現地在住の本学教員と打ち合わせをした際に、下市町が「明治維新のさきがけ」ともいわれる「天誅組の変」の舞台であり、2023年はちょうど160年目に当たることがわかった。留学生を相手に幕末の歴史を取り上げる難しさへの懸念もあったが、節目の年なので題材の１つとして採用した。また、そこから着想し、プログラム全体を貫くテーマを「REVOLUTION」とした。日本語による超短期プログラムは、一

般的に日本語学習を主な目的としたものが多いが、本プログラムは奈良と日本について知ることを目的とし、「日本語」の授業は提供していない。いくつかの題材ごとに、渡日前の準備学習および本学での事前講義を経て史跡や企業等を訪ねることを繰り返し、訪問先の「REVOLUTION」について学ぶ機会とした。また、プログラムの初めには、参加者の個人史におけるレボリューションを共有する目的で「私のREVOLUTION」と題した発表をしてもらった。プレゼンテーションには、教員だけでなく上記の日本人学生たちも参加し、活発な質疑応答が行われた。

2.2　調査協力者

調査協力者は、日本語による超短期プログラムに参加したベトナム人女子学生PhuongさんとMinhさん（ともに仮名）である。2人とはプログラム終了後もメールやSNS等で連絡を取り合っていた。また、Phuongさんは8月に行われたオンラインプログラムにも参加していたため、その際にもやりとりがあった。筆者が11月にベトナムへ渡航した際、2人と一緒に食事をし、街を散策したほか、Minhさんに対面でインタビューを行った。Phuongさんともインタビューの約束をしていたものの、急用で実施できなくなったので、後日オンラインで行った。Phuongさん、Minhさんはベトナムにある同じ大学の日本語学部に所属しており、インタビュー当時は3年生だった。

2.3　調査とストーリー作成の方法

インタビューは、Phuongさんはオンラインで60分程度、Minhさんは対面で80分程度、それぞれ1回ずつ行った。いずれも日本語を学び始めたきっかけから話してもらい、日本語による超短期プログラム参加の経緯や実際に来日して感じたこと、現在振り返ってその経験をどう捉えているのか、などについて聞き取りを行った。インタビュー終了後、インタビューの文字化資料を作成し、時系列に出来事を並び替え、不明部分は追加の質問を重ねることでストーリーを作成した。そのため、調査協力者の確認を取っているものの、

ストーリーはあくまでも筆者の手によるものである。筆者の考えやプログラム運営者という立場が、インタビューに大きな影響を与えたことは間違いない。しかし、語りの内容をゆがめることのないように留意し、インタビューから浮かび上がった調査協力者の姿を彼女らの側から提示するよう努めた。なお、ライフストーリーの作成に用いた資料は以下のとおりである。

- インタビューの文字化資料
- フィールドノート
- インタビューの補足質問に対するメール回答
- 2023年度日本語による超短期プログラム資料（参加申込書、事前課題、ワークシート、プレゼンテーション資料）
- 2022年度冬のオンラインプログラムアンケート
- 2023年度夏のオンラインプログラムアンケート（Phuongさん）

3. 調査協力者のライフストーリー

3.1　Phuongさんのストーリー

【日本語を学び始めたきっかけ】

　5、6歳頃から英語を、高校からドイツ語を学習し始めた。［小さい頃から外国語を学ぶのが好きだった*2］ので、大学では外国語を専攻したいと考えていた。大学に入学する前から、日本の漫画やアニメを通じて日本語に触れており、［日本語はとても難しい］と感じていたが、［ベトナム語や英語とは文法や文字が全然違っていて、それがすごくおもしろいと思ったので、日本語を勉強することにした］。周囲にも日本語を勉強している友達がたくさんおり、［友達から「日本語を勉強するのはとてもおもしろいよ」と聞いたので］、日本語学部の受験を決意し、他の専門分野に進んでほしいという家族の反対を押し切って進学した。

【日本語による超短期プログラム参加のきっかけと目的】

　プログラムに参加したきっかけは、前年の冬に行われた奈良女子大学主催のオンラインプログラムに参加したことだった。

その時のプログラム内容はとっても良かったし、奈良女子大学の先生たちも、教え方もすごくいいと思いまして、いつかまた奈良女子大学のプログラムに参加したいと思いましたから、今回のプログラムの情報について知った時は、ぜひ日本に行って参加したいと思いました。

参加にあたっては、不安よりも［楽しみがすごく大きかった］。もっと日本について色々なことを勉強したいし、日本人と会話の練習をしたいと思った。また、ベトナムでも人気がある日本の食べ物に興味があった。来日経験はなかったものの、高校時代に家族でアメリカとシンガポールに行ったので、海外渡航への不安はなかった。

【プログラム期間中】
　　プログラム初日のプレゼンテーション「私のREVOUTION」では、日本語学部への進学について紹介した。［日本語の専攻を選んだ時は、親は他の専攻（法学か経済）を選んでほしそうだったが、日本語を勉強することにしたので、そのことは自分の大きなレボリューションだと思った］。その経験を通じて［人気のあるものや他の人の意見だけに従うのではなく、自分に合っていると思うものを選択すべき］であり、［たとえ他の人が選択を承認してくれなくても、旅が困難かもしれないとしても、頑張ったら、きっとやり甲斐がある］ということを学んだ。現在、親は［大学での成績が良かったので、もうそんなに反対していない］。

　　ベトナムの大学で、日本人と会話する機会は［あまりない］。そのため、［もっと日本人の学生さんと（会話）したい］と思っていた。

　　プログラム期間中は、日本人学生と交流する機会が毎日あった。一緒にカラオケに行ったり、ご飯を食べたりした。大学の先生や先輩から「日本人は冷たい」と聞いていたが、実際は［日本人の学生は（想像していたより）ずっと親切］で［話しやすい］。奈良についても学生から色々聞いた。特に日本食に興味があったので［奈良の有名なレストランやおすすめの店などについて話した］。プログ

ラム全体を振り返ると、「奈良の食べ物と鹿」が印象に残っている。一番のお気に入りはからあげ。奈良漬についての講義を受けた際に試食した奈良漬とクリームチーズを混ぜたものも大好きになった。

　プログラム期間中に新しく学んだ言葉の中で、印象に残っているものは「奇跡」、「お辞儀」、「本気」だ。「奇跡」は、フィールドトリップで訪れた神社の歴史について、地元の歴史家の方に説明してもらった際に学んだ。また「お辞儀」は、奈良公園に行った時に［言葉と身振りを学んだ］。［自分が先にお辞儀すると鹿もお辞儀をしてくれることに気がついて、楽しかった］。「本気」は、日本人の学生や他のプログラム参加者と話していた時に出てきた言葉で、意味を説明してもらった。ベトナム語には同じ意味の言葉がないので、おもしろいと思った。今でも［恋愛について（日本語を勉強している）友達と話す時に、よく使う］。

【日本とベトナム】
　日本に来てみて、イメージどおりだと思ったことは［日本人のマナーがとてもいい］ことだ。レストランや電車の中で大きな声で話す人がいない。イメージと違ったことは、日本人が親切だったことだ。また、ベトナムの方が良いと思ったこともある。［日本では、バイクに乗る人があまりいないが、ベトナムではいっぱいいる。バイクが大好きなので、そこはベトナムの方がいい］。

【帰国後】
　［プログラムに参加する前は、会話が苦手だと思っていたが、プログラムの後は、練習の機会がたくさんあったので、少し上達した］と感じるとともに［もっと日本語を話せるようになりたいと思った］。帰国後は翌月実施されたオンラインプログラムにも参加した。夏休みに２つのプログラムに参加し、前より上手に話せるようになったものの、［3年生になってからは、会話の機会が少ないので、日本語で話すのはちょっと恥ずかしい］。

　プログラムへの参加を振り返ると［とてもいい経験で、色んなことがとても勉強になった］。［プログラムに参加する前は、日本への

留学にそんなに興味はなかったが、日本から帰った後は、日本がすごく好きになったので、ぜひいつか、たぶん来年1年で留学したい」。将来について具体的に考えているわけではないが［日本での生活は（プログラム）前に思っていたよりいいと思ったし、（留学したら）日本人たちと話すのが、上手になると思う」。そのため、交換留学に向けて［今頑張って］おり、できれば再び奈良女子大学で勉強したい。

3.2 Minhさんのストーリー
【日本語を学び始めたきっかけ】

　子どもの頃から日本のアニメに親しんでいた。特に中学校2、3年生の時には、英語字幕付きの少女アニメをインターネットで熱心に視聴していた。その後、高校1年生の時に歌手Yの歌を動画投稿サイトで聞き、［いい声だな］と思った。SNSや生放送をチェックするうちに、好きになった。もともと歌うことや踊ることが好きだったが、小学生の時に、［友達に歌声を笑われて恥ずかしくなり、人前で歌うことをやめた］。この出来事をきっかけに、周りを気にするようになった。中学校に入ってからも、周りに嫌われないように振る舞っていたが、いじめのターゲットにされた。高校でも周りに馴染めるように、自分の個性を隠して過ごしてきた。そのような状況で出会った歌手Yは、自分らしく生きることを後押ししてくれる存在であり、［自分の考えていることや、やりたいことを最後までやるっていう人で、すごく尊敬している］。当初は、歌手Yの配信を見るにも、日本語に苦労した。

　　アニメの日本語と実際の日本語ってすごく違うんですよ。しゃべるペースも使う言葉もすごく違うんで。まあたぶん（最初は）10パーしか理解できなかった。

それでも好きで見ているうちに、徐々に理解できるようになり、日本語が大好きになった。母親に日本語の塾に行きたいと頼むと、「塾には行かせられないが、大学に入ったら勉強してもいい」と言

われ、日本語学部に進んだ。

　大学入学後、初めて教科書を使って日本語を勉強したが、既にSNS等を通じて［日本語たっぷり］の毎日を過ごしていたため、特に勉強で困ることはなかった。他にも既に日本語を勉強していた同級生はいたが、会話ができる人はあまりいないと思った。

> 皆はだいたい教科書とかから勉強してるんで。私は人としゃべって勉強してるんで。人の言葉聞いて、自分もそれを真似して、その人がどうしゃべっているか…会話から勉強してた。

ただ、［リアルだとけっこう人見知り］なので、交流する日本人はすべてオンラインだった。

【日本語による超短期プログラム参加のきっかけと目的】
　Phuongさん同様、プログラムの前年に行われた冬のオンラインプログラムに参加した。もともと奈良女子大学には興味があった。理由は、オンラインで知り合った仲の良い友達が奈良出身だったからだ。「鹿しかいない」と聞いていたので、本当かどうか確かめたかった。

> 最初はすごく迷っていたんですけど。お母さんも、「行きたいなら行ってもいいけど、ちゃんとお金事情も考えてみて」とか。（中略）お兄ちゃんに言われたのが「人生1回だから、行ってみる？　行ってみない？」って。

最終的に［色んなとこ行ってみて…日本人はどういう生活を送ってるのかをちょっと見てみたかった］ので、参加を決めた。初めての海外渡航、初めての飛行機で緊張したが、それ以上に［楽しみが大きかった］。

【プログラム期間中】
　プログラム初日のプレゼンテーションでは、歌手Yとの出会い

から自分が変わったことを話した。

> まあ、私のレボリューションってこれしかないなって感じで。これがなかったら、今の自分はいないから。結構色々思い出して、感動的になっちゃって。何とか泣かなかったけど、伝えて自分もほっとした。

　来日前、関西弁を聞き取れるか心配していたが、［そんなにわかりにくくもなかった］。日本人学生との交流で、特に困ったことはない。同じホテルに宿泊した奈良女子大学の学生たちと一緒に食事をしたり、遊んだりする中で、色々なことを学んだ。日本人には少し冷たいイメージがあったので、［友達できるかなってずっと悩んでいたけど、皆すごく親切ですぐ話しかけに来てくれた］。日本人学生とは［それしかしてない］くらい、恋愛の話をして［女子会って感じ］だった。

> （なぜそうなったのか）私もわからない。私も普通だとそういう話を初めて会った人に言わないです。話さないです。でも、何となくそういう話題になって、皆でわいわいして、何となく皆で全部話しました。

とても仲良くなったので、最後のお別れでは［やだー帰りたくない］［帰らないで］というやりとりを30分も繰り返した。今でも時々SNSで連絡しており、ベトナムに遊びに来ないか誘っている。
　プログラムで一番印象に残っているのは、住宅メーカーの研修施設を訪れた際、ジェンダーレストイレを見たことだ。LGBTの友人が多いため、そのようなトイレを作るという価値観が好きだったし、とても感動した。
　プログラム期間中で印象に残っている言葉は「すみません」。よく使ったし、よく聞いた。ベトナムに帰ってからも、思わず口をついて出たほどだ。口癖のようになってしまい、［なんでもかんでもすみません］だった。今はもう、［ただのベトナム人に戻った］の

で使わない。新しく学んだ言葉としては、提出レポートに「志」「酒糟」「霞」などを挙げたが、プログラム参加をきっかけに日常的に使うようになった言葉は特にない。

【日本とベトナム】
　日本の方が良いのは、安全と景色だ。奈良はとても安全なところだと思う。夜遅くに1人で買い物に出かけたが、怖いと思わなかった。また、ベトナムとは違い、スマートフォンでどこを撮影しても［いい感じ］だ。
　ベトナムの方が良いのは、バイクと交通だ。バイクは便利だし、交通費も安い。日本では歩く機会が多かったので、最初は［とてもつらかった］が、慣れてくると［歩くのもそんなに大変じゃないな］と思った。逆に、ベトナムでバイクに頼りすぎていたと感じ、帰国後は歩くことが少し増えた。

【帰国後】
　帰国後は、人見知りが少し改善したと思う。［1人で海外に行って、自分が少し大人になった］と感じている。

　　自分も成長したなって。自分で初めて海外旅行もできたから、もうできないことはないって感じ。

　交換留学に応募し、1年間日本に留学したいと思っている。交換留学は、高校3年生の頃からずっと考えていた。奨学金に応募したいが、出願期間も先のことで、まだ採用されるかどうかわからない。ただ、［もうどう生活しているのかっていうのもわかってて］、先に留学した友人からのアドバイスもある。行きたい気持ちは強いし、留学したらうまくいくと思う。好きな歌手は東京にいるが、［人間的にはネット上でもリアルでも関西に関わっている友達が多くて、たぶん関西の方が合う］ので、関西の大学に留学したい。その前に、2024年1月には再び冬のオンラインプログラムに参加する。後輩に誘われて、また参加しようと思った。

将来の夢は、日本の芸能事務所で働くことだ。

　　私が好きな歌手にはY以外の歌手もいて、でもその人たちは、能力はあるんですけど、運があんまりで全然伸びなくて、それで辞めちゃう人もいて、残念だなと思いました。その人たちが可哀想だなって。自分も助けてあげたいなって。

　日本だけでなく、ベトナムやその他の海外の国で、グローバルに歌手を売り出すことに今は興味がある。

4．考察

4.1　Phuongさん

　Phuongさんにとって、日本語は興味のある外国語の1つであり、また同時に、専攻として選択した専門分野でもある。以前から漫画やアニメで日本語に触れてはいたものの、実際に日本語を学び始めたのは大学に入学してからだ。

　Phuongさんは、インタビューや普段の会話では、自分の考えを比較的詳細に言葉にすることができており、コミュニケーションをスムーズに進められるが、どちらかというと会話よりも読み書きが得意な学生という印象があり、教科書や本から熱心に日本語を勉強している様子が窺える。来日する前は、日本人と話す機会が少ないため、日本人学生と会話したいと思っていた。そのため、Phuongさんにとって日本語による超短期プログラムは、日本の食べ物を食べたり、様々な経験をしたりするとともに、日本人と話す機会であったと考えられる。Phuongさんに日本語についての質問をすると、「会話」にフォーカスして受け答えをすることが非常に多い。［一番伸ばしたい能力は「話す」だと思います。それに「聞く」のももっと上手になりたいです］という言葉からも、Phuongさんが「話す」力、「聞く」力を重視していることがわかる。応募を計画している交換留学の目的について尋ねた際にも［日本人たちと話すのが上手になると思います］と回答している。

特に印象に残っている単語について「奇跡」、「お辞儀」、「本気」を挙げてくれたが、いずれもそれらの単語が使われた場面と連動して記憶されていることは興味深い。例えば、今でもよく使うという「本気」は、もちろん恋愛以外にも使用できるが、最初に聞いたのが日本人学生たちとの恋愛話であったため、その後もベトナム人の友人と恋愛について話す時、生きた日本語として習得した「本気」を使っているのだろう。鹿の「お辞儀」もそうだが、Phuongさんにとって、プログラムへの参加は遭遇した場面の中で新たな語彙を獲得する機会であったともいえる。

　Phuongさんは日本人学生について、ベトナムで聞いていたよりも親切で話しやすかったと語っている。これは単なるクラスメイトや同級生ではなく、プログラム参加者と交流することを目的に集まった学生だったことが影響している可能性はある。短期間で興味のある者同士が密度の濃い交流をすることができ、結果としてお互いにメリットがあったと思われるが、今回集まった日本人学生が平均的な学生であるとはいえない。国際交流に特別興味のある学生たちであり、プログラム参加者に日本滞在を楽しんでもらおうと、おそらく最初は興味と責任感から、途中からは友情も芽生えて行動を共にした学生たちである。そのため、Phuongさんが再び交換留学で来日した際、周りの日本人学生に対して抱く印象は、今回と同じではないかもしれない。

　日本とベトナムの比較については、非常に短い滞在日数の中で捉えていることから、その気づきは限定的である。カルチャー・ショックの段階のいわゆる「ハネムーン期」であり、日本に良いイメージをもって帰国している。ただ、それがプログラム前までは興味がなかった交換留学への応募を後押しする要因の1つになっていることも確かであろう。松尾他（2018: 26-27）においても「自分の行動や考え方の変化の理由」として「人からの影響」や「日本での生活」が回答数の多い項目として挙がっている。日本語による超短期プログラムの1か月後に参加したオンラインプログラムの感想には、「来年に奈良女子大学の先生と学生さんたちと一緒に勉強できることを心から願っています」と既に書かれており、日本語による超短

期プログラムへの参加経験が、留学という次の目標に繋がったことがわかる。

4.2 Minhさん

　Minhさんと日本語を考えるうえで、歌手YとSNSが果たす役割は大きい。歌手Yとの出会いから始まった日本語への興味は、好きな歌手の配信内容を理解したいという思いを超えて、「なりたい自分」を実現させる契機になった。高校時代は日本語の塾に通うことを許されず、大学は日本語学部に進学することを決めたMinhさんであったが、当時からSNSなどを通じて日本語に毎日触れていた。［会話から勉強してた］という本人の言葉のとおり、Minhさんの日本語は非常に流暢であり、例えば「10パーセント」を［10パー］と言うなど、略語も自然に用いて話す。Minhさんは［結構気分屋でマイペースなので、テスト勉強とかは苦手］なため、［一般的な勉強があまり好きじゃない］が、日本語は［毎日毎分毎秒が勉強であっという間に勝手に身につく］ので［好きな勉強］だと語る。これらの言葉からは、Minhさんがオンラインで生きた日本語にずっと触れてきたことがわかる。

　また、オンラインでの出会いや交流は、Minhさんの行動に影響を与えている。SNSで知り合った仲の良い日本人が奈良出身だったため、奈良に興味を持って来日した。Minhさんにとってプログラムは、日本人とのリアルな交流を体験する機会になったといえよう。学生たちとは、会って日が浅いにもかかわらず互いの恋愛の話で盛り上がった。オンライン以外でできた初めての日本人の友達だ。Minhさんのプログラムの参加目的は［日本人はどういう生活を送ってるのかをちょっと見てみ］ることだったが、それが達成できた要因を尋ねると、［参加中に同じホテルで、奈良女子大学の学生たちが一緒に泊まってくれました。一緒に食事して遊んで、色々なことを学びました］と答えてくれた。短期留学生の教室外における日本語使用場面について、ネットワークの観点から調査・分析した内海・吉野（1999）は、特に学内の支援ネットワークは、「友だち」ネットワークの形成に繋がりやすいと指摘している。非常に短い期

間ではあるものの、寝食を共にし、互いのプライベートを明かし合い、交流を深めることを通じて、Minhさんは同じ女子大学生である日本人の友達から日本の生活を垣間見たのだろう。

　プログラム中によく使った言葉として、Minhさんは「すみません」を挙げている。日本語の「すみません」には、呼びかけと謝罪の意味があることから、これらの言葉が異なるベトナム語よりも使用頻度が高くなるのは自然なことだが、Minhさんはそれを考慮しても［かなり多かった］と語る。インタビューの中で日本人のイメージに関する話題になった時、Minhさんは日本人について［いつも忙しくて、歩くペースも速くて。周りをあまり見ないという感じ。ベトナムではありえないです。困っている人がいたら、すぐ助けに来る人が多くて。いつもにこにこで。お互い。知らない人でもにこにこで。そんな感じです］と話し、筆者の「確かに、知らない人に声掛けたらいけないっていう感じはあるかな」という言葉に［迷惑かけちゃうっていう思考が（ある）］と続けた。オンライン上のやりとりでは使わない「すみません」の多用は、Minhさんにとって、リアルな日本でうまく生活するため自然と選び取った手段だったのかもしれない。インタビュー時の［ただのベトナム人に戻った］という表現からは、Minhさん自身が日本にいる時の自分とベトナムにいる時の自分が同じではないと考えていることが窺える。

　Minhさんは交換留学に応募する予定だ。プログラム参加時の［日本人はどういう生活を送ってるのかをちょっと見てみたい］という目標は［自分も日本人の生活を送ってみたい］に変わったという。Minhさんにとって、プログラムは、日本人と直接交流し、日本人の生活を垣間見る機会であり、それを経て今度はその生活を送ることに興味を持っていることがわかる。

5. おわりに

　本研究では、日本語による超短期プログラムに参加したPhuongさん、Minhさんのストーリーを通じて、プログラム参加者が何に期待して来日し、その経験をどう捉え、その後にどのように繋げて

いるのかを探った。2人は同じ大学の同じ学部に所属する同級生であり、ともに今回が初来日、参加前にはオンラインプログラムに参加しているなど、共通点が多い。ただ、プログラムに期待することについて、Phuongさんが「会話の機会」を挙げたのに対し、Minhさんは「日本人の生活を見ること」と答えるなど、異なる点もあった。これには、来日前における日本語、日本人との関わり方の違いが影響していると考えられる。現在、2人とも交換留学を目指しているが、その目的にも同様の違いがみられる。Phuongさんにとって、次の留学の目的は「日本人と話して会話力を上げること」であるのに対し、Minhさんにとっては、「日本人の生活をすること」である。Phuongさんは日頃日本人と話す機会があまりないが、MinhさんはSNSを通じて日常的に日本人と交流しているため、来日してこそ体験できることとして「生活」に目が向いているのだろう。

　当たり前のことだが、プログラムに参加する学生にはそれぞれのストーリーがある。例えば「日本語能力試験N3以上、初来日で日本語による超短期プログラムに参加するベトナム人学生」と聞くと、一括りのイメージを持ってしまいがちだが、日本語や日本人との交流をめぐる背景の違いにより、同じプログラムに応募・参加するにしても、各々の期待する部分や日本滞在の捉え方に違いがあることがわかった。

　加えて、日本人学生の影響の大きさについてもインタビューを通じて改めて認識した。日々の交流を通じて新しい日本語を知る、または日本の生活についての理解を深めるなど、Phuongさん、Minhさんそれぞれに収穫があったようだ。実は、日本人学生の側には留学が決まっている学生や留学に興味のある学生が含まれていた。ちょうど留学予定の大学から参加者が来ていたため、日本人学生が現地の情報などを教えてもらうという場面も見られた。その後、留学先で再会した様子がSNSのグループチャットに投稿されており、一方的に「教える」「学ぶ」のではなく、相互に情報を共有し合い、友人関係に発展させている様子が窺えた。

　Phuongさん、Minhさんとは、プログラム期間中やプログラム

終了後も含めて様々な話をしていたが、ライフストーリーの構築を通じて筆者が新たに理解したことは非常に多い。プログラムの参加申込書には、「日本語学習歴」や「参加動機」、「プログラムに期待すること」などを記入する欄があるものの、その記述の背後には、そこには収まりきらない物語が隠されていた。今後は機会があれば、計画どおり日本留学を果たした、あるいは、他の道に進むことにしたPhuongさん、Minhさんに再びインタビューし、その時の彼女らの「〈いま―ここ〉」での物語に改めて迫ってみたい。また、日本語による超短期プログラムに限ると、今回は同じ国、同じ大学の2名を対象としたが、更に対象を広げてインタビュー調査を行い、様々な日本語学習者の豊饒なストーリーに身を浸すことで、引き続きプログラムの意義について探りたい。

注
＊1 「超短期」「短期」などの用語と対応する期間には、共通した定義がないため、本稿においては後出の近藤（2009）に倣い、在留資格「留学」を要しない3か月以内のプログラムを超短期プログラムとする。
＊2 インタビューにおける被調査者の語りは、意味内容に変更がないよう留意しつつ、自然な日本語表現に一部変更した。語りを文中に組み込む場合は、角括弧［　］で括った。また、ストーリーの地の文として引用する際、「～です、～ます」体は「～である、～だ」体に統一した。丸括弧（　）内は筆者による補足である。

参考文献
秋元美晴・島崎英香・井口祐子・古田島聡美・武田知子（2020）「交流型日本語短期プログラムにおける学習者の日本語発話力の変容―2018年度恵泉女学園大学サマープログラムから」『恵泉女学園大学紀要』32: 17–45. 恵泉女学園大学.
金蘭美・小川誉子美・半沢千絵美（2018）「これからの短期留学プログラムの形―アンケートの結果から見えてきた課題と展望」『日本語教育方法研究会誌』24（2）: 122–123. 日本語教育方法研究会.
近藤佐知彦（2009）「21世紀型『超短期』受入プログラム開発―30万人時代の受入構築に向けて」『多文化社会と留学生交流』13: 45–55. 大阪大学留学生センター.
松尾憲暁・福富七重・加藤淳・初鹿野阿れ・椿由紀子・徳弘康代（2018）

「NUSTEP 修了生に対するアンケート調査―超短期日本語プログラムの学習効果に関する一考察」『名古屋大学国際教育交流センター紀要』5: 19–32. 名古屋大学国際教育交流センター.

三代純平編（2015）『日本語教育学としてのライフストーリー―語りを聞き、書くということ』くろしお出版.

中山亜紀子（2007）「韓国人留学生のライフストーリーから見た日本人学生との社会的ネットワークの特徴―「自分らしさ」という視点から」『阪大日本語研究』19: 97–127. 大阪大学大学院文学研究科日本語学講座.

桜井厚（2008）「ライフストーリー研究におけるジェンダー」谷富夫編『新版ライフヒストリーを学ぶ人のために』189–219. 世界思想社.

桜井厚（2012）『ライフストーリー論』弘文堂.

内海由美子・吉野文（1999）「短期留学生の日本語実際使用場面の実態と分析―ネットワークの観点から」『千葉大学留学生センター紀要』5: 30–55. 千葉大学留学生センター.

山口悠希子（2007）「ドイツで育った日本人青年たちの日本語学習経験―海外に暮らしながら日本語を学ぶ意味」『阪大日本語研究』19: 129–159. 大阪大学大学院文学研究科日本語学講座.

参考資料

日本学生支援機構『2019（令和元）年度外国人留学生在籍状況調査結果』〈https://www.studyinjapan.go.jp/ja/_mt/2020/08/date2019z.pdf〉参照日 2024.4.6.

日本学生支援機構『2019（令和元）年度短期教育プログラムによる外国人学生受入れ状況調査結果』〈https://www.studyinjapan.go.jp/ja/_mt/2021/03/date2019p.pdf〉参照日 2024.4.6.

VII

談話・社会との関わり

参加人数による話し合いの場やふるまいの変化
まちづくりの話し合い実践より

村田和代

1. はじめに

近年、社会が高度化、複雑化するに伴い、人々の考え方や価値観も多様化してきた。加えて、急速な人口減少と社会経済活動のグローバル化、情報化社会の到来に伴い、旧来のやり方が通用しなくなりつつある。これまでの政府主導による意思決定だけでなく、市民の意見や意思を尊重しようという大きな変化が、様々な社会的場面にみられるようになってきた（森本・大塚（2009））。

本稿でとりあげる「まちづくり」に関しても例外ではない。ひとくちに「まちづくり」と言っても様々なとらえ方があるが、本稿では、地域環境、地域経済、地域社会の質的な向上をめざして、私たちの暮らしを地域という場で設計するプロセスや実践であるとらえることとする（石原・西村（2010））。これには、建物や道路といったハード面と、歴史や文化、地域コミュニティといったソフト面の両面が含まれる。

従来、まちづくりは行政主導のトップダウンで進められることが多かったが、近年は、市民参加やマルチセクター型の協働（partnership）によるボトムアップ型へと変容してきた。そして、そのプロセスで、積極的に、市民参加型の話し合い*1が取り入れられるようになってきたのである（村田・阿部（2022））。

市民参加型の話し合いについては、行政学では市民参加の方法として、政治学からは熟議の実践という観点から研究が進められてきた（佐藤（2005），田中（2018））。一方、言語学からの研究は、実際の談話を収録することが難しい状況もありまだまだ萌芽期にある。

今般、行政学・政治学研究者との共同研究により、市民参加型の話し合い談話の大規模な収録が実現した。本稿では、参加人数によ

る話し合いの場や参加者のふるまいの変化に着目して、市民参加型話し合いの現場で、何が起こっているのかについて考察する。

2. まちづくりの話し合いの先行研究

まちづくりを進めるにあたっては、地域のさまざまな課題探求から政策・施策策定にいたる意思決定プロセスの様々なフェーズで、多様な関係者が話し合いを通して意思決定を行うことが求められる。このような話し合いの特徴は次の3つにまとめられる（村田 (2014, 2016, 2023))。

1. 産官学民といったセクターを超えた価値観や利害の異なる人々によって行われる。
2. 当該テーマについての知識量も不均衡である。
3. 参加者は、住む、働く、学ぶ等で共通の地域に今後も長期的に関わる可能性が高い。

まちづくりの話し合い談話の中でもっとも特徴的なのがファシリテーターの存在である。ファシリテーターとは、議論に対して中立的な立場で議論を進行しながら参加者から意見を引き出し、合意形成に向けて提案をまとめる調整役で、近年社会活動や地域住民活動においてその役割が注目されている（堀 (2004))。

村田 (2013) は、相互行為的社会言語学（interactional sociolinguistics）のアプローチからまちづくりの話し合い談話を分析し、ファシリテーターの言語的ふるまいの特徴を次のようにまとめた。

1. 話し合いを始める前に、参加者全員の自己紹介やアイスブレイク（参加者全員で参加できるクイズやゲーム等）に時間をかける。
2. 全体を通して、発言の割り振りに配慮し、発言していない人、発言量の少ない人に積極的に発言権を与えるようにする。

3. あいづち詞、共感や同意、繰り返し、肯定的コメント等、発言を積極的に聞いていることを明示的に表す言語ストラテジーを頻繁に使用する。
4. 意見をとりさげるときには、提案者に配慮を示す言葉をかける。
5. 話し合いを始める前に、話し合いのルールを提示する。
6. 話し合いのトピックを、その都度わかりやすく明確に提示する。
7. 繰り返し合意項目を確認し、小さな合意を重ねることで、大きなテーマの合意につなげる。
8. 話題の変わり目は、ことばで明示的に表す。

　これらファシリテーターの言語的ふるまいにみられる特徴は、大きく2つのグループに分けることができる。前半4項目は、言語の対人関係機能面（ポライトネス）に関わり、ワークショップのメンバーに配慮を示す言語的ふるまいである。参加者に共感や理解を示したり、積極的に聞いているというシグナルを送ることで、同じ話し合いの場を共有するメンバーであるという連帯感を表し、それが参加者間のラポール形成にもつながっているのである。後半4項目は、話し合いのプロセスやフレームワークといった話し合いのメタ的情報の提示を行っている。ファシリテーターは、どの参加者も平等に話し合いの進行についていけるように、話し合いの流れやプロセスを繰り返していねいに説明していた。

　このようなファシリテーターの言語的なふるまいが、多様な参加者（多くが初対面同士）でテーマに関する情報量や知識も不均衡であるまちづくりの話し合いにおいて、「参加者間のラポール構築を促し、参加者同士が話しやすい話し合い」「どの参加者でも話し合いの流れやプロセスを把握できるような話し合い」「参加者が平等な立場で臨める話し合い」へと導いているのである。言い換えれば、話し合いを円滑に進めるためには、話し合いの場作り、プロセスの共有、議論のマネジメントが重要であると言えるだろう。

　一方、ファシリテーターが持ちうるパワーについては留意すべき

である。村田（2023）が指摘しているように、まちづくりの話し合いのファシリテーターから共通して聞かれたのが「ファシリテーターは話し合いを引っ張っていくことができるという点を常に留意しなければならない」ということであった。篠藤他（2009）も、ファシリテーターが討議内容に踏み込み、結果的に討議を誘導したり、参加者の満足度を低下させたりする恐れがあると述べている。

話し合いは、意思決定や意見交換が主たる目的であるものの、実際の話し合い実践では、これ以外の効果がみられる。話し合い参加者の変化に着目した実証研究としては、村田（2019）や村田・水上・森本（2020）があげられる。これらの実証研究では、話し合いを通して参加者に当事者性や他者とつながろうとする志向性が生まれる点が指摘されている。なかでも、成人による課題解決をめざした話し合いにおける「異質な他者」（世代や所属する組織が異なり、主としてこれまで一緒に活動してこなかった人）との継続的な対話を通して、参加者の言語的ふるまいが受動的なものから積極的なものへと変化するなど、「市民性」の醸成がみられたとしている。また、同質な者同士の話し合いと異質な他者との話し合いの比較では、話し合いの参加者の異質性が、参加者間の自他の関係性やコミュニティでの役割の再認識などの学びにつながっていることを示唆している。

話し合いの目的を考えるとき、よい話し合いとはどのような話し合いなのかという観点から考えることも有効であろう。村田（2020）の調査によると、「よい話し合い」を考える上での評価指標は、必ずしも話し合いの結果（アウトプット）だけでなく、結果に至る過程（プロセス）も含まれることがわかった。また、よい話し合いの指標として、一人では思いつかないような意見が出るという「創発性」や、異なる意見や新しいことを知るという「学習」、そして話し合いを通した参加者の意識や態度の「変容」が指摘されている点にも留意したい。

以上の議論より、話し合いの効果をあげる（よい話し合いを実施する）ための話し合いの設え（コミュニケーションデザイン）に関する研究も必要であると考える。言い換えれば、話し合いを構成す

る諸条件の解明や特定をめざす研究である（佐藤（2023））。そのための手がかりとして、本稿では、話し合い参加者の人数に着目して考察を行う。参加者の人数が異なる話し合いでは、話し合いの場や、話し合い参加者の言語行動にどのような特徴がみられるのかを実際の話し合い談話から考察する。

3. 調査概要

　本稿の考察対象は、自治体が主催する「まちづくりワークショップ」である。A市のB地区内の土地に整備することとなった複合施設の検討過程で実施されたものである。全体として（連続ではない）2日間にわたって開催されているが、本稿では1日目を考察対象とする。参加者は、無作為抽出で、年代や居住地域等できるだけ偏りのないように選ばれた市民約50名である。ワークショップでは、「今後、複合施設を作る際、複合施設の魅力を高めるために、あったらいいな、必要だなと思うサービスや施設」について話し合われた。ワークショップの進行は表1のとおりである。

　表1より、ワークショップでは、テーマをめぐる講義によってある程度情報のインプットを行ったり、話し合いの前には、グループのメンバーが自己紹介をしていることがわかる。今回の話し合いの目的はチームの合意形成というよりも、お互いの意見交換ではあるが、それぞれのチームの意見をまとめ収集することも同時に目標となっている。

　ワークショップでは、ワールド・カフェ方式（香取（2020））が採用され、話し合いは3回、それぞれ約12〜15分間ずつ行われた*2。第1ラウンドは世代別に分かれたグループ、第2ラウンドは異世代混成グループ、第3ラウンドは元の同世代グループに戻って行われた。A〜Jの10グループで、各グループの人数は4〜6名であった。第2ラウンドでは、各グループ1名が残り、他のメンバーは別のグループに移動して話し合う。第2ラウンドの話し合いの最初には、元のグループに残った人が「語り部」となり、第1ラウンドで話し合われた内容を共有する役割を担うというものである。

表1 A市まちづくりワークショップ（1日目）進行表

時間	内容	目的
9:45～9:48 （3分）	開会あいさつ	
9:48～9:54 （6分）	アイスブレイク	①自己紹介、②今の気持ち、③何があなたをこのワークショップに導いたのかについて話す。（1人2分）
9:54～10:00 （6分）	オリエンテーション・ワークショップの目的・目標・全体スケジュール・第1回のタイムスケジュール	ワークショップで出された意見が検討委員会での参考となること、各回で話し合ってもらう内容、B地区複合施設検討委員会の検討委員2名を選出すること、第1回のタイムスケジュールについて説明することで、ワークショップ全体の進め方について、参加者の理解を深める。
10:00～10:15 （15分）	説明「B地区複合施設検討の経緯」	B地区複合施設を検討するに至った経緯と今後の検討の展望について、理解を深める。
10:15～10:20 （5分）	質疑応答	
10:20～10:30 （10分）	説明「公共施設マネジメントの考え方」	今後の人口動態と財政運営を踏まえた公共施設マネジメントの考え方について、理解を深める。
10:30～10:35 （5分）	質疑応答	公共施設マネジメントの考え方に関する疑問に答えることで、参加者の理解を深める。
10:35～10:45 （10分）	説明「B地区複合施設検討委員会での検討内容」	B地区複合施設を検討するに至った経緯と今後の検討の展望について、理解を深める。
10:45～10:50 （5分）	質疑応答	B地区複合施設検討委員会での検討内容に関する疑

			問に答えることで、参加者の理解を深める。
10:50〜11:00 （10分）	休憩		
11:00〜11:05 （5分）	説明「グループワーク」		グループワークの作業内容について説明することで、スムーズなグループワークの進行を目指す。
11:05〜11:20 （15分）	グループワーク（第1ラウンド） 「複合化すると魅力的になる施設（サービス）を考えよう」		複合化することで魅力的になる（便利になる）施設（サービス）についてグループ内で話し合いながら、模造紙に自由に記入する。
11:20〜11:23 （3分）	席替え		各グループ1人を残して他のグループへ席替えを行う。
11:23〜11:38 （15分）	グループワーク（第2ラウンド） 「複合化すると魅力的になる施設（サービス）を考えよう」		席替えで残った人による情報共有後、グループワーク（第1R）と同じ問いについてグループ内で話し合いながら、模造紙に自由に記入する。
11:38〜11:41 （3分）	席替え		初めの席に戻ってもらう。
11:41〜11:51 （10分）	グループワーク（第3ラウンド） 「施設を複合化する際に、どのような魅力的な施設（サービス）があるとよいのかを考えよう」		グループワーク（第2R）までの情報共有後、施設を複合化する際に、どのような魅力的な施設（サービス）があるとよいのかについてグループ内で話し合いながら、模造紙に自由に記入する。
11:51〜11:56 （5分）	個人振り返り		グループワークの結果を基に、個人が考える施設を複合化する際に、あるとよい魅力的な施設（サービス）をまとめる。（個人に配布するA3用紙に記入する。）
11:56〜12:00 （4分）	まとめ、閉会のあいさつ（アンケートの記入）		閉会後、参加者にアンケートを記入してもらう。

誰が語り部となるかは、第1ラウンドの最後に各グループで話し合って決められていた。概して、第1ラウンドで積極的に発言している人が語り部となっていた。

　第2ラウンドを異世代混成にしたのは、基本的に面識のない市民同士の話し合いであるまちづくりワークショップにおいて、特に「世代」に着目した場合、同世代同士よりも異世代同士の対話の方が参加者の学びにつながるという仮説を検証するためである。一日目終了時に実施したアンケート結果（話し合いを通した学びを問う自由記述）からは、世代による異なる意見を聞けたことに関する意見が多く、異世代同士の対話を第2ラウンドに入れたことによる効果は一定程度あったと考えられる。

　なお、本ワークショップでは各グループにファシリテーターを配置していない。これは主催者側が、市民相互の対話を重視する意向があったためである。

　本稿のリサーチクエスチョンは、話し合い参加者の人数によって話し合いの場や参加者のふるまいに変化がみられるのかというものである。話し合いは4～6名のグループ編成であったので、最小人数の4名のグループと最大人数の6名のグループを比較対象とする。語り部2名をターゲットパーソンとし、彼・彼女の第1、第2ラウンドの話し合いを考察する。

4．考察

　談話分析の枠組みとして、相互行為的社会言語学を用いる(Schiffrin（1994）, Holmes（2008））。これは、言語が参加者のアイデンティティや関係づけなどのコンテクストをどのように反映し、それが相互行為にどのように影響を与えているかを明らかにするための枠組みである。したがって実際の場面での言語使用や対人関係の要素を分析に取り入れる特徴がある。

4.1 事例1（米川氏が語り部となったGグループ）

事例1では、米川氏の第1ラウンド（参加者6名）と第2ラウンド（参加者4名）を比較する*3。

表2　Gグループ第1ラウンドの参加者

	年代	性別	発言数*4
米川	30歳代	男	33
平本	30歳代	女	22
倉木	30歳代	女	13
尾美	30歳代	女	5
和田	50歳代	男	3
加山	40歳代	男	0

　第1ラウンドはほぼ同世代6人での話し合いである。最も目立つ特徴としては、発言数が極端に少ない人が見受けられる点があげられる。6名のうち3名が5回以下となっている点に着目したい。うち1名はまったく発言していない。

　米川氏の言語的ふるまいで特徴的なのが、ファシリテーターのようなふるまいが多用されていることである。

(1) 米川：(話し合いの最初で) じゃあいきましょうか。
(2) 米川：加山さんどうですか、なにか
(3) 米川：複合施設の内容についての話なんですよね。15分になるけど違う話になっちゃいましたね。何を中に入れるか、

　(1)(2)(3)で見られるように、話題を変える、発言権を割り当てるといった発言だけでなく、他の参加者の発言を繰り返したり評価的なコメントを与える、そこまでの議論をまとめるといったふるまいが散見された。
　ファシリテーターは、「議論に中立」であることが重要であるが、米川氏は、自分自身の意見を強調したり、何度も繰り返したりして中立を保っていなかった。そして、自身の意見の繰り返しが、発言

数が多い理由の一つとなっていた。

(4)
和田：あれですよね、住んでるところのそばにあると使いやすいんでしょうけど、遠い人だとやっぱり使いにくいですよね。
米川：そうですね。
和田：気軽に行けるような何か施設でもね。
米川：<u>窓口ですね、そこに尽きるだろう</u>っていう。まあこないだ、さっき自己紹介したんですけど子供産まれたときはまあちょっと忙しくて出生届出していなくてギリギリになっちゃったという時に私、上平なんですけど、あの上平公民館、一応上尾の支所があるんですけど、まあ土日受付やってなくて市役所まで行ったんですけど、市役所は工事中で、入れてもらえない。

　米川氏は、一貫して複合施設に市役所の窓口機能を備え付けるべきだということを主張する。(4)でも、「そこに尽きるだろう」という強調する表現を用いている。
　さらに、(5)で見られるように、他の参加者が話し合いのテーマに関する疑問点を出した際に、答えるのはすべて米川氏である。(5)で見られるように、「あるよね」と断定で答えているものの「おそらく」という表現からもわかるように主観的な回答である。

(5)
倉木：複合化にデメリットは無いんでしたっけ？
米川：<u>あるよね</u>。それは特化した施設と違って、そこまで深いサービスは提供できないし、<u>おそらく</u>専門家が置けないでしょ。多機能にしちゃうと、それぞれの機能に合わせるって言ったらさ、プロフェッショナル何人必要なのって話しだから、ある程度浅く広く単に出来る人が（必要）だから、突っ込んだ話を聞きたいときに聞けない。そういう意味では本庁の方に行って、その専門の窓口に行ってくれっていうことになる。

さらに、自分自身の発言を、あたかもグループの意見として表明するという事例も複数見られた。

(6)
米川：正直防災ってすごく大事だと思うんだけどそこまで困るか？じゃあ実際問題ここに載っている機能がどれか一つ全く機能しなくなったとしてどの程度市民が不便になるのか困るのか。実際緊急事態で問題になるのって人の命以外はどうでもいいですよね。そういうものは乗っかってないわけだから、<u>じゃあ防災は切り捨てていいのかな。今回のこの案件に関しては。</u>

　自治体からの資料に複合施設に入れる機能の候補として「防災」が含まれている。(6)は、他の参加者の災害に関しての発言に続く米川氏の発言である。重要であると認めつつも、まるでグループ全体の判断を示すかのように強く大きな声で下線部分を発言していた。
　Gグループの加山氏のアンケートの自由記述には、「我の強い方がいると、そちらへ話し合いが引っ張られてしまうというデメリットを感じました」といった話し合いについてのメタ的コメントが書かれている。加山氏は第2ラウンドでは積極的に発言しており、このコメントは米川氏のふるまいについてであると推測できる。米川氏は、ファシリテーター的なふるまいをとりつつも、議論に中立でなく、話し合いを操縦する（意識的でなくても結果的に操縦してしまっている）傾向があると言える。
　続いて、第2ラウンドの話し合いを考察する。第2ラウンドは、参加者4名の話し合いである。

表3　Gグループ第2ラウンドの参加者

	年代	性別	発言数
米川	30代	男性	23
永井	60代	男性	20
岡本	40代	女性	15
河田	20代	男性	7

表3より、発言数の多少はあるが第1ラウンドほど発言数の差は大きくないことがわかる。この話し合いで特徴的だったのが、参加者全員で共同構築している箇所が複数みられたことである。(7)は、複合施設にはフリースペースがあった方がいいという意見が出され、フリースペースにオフィスも入れるかどうかについてのディスカッションの場面である。

(7)
永井：じゃあフリースペースプラスレンタル/オフィス\
岡本：/笑\
米川：そうするともう民間の業務ですよね、レンタルオフィスは。
河田：さいたま市の図書館は書斎室っていうのがあるんです。図書館の中に勉強する学生専用勉強/スペース\、社会人専用勉強スペース、書斎室、個室みたいのが/あって\、二時間、三時間とか確か借りられる。もちろん無料で。
永井：/うんうん\
米川：/うーん\
永井：ごめん、そうか、無料がやっぱり大前提か
米川：無料
河田：まあそうですね。
米川：もちろん使ったことに対して、例えば消耗品使ったことに対してのある程度の支出っていうのはもちろんですけど、利用料一回200円とかそういう程度のことであればありますけど。
岡本：利用料とってもいいと思いますよ。100円とか何百円とか、市民の人から、市民の人はいくらとかっていう感じで、少額であれば利用者は（　　）
河田：その話しぶりを聞いて、保育とか高齢者施設って結構みんな企業に入ってもらう場所を市が税金使って建てた建物を利用されるってことは、やっぱり子育てとか介護にまだ全然関係の無い世代の方って、なんかちょっとうーんって（後略）

(7)では、4名の参加者が連続的に発話や相槌や笑いで反応しなが

ら話し合い談話を共同構築している点に着目したい。これは第1ラウンドの話し合いでは全くみられなかった特徴である。

また、6名の話し合いでは米川氏だけがファシリテーターに似た言語的ふるまいが目立ったが、4名の話し合いでは、話題転換を米川氏以外の参加者が行っている場合もあったし、質問に対して答える人も一人に限定されていなかった。

4.2　事例2（稲本氏が語り部となったBグループ）

事例2では、稲本氏の第1ラウンド（参加者4名）と第2ラウンド（参加者6名）を比較する。

表4　Bグループ第1ラウンドの参加者

	年代	性別	発言数
稲本	30歳代	女性	48
小野	40歳代	女性	36
多田	30歳代	女性	14
大川	30歳代	男性	9

第1ラウンドは、同世代4名の話し合いである。事例1の4名の話し合いと同じように、参加者間の発言数の偏りはあるものの、発言数が1番少ない大川氏は、相槌等で積極的に応答している様子が見受けられる。

最も発言数の多い稲本氏は、自分自身の意見を繰り返し発言しているが、事例1の6名の話し合いほどは目立たない。それは、2番目に発言数の多い小野氏も自身の意見を繰り返し発言していることにも起因している。また、話題転換は稲本氏が頻繁に行っているが、他の参加者も行っている。加えて、事例1の6名の話し合いと違って、明示的なファシリテーター的なふるまいは見られない。

事例1の4名の話し合いと類似していたのが、参加者全員の共同構築が複数回みられた点である。

(8)

稲本：(省略)まわるくんはさ、2時間に1本」とか、あっちB公

園って、で、1時間に1本か2時間に ₂/1本くらい\₂ な感じで、あと、C行きの、A駅からC行きのバスが通るんですけど、1時間に1本とかですよね。
小野：₁/そうそうそう\₁
大川：₂/あ、そうなんですか\₂
小野：うちもそうです1時間に1本ない ₁/\₁、ないです ₂/\₂
稲本：/ねー\₁
多田：₂/あー\₂
大川：そんなもんです/か\
稲本：/そう\
小野：便利ですけどね、もっと本数増やしてほしい
大川：書いておきます？
稲本：ね、まわるくん、バスの本数、あと駐車場
多田：駐車場もね、大事ですよね。まわるくんとかね増えてほしい。

（8）では複合施設が建設されるB地区は鉄道の駅から遠く、A市が運営する周遊バス（まわるくん）の本数も少ないという話題でもりあがっているシーンである。参加者全員で応答や発言をしながら共同構築している様子が見て取れる。

続いて、第2ラウンドの話し合いを考察する。参加者は下記6名である。

表5　Bグループ第2ラウンドの参加者

	年代	性別	発言数
古林	50歳代	女性	8
尾山	70歳代	男性	8
稲本	30歳代	女性	4
仲島	50歳代	男性	4
黒田	10歳代	女性	0
志野	60歳代	男性	0

事例1の6人の話し合いと同様に、発言数に大きな異なりがある。このグループではまったく発言しない人が2名いた。もう1つ特徴

的なのが、すべての参加者の発言数が他の話し合いに比べて極端に少ないということである。それは、特定の人の発言が極めて長かったからである。第2ラウンドの話し合いの流れは次のようにまとめることができる。

| 古林氏が約3分間持論（待機児童を解決するために使うことが重要）を展開 |

↓

| 尾山氏が古林氏に対して反対意見の表明（2分47秒）の後、約5分間持論（市の一大拠点となる避難所にするべき）を展開 |

↓

| 最後の1分10秒は、2名ずつに分かれて対話が展開（仲島氏と尾山氏、古林氏と稲本氏）するが、黒田氏と志野氏は対話に入っていない |

　古林氏と尾山氏の発言が話し合いの3分の2以上を占めており、その後は、グループでの話し合いではなく、2人ずつのやり取りで終わった。その間も、ずっと黒田氏と清水氏はやり取りに入れないままであった。
　語り部である稲本氏は、第2ラウンドの終了後の3ラウンド目の話し合いで、この話し合いについてのメタ的コメントとして次のように発言していた。

(9)
稲本：(3ラウンド目の冒頭で) うんと、みなさんの話を聞けなかったです、まずは。ふた、主に2人の方が話されていたので、なんかもう議題は2つみたいな感じだったんですけど

(10)
稲本：他の方は何を考えてたんだろうと思うけど、だいたいでもみんな似かよるのかもしれないですね。わか、若い人とかって何話したんですかね、全然ね、全然しゃべらせてあげられな

かったの、いたのに、あーいつ、振りたい振りたいと思いながら。

(9)(10)の発言より、稲本氏は自身が語り部役であった第2ラウンドで進行役を自覚していたことがわかる。一方、2名がそれぞれの意見を主張したために、話し合いを円滑に進行できなかったことも明示化されている。

5. まとめ

前節の考察は次のようにまとめることができる。

1. 参加者が6人の話し合いでは、発言権が不平等になり、まったく話さない人が見受けられる。
2. 参加者が6人の話し合いでは、ファシリテーター的な役割を担う人や自身の意見を繰り返し／長時間主張する人が、話し合いを（結果的に）操縦してしまう危険性がある。
3. 参加者が4人の話し合いでは、参加者全員の共同構築で話し合いを進めることができる（可能性が高い）。
4. 初対面同士の話し合いであっても、自発的にファシリテーター的な役割を担う人が出てくるだろうが、話し合いに参加する参加者は「議論に中立」であり続けるのは難しいと考えられる。
5. ファシリテーターなしで話し合いを進めるのであれば、4人程度が好ましい。（6人は参加者間の平等性を担保するのは難しいと考えられる。）

本稿の考察により、参加人数によって話し合いの場や参加者のふるまいが異なることが実証された。今回は4人と6人の比較であったが、他の参加人数の話し合いの特徴についても、今後検証を進めたい。

近年、教育現場でアクティブ・ラーニングが重要視されている。「主体的・対話的で深い学びの実現」に向けて話し合いを取り入れ

る機会が増えることを鑑みても、単に話し合いを実施するというのではなく、どのような話し合いの設えがより効果的なのか、効果をあげる要因は何かについては、今後も実証研究が望まれるであろう。

　本稿の考察結果が、市民参加型の話し合いのコミュニケーションデザインの開発のみならず、教育現場にも還元できれば幸甚である。

注

* 本稿は、日本地域政策学会「まちづくりにおける話し合いプロジェクト研究」の助成による共同研究の成果の一部である。共同研究メンバーの、佐野亘氏（政治学、公共政策学）、佐藤徹氏（行政学、地方自治論、政策科学）、森本郁代氏（会話分析）、水上悦雄氏（音声言語処理）に感謝申し上げる。

*1 本稿では、話し合いを「複数の参加者が集まり（遠隔通信を含む）、意思決定や意見交換などの共通の社会的な目的のために意見や想いを表明し、交換するコミュニケーション（相互行為）」とする（村田・井関（2018））。

*2 進行表に記載されている時間は目安で、実際には 12 分から 15 分程度話し合いが行われていた。

*3 参加者の氏名や会話中の固有名詞はすべて仮名である。

*4 発言数は、相槌や頷きといったバックチャネリングは省き、ターンをとって発話している場合を一回と数えた。

参考文献

堀公俊（2004）『ファシリテーション入門』日経文庫.

Holmes, Janet (2008) *An Introduction to Sociolinguistics*. 3rd Edition. London: Longman.

石原武政・西村幸夫編（2010）『まちづくりを学ぶ―地域再生の見取り図』有斐閣.

香取一昭（2020）「会話のネットワークが未来を創る―ワールド・カフェの魅力と成功の条件」村田和代編『これからの話し合いを考えよう』（シリーズ話し合い学をつくる第 3 巻）63–88. ひつじ書房.

村田和代（2013）「まちづくり系ワークショップ・ファシリテーターに見られる言語的ふるまいの特徴とその効果―ビジネスミーティング司会者との比較を通して」『社会言語科学』16（1）: 49–64.

村田和代（2014）「まちづくりへの市民参加と話し合い」『日本語学』33（11）: 32–43. 明治書院.

村田和代（2016）「まちづくりの話し合いを支える雑談」村田和代・井出里咲子編『雑談の美学―言語研究からの再発見』51–70. ひつじ書房.

村田和代（2019）「〈つなぎ・ひきだし・うみだす〉ためのコミュニケーショ

ンデザイン」白石克孝・村田和代編『包摂的発展という選択―これからの社会の「かたち」を考える』152-173. 日本評論社.
村田和代（2020）「これからの話し合いを考えよう」村田和代編『これからの話し合いを考えよう』（シリーズ話し合い学をつくる第3巻）1-20. ひつじ書房.
村田和代（2023）『優しいコミュニケーション―「思いやり」の言語学』岩波書店.
村田和代・阿部大輔編（2022）『「対話」を通したレジリエントな地域社会のデザイン』日本評論社.
村田和代・井関崇博（2018）「話し合い学の領域と研究課題」『話し合い研究の多様性を考える』（シリーズ話し合い学をつくる第2巻）1-19.
村田和代・水上悦雄・森本郁代（2020）「話し合いの可能性―異質な他者との対話を通した学習とは」『社会言語科学』23（1）: 37-52.
森本郁代・大塚裕子（2009）『自律型対話プログラムの開発と実践』ナカニシヤ出版.
佐藤徹（2005）『市民会議と地域創造―市民が変わり行政が変われば地域も変わる！』ぎょうせい.
佐藤徹（2023）「まちづくりへの参加と対話は人々にどのような変化をもたらすのか―まちづくりワークショップにおける対話の効果に関する研究デザイン」『日本地域政策研究』30: 4-13.
Schiffrin, Deborah (1994) *Approaches to Discourse*. Cambridge, MA: Blackwell.
篠藤明徳・吉田純夫・小針憲一（2009）『自治を拓く市民討議会―広がる参画・事例と方法』イマジン出版.
田中愛治編（2018）『熟議の効用、熟議の変化―政治哲学を実証する』勁草書房.

発話の文字化記号
　…/…\… 重なりを表す
　［文字］非言語的情報（音声やジェスチャー等）
　（文字）会話を理解するのに必要な説明・コメント
　＜固有名詞についての説明＞
　（　）聞き取り不可能な箇所
　? 上昇調のイントネーション

Laughter in Clinical Interviews as a Resource of Empathic Communication
A Case Study of Simulation Practicum between Medical Students and Simulated Patients

GOTO Risa

1. Introduction

While there have been many studies on non-verbal communication such as laughter in traditional conversation analysis (e.g. Jefferson (1984, 1985); Jefferson et al. (1987)), studies of laughter in conversations in the specific setting of medical practice—the focus of this paper—are less common. In analyses of medical conversations in the USA and Finland, a 'tendency for patients to laugh more than doctors' and 'patients laughing alone, without a chain of laughter occurring' were observed (West (1984); Haakana (2001, 2002)). Ueda's (2009) and Hasegawa's (1999) studies of laughter in Japanese clinics also found that patients tended to laugh more than doctors, with female patients tending to laugh more often than male patients.

The conversational data discussed in this paper are from conversations between medical students (MSs) and simulated patients (SPs) during simulation practicum in medical schools. Simulation practicum is an important opportunity for students to develop interactional skills. A total of 30 clinical interviews were extracted from the audio recordings in this study. Interestingly, MS and SP laughter patterns differed from the findings of the studies mentioned above. The major differences were that 'laughter chains' were frequently observed and that MSs laughed more often than SPs.

2. Objectives

How is empathic communication conducted during the first meeting between medical practitioner and patient, overcoming the initial difficulties of empathy formation? This paper will examine this question by analyzing MS—SP interviews from initial meetings, focusing on both individual occurrences of laughter and mutual 'laughter chains' and considering the communicative effects of each, particularly from the perspective of building empathic communication.

The main topic for analysis is the interrelationship between utterances and emotional involvement. Positive/negative emotions and positive/negative evaluative statements related to laughter are identified and form the basis of the analysis. In some sessions, certain topics may be expanded upon during the basic interview question-and-answer interaction, leading to more extended and developed interactions. The laughter that occurs during such 'conversational deviations' suggests that a sense of closeness and intimacy is being generated, helping to build empathy between participants who are mutually aware of the generation of that intimacy. In this paper, we will carefully present a few extracts of conversations that illustrate the process of developing empathic communication.

3. What is Empathic Communication?

According to Riley (2019: 93), empathic communication is communicating understanding. The communicator does not judge or evaluate other people's words but merely shows that they have understood them. Successful empathic communication gives the addressee 'a wonderful sense of acceptance' (ibid.).

To define empathic communication more precisely, it is necessary to review the definition of empathy, which has been discussed in light of the Roter interaction analysis system (RIAS) (see Roter and Larson

(2002)). Roter and Larson (2002: 249) state that 'empathy is operationally defined in the RIAS manual as statements that paraphrase, interpret, recognize or name the other's emotional state.' However, Sandvik et al. (2002: 240) pointed out other RIAS codes that also reflect emotionally-relevant talk, including such categories as 'legitimize,' 'reassure/shows optimism,' and 'concern.' Roter and Larson replied to Sandvik et al., saying, 'what is done with these individual codes is an analytic and interpretational challenge, not a coding issue.'

It is not surprising that controversy arises over the definition of empathy as it pertains to human emotions. One useful alternative interpretive hypothesis is the cognitive-pragmatic theory called Relevance Theory (RT) proposed by Sperber and Wilson (1986/1995[2]). The advantage of Relevance Theory lies in the idea of a higher-order schema that embeds the propositional content of an utterance. Higher-order schemas are useful in that they can express varying degrees of the speaker's intentions and attitudes with a positive or negative orientation. Furthermore, vocalizations with no linguistic component, such as laughter, can also be treated as elements that contribute to the restoration of communicative content in the same way as utterances. RT supposes that the hearer or interpreter of an utterance has a higher-order explicit meaning in mind, dubbed 'higher-level explicature' (HLE). The HLE forms part of the assumptions underlying possible interpretations. For example, when an MS produces an utterance like "Is there any cause for increased stress?", an SP, as hearer, may or may not have one of the HLEs (1b–i), (1b–ii), or (1b–iii). (See also Goto et al. (2022) for confirmatory statements.)

(1) a. MS: Is there any cause for increased stress?
    b. Accessible HLEs:
        i. the speaker is asking the hearer whether P (P = proposition).
        ii. the speaker is confirming whether P.

iii. the speaker assumes that P (and therefore has a desire to confirm).

Similarly, a speaker's emotions associated with their laughter can be recovered as a HLE. One possible HLE is that the speaker has associative (or positive) feelings toward what is expressed by the linguistic content of the previous utterance. Consider the interaction in (2) below, where SP responds to MS's utterance in (2a) with laughter.

(2) a. MS: Well, I mean, managing a household is a job on its own, right?
 b. SP: [laughter]
 SP's possible thoughts (i.e. accessible HLEs):
 i. SP is delighted/amused that P.
 ii. SP is delighted/amused that the doctor insists that P.
 iii. SP is delighted/amused that the doctor insists that P in a humorous manner.

(P = propositional content "managing the household is a job on its own")

4. Contexts of Laughter

Several parameters have been considered in previous laughter studies. External contexts such as 'being tickled,' 'watching humorous videos' or 'hearing jokes,' as described by Vettin and Todt (2004: 93–94), immediately come to mind. Laughter is contagious in everyday conversations and often induced by the laughter of others (Provine (1992)). However, as this study explores how laughter contributes to communication in discourse (in this case, interviews), only the following two 'contexts of laughter' will be discussed:

(3) Contexts of laughter:
 a. Previous speaker's utterance/laughter/other emotional

output
b. Laughing speaker's utterance (i.e., when laughter occurs immediately after their own utterance)

Much of the laughter collected formed part of a 'laughter chain,' a phenomenon observed in several interviews. Laughter chains often occurred in extended or developed conversations (i.e., going beyond the basic, scheduled interview QA). This sort of 'derailment' or 'going off on a tangent' is another concept that this study will consider.

5. Data and Method

We use transcribed audio data from a total of 30 clinical interviews between American MSs (13 males, 17 females) and SPs (all females) conducted in the simulation practicum classes. Each session lasted approximately 20 minutes. SP's primary symptom was 'fatigue.' The typical interview flow was as follows: MS first asks about the chief complaint, and then conducts a variety of other inquiries, including (b) through (k), as listed below. After the interview, each session ended with a physical examination.

(4) Typical flow of interview
    a. chief complaint (→ fatigue)
    b. amount of sleep
    c. pains of stomach/chest, etc.
    d. medications
    e. allergies
    f. smoking & alcohol
    g. medical history
    h. medical history of family members (including parents, siblings, children)
    i. any changes in appetite, indigestion, urinary, etc.

j. headaches, numbness, etc.

k. any feelings of anxiety, depression, etc.

→ physical examination

Utterances including or consisting of laughter were extracted from the transcribed data. These were then classified in terms of: (i) the context in which the laughter occurred, (ii) the person who produced the laughter (MS/SP) and their gender, and (iii) the effect of the laughter and whether it contributed to empathic communication.

6. Quantitative Study[*1]

As noted at the beginning of this paper, previous studies on doctor—patient laughter showed that patients laughed more frequently than doctors and that female patients laughed more frequently than male patients (West (1984); Haakana (2001, 2002); Ueda (2009); and Hasegawa (1999)). Based on these results, the present study offers a comparative analysis from the following two perspectives. First, the total number of times MS and SP laughed is compared in terms of correlation with the context of the laughter. Second, as the medical students were a mixed gender group, instances of laughter by male and female medical students are separately counted and statistically analyzed to check for any significant difference between the two groups.

6.1 Comparison of 'Laughter Count' between MS and SP

Table 1 shows the total number of times MSs and SPs laughed during each 20-minute interview, ranging from 0 to 42 times for MSs and 0 to 10 times for SPs. The median was approximately 6.00 times for MS and approximately 2.26 times for SP. The number of laughter chains per interview ranged from 0 to 3. There was a striking contrast in the figures for the context of laughter: 76% of the laughter produced by MS occurred immediately after their own utterance, whereas 60% of the laughter produced by SP occurred immediately after their partner's (i.e., MS's) utterance.

Table 1 Comparison of 'Laughter Count' between MS and SP

	Occurrences of laughter per interview (range)	Median occurrences of laughter per interview	Occurrences of laughter chain per interview (range)	Contexts of laughter a. after own utterance b. after partner's utterance
MS	0–42	6.00	0–3	a. 76% b. 24%
SP	0–10	2.26		a. 40% b. 60%

To ascertain the difference between MS and SP in laughter after their own utterance and after their partner's utterance, Man-Whitney U tests were conducted. Statistical analyses revealed that laughter after one's own utterance was significantly more common in the MS group ($Md = 2.0$, $n = 30$) compared to the SP group ($Md = 0.0$, $n = 30$), $U = 241.00$, $z = -3.20$, $p = .001$, with a medium effect size $r = .41$. In contrast, no statistically significant difference in frequency of laughter after their partner's utterance was found between the MS group ($Md = 0.0$, $n = 30$) and the SP group ($Md = 1.0$, $n = 30$), $U = 419.00$, $z = -0.49$, $p = .625$, with a small effect size $r = .06$.

6.2 Comparison of 'Laughter Count' between Male MS and Female MS

During each 20-minute interview conversation, the number of times each MS laughed ranged from 0 to 42 for female MSs and 0 to 10 for their male counterparts (see Table 2). The median values were approximately 8.24 for female MSs and 3.00 for male counterparts. Furthermore, the number of times a chain of laughter occurred ranged from 0 to 3 per interview for female MSs and 0 to 1 for their male counterparts. The figures in the table show a slight difference regarding whether laughter occurred after the MS's own utterance or that of their partner (i.e., the context of laughter): the proportion of laughter after one's own utterance was higher for male MSs (82%) than for female MSs (74%). In other words, compared to female MS laughter patterns, a smaller proportion of male MS laughter came in response to an SP utterance.

Table 2 Comparison of 'Laughter Count' between male MS and female MS

	Occurrences of laughter per interview (range)	Median occurrences of laughter per interview	Occurrences of a laughter chains per interview (range)	Contexts of laughter a. after own utterance b. after partner's utterance
MS (female)	0–42 times	8.24	0–3 times	a. 74% b. 26%
MS (male)	0–10 times	3.00	0–1 times	a. 82% b. 18%

Man-Whitney U tests were also conducted to ascertain the differences between male and female MSs in terms of laughter after their own utterance and after their partner's utterance. Statistical analyses indicated no statistically significant difference between female and male MSs in occurrences of laughter after their own utterances (Md = 3.00, n = 17; Md = 2.00, n = 13), U = 87.50, z = -0.97, p = .330, with a small effect size r = .18. In contrast, for occurrences of laughter after their partner's utterances, a statistically significant difference was found between female MSs (Md = 2.0, n = 17) and male MSs (Md = 0.00, n = 13), U = 63.50, z = -2.15, p = .031, with a small to medium effect size r = .39.

6.3 Discussion

The statistics provided in the previous two sections reveal several important facts. First, MSs produced more laughter or 'utterances accompanied by laughter' than SPs. This contrasts with some previous studies introduced in Section 1 of the present paper. Furthermore, a high proportion of laughter by MSs was produced immediately after the MS's own utterance. The laughter of SPs, in contrast, was mostly influenced by MSs' previous utterances and laughter, and the quality of their laughter was predominantly positive in nature. This also contrasts with the results presented in previous studies. For instance, Ueda's (2009) analysis of patients' laughter provides implications based on politeness theory, according to which patients are conducting FTA avoidance towards positive faces to themselves and their doctors in order not to expose their anxiety when they express concerns by producing utterances such as "I feel sick" to their doctors. According to analysis by Vettin and Todt (2004), who recorded and analyzed conversations in a setting resembling daily conversation, participants often ended their own speech with laughter as well as laughing at the other participant's utterance. This study used data from simulated conversations, in which MS and SP played the roles of interviewer and interviewee, respectively, in a setting different from that of everyday conversation. However, the results of this study partially resembled the results of Vettin and Todt's analysis of daily conversation, in that MSs often laughed immediately after their own utterances, and also that the quality of the laughter was generally positive.

Second, laughter chains were observed during some interactions, many of which occurred during extended conversations. For example, when MS asked SP about her family members, SP talked about her children's college, and MS shifted the topic to her own college. Laughter occurred during each participant's 'self-disclosure' and this laughter had a positive, joyful quality. This type of topic extension often occurred after almost all scheduled questions and before physical checks. (Some specific examples of laughter chains, including this case, will be discussed in the next section.)

Finally, with regard to gender differences in MSs' laughter, no statistically significant differences were found in the number of laughs after their own utterances, but female MSs were significantly more likely to laugh after their partners' utterances. This echoes results from previous studies comparing gender differences in patients, in which female patients laughed more often in response to the doctor's utterances (Ueda (2009), Hasegawa (1999)).

7. Qualitative Study

We regard integrating quantitative and qualitative analysis as highly important. In this section, we will take a closer look at the behavior of the participants in their conversational interactions, selecting some examples in which the effect of laughter is noticeable.

7.1 Laughter with/without Linguistic Elements, Laughter Chains

We will first review the broader context of (2) above, identifying different types of laughter—single occurrences (after speaker's own utterance/partner's utterance) and chains—and to examining how empathy is evoked by laughter in these cases.

Excerpt from *Interview 1*

077　MS: No. And what do you do for work?
078　SP: Um, actually, I haven't, I'm not working currently.
079　MS: Okay.
080　SP: I was, you know, it's, it's so strange to say it, like, it feels strange to me. I was a stay-at-home mom, but, now, they're, um, in college. So::
081　MS: Oh, wow, very good.
082　SP: Yeah. And so:: so, no, I used to work, um, before-before they were born. And when my daughter was born, I: I stopped, and I'm just a stay-at-home mom, but, currently, no, I'm not working.

083   MS: Well, I mean, managing a household is a job on its own, right?
084   SP: hahahahaha hehehe
085   MS: You know? hhh
086   SP: ((unintelligible))
087   MS: ((unintelligible)) started working, you know, they mean, like hhh
088   SP: hahahahaha
089   MS: Definitely.
090   SP/MS: hehehe

In the first half of this extract, SP smoothly answers MS's questions. In response to MS's question "What do you do for work?" ([077]), SP answers "I'm not working currently" ([078]), and then elaborates on this before MS replies, saying, "Managing a household is a job on its own, right?" ([083]) This elicits laughter from the SP. Shortly thereafter, the SP laughs out loud immediately following MS's utterance ([084]). This laughter produced by MS triggers a chain of humorous laughter in the subsequent interaction.

The tag 'right?' at the end of utterance [083] has a rising tone; this linguistic element leads to empathic communication. In other words, this element suggests that the speaker (MS) assumes that the hearer (SP) also knows the information expressed by the utterance, and therefore conveys the speaker's intention to lead the hearer to the assumption that speaker wants to confirm that the information is already shared between them. We may assume that the hearer reads humor in that intention, leading to laughter. SP's laughter has no linguistic elements, but it is possible to describe the speaker's thoughts as follows (via pragmatic inference): the speaker's laughter shows their positive emotional attitude toward a thought expressed by the hearer's previous utterance (that 'managing a household is a job of its own').

After SP's laughter in [084], MS also produces a short laugh after her own utterance ([085]). The interaction that follows is difficult to make out due to their rapid speech, but their voices are smiley and cheerful during the exchange. In the following lines from [087] to [090], both participants produce laughter, indicating that they are in a laughter chain.

7.2 Laughter Chains during Conversational Deviations

What factors in an interview can cause a laughter chain? Is it possible to describe a laughter chain as a case of empathic communication from a socio-linguistic point of view? Of the 30 interviews used in this study, seven showed chains of laughter, and in two of these interviews, laughter chains were observed three times each. Thus, a total of 11 laughter chains were observed. Although it may not be appropriate to generalize the results of data analysis for these small sets, one trend observed in more than half of laughter chains was movement to the chit-chat stage, where the topic of discussion deviated developmentally from the main interview QA.

The following extract is an example of such a developmental deviation.

Excerpt from *Interview 23*

092 MS: Okay. What what did what were you hospitalized for?
093 SP: The birth of my:: both my children.
094 MS: Okay. How old are they now?
095 SP: My daughter is 20 and my son is 18.
096 MS: Oh, wow. Okay. So just both in high school, huh?
097 SP: No, both in college.
098 MS: No? Oh, both in college. Oh, yeah. I look at my age and it's just like cause we graduated at 17.
099 SP: hehehehe
100 MS: Yeah. Okay-okay. Where are they at for college?
101 SP: My daughter's away in Southern California-

102 MS: Oh, nice.

103 SP: -private School. And my son is a UH student. He's dorming over there.

104 MS: Awesome. What school in Southern California?

105 SP: USC.

106 MS: Oh, okay. I went to UCLA, so:: hhh

107 SP: Oh.

108 MS: -we're rivals a little bit. [haha]

109 SP: [hhhh] Yeah, just a little.

The excerpt illustrates a laughter chain as the conversation goes on a tangent with regard to the topic of SP's children. It is SP's laughter in [099] that triggers the chain. In response to SP's laughter, MS asks an additional question about SP's children's college, and then a deviation occurs when he mentions his own graduating college. Finally, the humorous observation "We're rivals" elicits a big laughter chain. The conversational derailments up to this point have been accompanied by MS self-disclosure. There have been several cases of such MS derailments accompanied by self-disclosure.

At what stage and for how long did the chitchat-style conversation occur? As presented in the two extracts, there were different cases of extended chitchat-style conversations, some of which occurred immediately before the final physical examination. Although MS and SP had never met each other before, they got to know each other to some extent in the first half of the current interview, easing the tension of meeting for the first time. Therefore, we may assume that the laughter chain was not intended but occurred spontaneously.

The length of conversational deviations accompanied by laughter chains varied. In some cases, two to three minutes out of the 20-minute interview was spent on such deviations. While this section focuses on the interaction between laughter chains and deviations, it is important to note that these deviations are not always accompanied by laughter or laughter chains.

In some interviews, conversely, deviations in which participants relaxed and let their stories unfold in a positive relationship were not accompanied by laughter. In the excerpt given below, during the physical check, the SP began chatting about her grandmother's name. The use of 'we' in the line "I think we do have family kind all over the place," ([140]) clearly indicates self-disclosure and empathy. This conversation was further extended while keeping the current topic. No laughter was observed, except for a brief laugh in MS's final line ([152]). However, there are several MS replies that contribute to empathic communication, such as the placing of a strong emphasis on "Oh, really?" ([138]) and the positive evaluation "Oh, cool" ([144]).

Excerpt from *Interview 21*

135 SP: My grandma's last name was Seto.

136 MS: Oh, really? Yeah?

137 SP: From Kauaʻi, she's from Kauaʻi.

138 MS: From Kauaʻi? Oh, okay.

139 SP: from there.

140 MS: Um, so I think we do have family kind all over the place. Um, was it pronounced Seto? Because it's funny, like the

141 SP: Seto.

142 MS: So the Japanese is the Seto but

143 SP: Yeah, and there's Chinese kind of.

144 MS: Yeah-yeah. Oh, cool.

145 SP: Okay.

146 MS: Yeah, it's funny. I mean, it's a pretty big family and I definitely like, you know, I go to those big family gatherings and like, I don't really know everyone, who are those, so, yeah.

147 SP: Yeah-yeah.

148 MS: Can't say for sure.

149 SP: Kind of picky, kind of the same.

150 MS: Okay-okay.
151 SP: Can the kids in the family kind of thing.
152 MS: Yeah. You know, Kauaʻi that's not familiar. Um, yeah, not fully sure though, but yeah, a lot of us hh are around definitely.
153 SP: Yeah-yeah.

8. Concluding Remarks

This study identified utterances accompanied by laughter, or laughter itself, as an element that could play an important role in facilitating empathetic communication in first-time conversations between MSs and SPs. The findings of this study are as follows.

First of all, we found that most of the occurrences of laughter collected from the 30 interviews analyzed in this study were, in fact, labelled as so-called positive laughter. Both MS and SP laughter were found to be highly associated with positive emotions; most occurrences were associated with the speaker's positive (e.g., associative, curious, happy) attitude toward the propositional content of the utterance. Negative laughter also contributes to empathic communication, but it is rarely identified in our data. There was little sarcastic laughter or laughter tied to other negative emotions.

Second, we found a number of cases of 'conversational deviations' expanding on certain topics of conversation, and it was in these deviations that laughter chains were produced. MS self-disclosure was also observed in these deviations, resulting in empathic interactions in which laughter chains occurred spontaneously. The cognitive pragmatic explanation of empathic communication in such cases is as follows: the participants' attitudes toward the propositional content of the utterance (propositional attitude or higher-order explicit semantic content) were understood by both participants as positive, and this understanding was chained, resulting in an empathic cognitive effect.

In seeking to further deepen the quantitative and qualitative study of verbal 'laughter,' one shortcut could be to identify the speaker's propositional attitude to each utterance one by one, while clarifying what message the speaker intends to convey with each utterance in the context of the overall discourse context. It could be worthwhile to explore more sophisticated interpretive methods of language along with RIAS, as presented at the beginning of this paper, and make effective use of them in medical discourse analyses.

Finally, let us review the statistical results on the number of laughs detailed in Section 6 of this paper. In several previous studies presented in Section 1, patients laughed more than doctors, and female patients laughed more than male patients. In contrast, in the present study, MSs laughed more than SPs. In terms of gender, female MSs laughed more than male MSs.

(5) a. Doctors < Male patients < Female patients (based on previous studies)
    b. Patients < Male MSs < Female MSs (this study)

Regarding the nature of laughter, in Ueda's (2009) analysis of patients' laughter, patients' laughter was tied to negative emotions. Specifically, they laughed to avoid exposing their anxiety toward their doctors. In the present study, on the other hand, MSs often laughed immediately after the speaker's utterance, and this was generally tied to positive emotions in that it seemed to be intended to relieve the patient's anxiety.

It should be noted that the speakers in this study were not doctors and patients but medical students and simulated patients; that the interview data were part of a simulation class conducted under the supervision of a doctor; and that the simulated patients were all female. As a result, the data cannot be treated as fully comparable with previous studies. However, the results of this study could be used as material for designing future simulation classes.

Notes

* We would like to express our sincere gratitude to Dr. Benjamin W Berg, John A. Burns School of Medicine (JABSOM), University of Hawaii at Manoa, and Dr. Machiko Yagi, Jichi Medical University, for their coordination and cooperation in data collection.

This paper is a substantially revised version of a presentation given at the IAFOR International Conference on Education in Hawaii (January 2024). I deeply appreciate Ms. Hiroko Shikano, who has always been there for me as a co-researcher and has offered many valuable suggestions. During the conference, which was held near JABSOM, Dr. Berg gave us a tour of the university facilities (including the simulation room) and showed us how the data from the simulation interviews are being used in education, which impressed us with its educational methods. I hope this paper will also contribute to their educational activities.

This research is supported by a JSPS KAKENHI (Grant-in-Aid for Scientific Research, No. 21K00490). Special thanks to my copy editor, Matt Treyvaud.

*1 As this study did not aim to analyze the perception of laughter per se, the acoustic measurements used to determine what is laughter are based on the authors' auditory judgement upon hearing the audio recording. It should therefore be noted that the focus is only on laughter that is of sufficient duration to allow for auditory judgement, and not on other features such as those related to fundamental frequency.

References

Goto, Risa, Hiroko Shikano, Yoshika Honda and Misugi Yuyama (2022) How Do Questions Facilitate Empathic Communication? A Case Study of Japanese Nursing Students' Confirmatory Responses to Simulated Patients' Talks. *Slides provided at the 7th International Nursing Research Conference of World Academy of Nursing Science.*

Jefferson, Gail (1984) On the Organization of Laughter in Talk about Troubles. In J. Maxwell Atkinson and John Heritage (eds.) *Structure of Social Action*, 327–369. Cambridge: Cambridge University Press.

Jefferson, Gail (1985) An Exercise in the Transcription and Analysis of Laughter. In Teun van Dijk (ed.) *Handbook of Discourse Analysis (Volume 3: Discourse and Dialogue)*, 25–34. London: Academic Press.

Jefferson, Gail, Harvey Sacks and Emanuel Schegloff (1987) Notes on Laughter in the Pursuit of Intimacy. In Graham Button and John R. E. Lee (eds.) *Talk and Social Organisation*, 152–205. Clevedon: Multilingual Matters.

Haakana, Markku (2001) Laughing as a Patient's Resource: Dealing with Delicate Aspects of Medical Interaction. *Text* 21: 187–219.

Haakana, Markku (2002) Laughter in Medical Interaction: From Quantification to Analysis, and Back. *Journal of Sociolinguistics* 6 (2): 207–235.

Hasegawa, Makiko (1999) Shinsatsushitsu Deno Nanigenai 'Warai' ga Imi Suru Mono: Iryoshakaigaku no Shiten Kara [Understanding a Casual Laugh in the Consultation Room: An Analysis from the Perspective of Medical Sociology]. *The Japanese Journal of Nursing* 63 (12): 1126–1132.

Provine, Robert R (1992) Contagious Laughter: Laughter is a Sufficient Stimulus for Laughs and Smiles. *Bulletin of the Psychonomic Society* 30 (1): 1–4.

Riley, Julia Balzer (2019). *Communication in Nursing* E-book. 9th Edition. Elsevier Health Sciences.

Roter, Debra and Susan Larson (2002) The Roter Interaction Analysis System (RIAS): Utility and Flexibility for Analysis of Medical Interactions. *Patient Education and Counseling* 46 (4): 243–251.

Sandvik, Margareth, Hilde Eide, Maranne Lind, Peter K. Graugaard, Jorn Torper and Arnstein Finset (2002) Analyzing Medical Dialogues: Strength and Weakness of Roter's Interaction Analysis System (RIAS). *Patient Education and Counseling* 46 (4): 235–241.

Sperber, Dan and Deirdre Wilson (1986/1995[2]) *Relevance: Communication and Cognition*. Cambridge, MA: Harvard University Press.

Ueda, Teruko (2009) Shinsatu Kaiwa ni Okeru Ishi to Kanja no Warai no Tokucho ni Kansuru Sogokoiteki Bunseki [Interactional Analysis of Characteristics of Laughter in Doctor—Patient Communication]. *Intercultural Communication Review* 7: 101–117.

Vettin, Julia and Dietmar Todt (2004) Laughter in Conversation: Features of Occurrence and Acoustic Structure. *Journal of Nonverbal Behavior* 28: 93–115.

West, Candace (1984) *Routine Complications: Troubles with Talk between Doctors and Patients*. Bloomington, IN: Indiana University Press.

Transcription Symbols

Transcription of laughter:

hh	smiley tone of voice
hhh	short laughter
hahaha, hehehe, etc.	clear, loud, long laughter
?	rising tone
:	lengthening of the sound
.h	a period + the letter h indicates an audible inhalation
[	utterances starting simultaneously
]	point where overlap stops
(( ))	transcriptionist's comment: e.g. unintelligible

物語りにおける「名前」の役割

須賀あゆみ

1. はじめに

　私達は会話をしながら様々な活動を行なっている。自分の経験や見聞したことを他者に語って聞かせる「物語り」(story-telling)*1 もその1つである。物語りは、会話の文脈に根ざして自然に発生し、話し手と聞き手の相互行為によって進行する (Sacks (1992), Jefferson (1978), 西阪 (2008))。物語を語ろうとする話し手はその意思を示し、聞き手がそれを承認することで物語りが始まる。聞き手は物語りが始まったことを認識すると、語り手が出来事を語る間は聞き役に回り、物語りの進行を促す。これにより語り手は順番を確保して、(1) の行為を含め、出来事を語り進めることができる*2。

(1)　A　出来事の舞台を設定する
　　　B　出来事の概要を述べる
　　　C　背景や状況を説明する
　　　D　山場へ移行する
　　　E　山場を詳細に語る

語り手が山場を語り、その結末を聞き手が理解すると、聞き手は出来事（あるいは指示対象）への評価や感想を述べる。それに対して、語り手が応答することで、物語りは終わりを迎える。
　本稿では、物語りにおける指示表現の役割について考察することを目的とする。特に、語り手が、舞台設定時 (1A) にある登場人物の「名前」を提示して聞き手がその人物の存在を認識・理解できることを確認した後、その名前を用いて山場 (1E) を語る現象に

注目する。「名前」とは、個々の対象を他の対象と区別するために用いられる固有名を意味するが、本稿で扱う現象では、呼称に相当する。「日本語日常会話コーパス」(cf. 小磯他（2023））に見られる物語りの事例*3の分析をもとに、人物の名前に言及することが物語りの達成にどのように寄与するのか考察を行なう。

第2節では、先行研究を参照しつつ本研究対象の分析の観点を述べる。第3節での事例の分析に基づき、第4節で、名前が物語りの達成にいかに貢献するのか考察する。第5節で結論を述べる。

2. 先行研究と分析の観点

2.1 指示表現の選択規範

Sacks and Schegloff（1979）は、英語の会話において、話し手が第三者に言及する際、「可能なら*4、その表現で聞き手が指示対象を認識できると想定する表現を1度に1つだけ用いよ」という規範にそって指示表現が選択されると主張している。Schegloff（1996）は、その中でも「名前を用いて聞き手が指示対象を認識できると想定するなら、名前を用いよ」という規範があると指摘している。日本語でも同様の規範が存在する（Hayashi（2005），串田（2008），須賀（2018））。しかし、聞き手が認識できないと想定する人物に言及する場合については、十分な検討が行なわれていない（須賀（2024））。本稿ではそのような現象も分析対象とする。

2.2 聞き手の認識の確認

上で述べたように、話し手は、聞き手が指示対象を名前で認識できると想定する場合は、名前を用いる。しかし、その確信が持てない場合は、会話の進行を一時中断し、聞き手の認識を確認するやりとりを開始する（Sacks and Schegloff（1979），Hayashi（2005），串田（2008），須賀（2018））。例えば（2）では、Bが「ジュン」と呼ぶ人物をAが認識できるかどうかを尋ね、Aから「うん」という返答を得ることによって、BはAが「ジュン」を認識できるとみなして、会話を進めることができる。

(2) 　　B:　宮川:のほら**ジュン**がおるやろ？
　　　　A:　うん.((物音))

（須賀（2018: 1），CallHome Japanese 1615）

このように、会話の途中で聞き手の認識を確認しようとすると、その分会話の活動の進行を遅らせることになる。会話活動の進行を犠牲にしてまで、聞き手の認識を確認しなければならないのはその必要性があるからだと考える（cf. Heritage（2007））。

　3.1節では、語り手が舞台設定をする際に、(3a) のように、聞き手が認識できると想定する人物の名前に言及して聞き手の認識を確認する行為に着目する。そして、この人物の名前が、後の語りの中で (3b) のように、再び言及される現象に注目する。

(3) 　a.　ほら<u>**高橋**さん</u>って知ってるろ？　((「ろ」は方言))
　　 b.　<u>**高橋**さん</u>↑<u>**高橋**さん</u>ってゆってね:,飛び込んできたって.

（日本語日常会話コーパスK004_001）

2.3　聞き手が知らない人物の名前の告知

　話し手は言及しようとする人物を聞き手が知らないと想定する場合、その人の名前に言及しても聞き手は誰のことか認識できない。そのため、初めて言及する時には名前以外の表現を用い、後からその人物の名前を知らせることがある。名前を知らせる際、(4) に例示するように、[名前＋引用標識「て」＋伝達動詞「言う」＋終助詞「の」]を基本とした形式が用いられる。

(4) 　a.　↓**このみ**っていうねん
　　 b.　その ::u その:**今野**さんていうんだけどね？

（須賀（2018: 184））

「名前」は姓名だけでなく、タイトルや敬称などの接辞も含めた呼称の形式をとる。接辞（あるいは接辞なしの呼び捨ての形式）によって、指示対象との関係性や指示対象への評価性が示唆される。

3.2節では、(5a)のように、語り手によって登場人物の名前が知らされる事例を取り上げる。そして、この名前が後の語りの中で、(5b)のように言及される現象に注目する。

(5) a.　＞その時のキーパーが＜**堀池さんてゆう**(.)＜日本＞で一番背がちっちゃいキーパーだったのね？
　　 b.　hhho-(.)＞**堀池さん**＜(.)カルシウム摂ってるか::とかってheheh

(日本語日常会話コーパス S002_004)

2.4　山場での発話引用

物語りの山場では、登場人物の発話の引用や思考の提示が行なわれる傾向が高いという指摘がある（甲田（2015））。(3b)と(5b)は、まさに山場で行なわれた登場人物の発話の引用である。ある人物が他者を名前で呼びかけた発話を語り手が引用している。Holt (2007)の表現を用いれば、ある人物が誰かを呼びかけた行為を語り手が実演し（enact）ている。

Schegloff（2000）は、発話を伝達する行為には「粒度」（granularity）という描写の細かさの違いがあり、i) 多人数の発話を1つの活動としてまとめるレベル、ii）実際に産出された発話を、複数の文であれ多項目の発話であれ、1つの活動単位にまとめるレベル、iii) 文脈の詳細に基づいた単一のターンを提示するレベルがあるとしている。西阪（2008: 373）は、語りについて「単に解説的に大づかみに語るだけの場合と、自分が聞いたことをそのまま「引用」として語る場合とでは、（Schegloffの表現を用いれば）「粒度」が違う。」と述べている。登場人物の発話を引用するのは、粒度レベルiii) に相当するきめ細かな伝達方法である。第3節では、登場人物を名前で呼びかける発話を引用することによって、物語りに何がもたらされるのか具体的事例を分析する。

3. 事例分析

本節では、語り手が指示対象を聞き手が認識可能と想定しているか否かの点で異なる2種の事例を観察し、出来事がどのように語られるのか、特に（1A）と（1E）に注目して記述する。

3.1 事例1：認識の確認と呼びかけの引用

事例1はDとその母Mの電話での会話である。断片（6）の前に、Dは中学生になった姪（Mの孫）に防犯ベルを贈ったが使えたかどうか気にしていると述べ、Mはその話は聞いていないが、友達と外出する機会が増えたのでその時に持って行くと良いと思うと述べていた。そして1行目で「（女の子は）追いかけられることあるんだよ:.」と述べて、身近に起った出来事を語り始める。

(6)
```
01    M: 追いかけられることあるんだよ[:  ].
02    D:                          [そう][よね？]
03    M:                               [この前] なんかも =
04    D: = えなんかいたの？
05  → M: [高橋さん] ほら.=
06    D: [(    )] -
07    D: = 誰それ.
08  → M: 知ってるろ？  隆志君とこ高橋さん.  ((「ろ」は方言))
09  → D: あ！  高橋さんとこ（.）
10    M: [お母さんの  ] （.）[うん友達の.        ]
11    D: [うんうんうん] （.）[うん知ってる知ってる]
12    D: うんうんうん.
```
（日本語日常会話コーパス K004_001）

5行目でMが「高橋さんほら.」と名前に言及したとたん、Dから「誰それ.」という反応が起っている。そのため、Mは Dが「高橋さん」という名前でこの人物を認識できないとみなし、「隆志君と

こ」というDに寄り添った表現で、Dがこの人物を認識できるかどうか確認しようとしている。するとDは、「あ!」と言って何かに気づいたことを表し、「高橋さんとこ」と発話してMの意図する人物を認識できると主張している。(Mが「隆志君とこ」と述べたように、Dも「高橋さんとこ」と述べ「一家」として認識できることを表している。)それでもなおMは10行目でDの認識を確認する行動を続けている。そのMの発話に重ねて、11行目でDは自分が認識できることを主張し、さらに重複を脱した後も「うんうんうん．」と述べて、確かに認識できるということを伝えている。この一連のやりとりで、MはDが「高橋さん(とこ)」を認識できることが分かったが、その一方で、物語りの進行は停滞してしまった。もし語りの進行を優先するならば、Mは最初から「お母さんの友達のとこ」や「近所の家」という表現を用いることもできたはずである。それにもかかわらず、語りの進行を遅らせてまで聞き手が名前で指示対象を認識できるということを確認しようとしたのはなぜだろうか。それは後に明らかになる。

続く13–17行目で、「高橋さん」に関する情報提供が行なわれる。これは、後に語られる出来事を理解する上で意味のある情報となる。

(7)
13　M: あれほら (0.2) お父さん-
14　　　>旦那さん<警察官だったんだけど:,
15　D: うんうん
16　M: >まあ<退職して今うちにいるわけだよね？
17　D: うんうん．
18 → M: の (.) ↑<二軒隣の:>
19　D: うん
20 → M: 二軒隣の:,
21　D: うん
22 → M: **高校生の女の子**が:,
23　D: うん
24　M: .hhh (.) 夕方>てか<八時ごろね,

```
25    D: うん
26    M: >学校<帰りだと思うんだけど:,
27    D: うん
28    M: 高校生>だから<ほら:あの:<バス:>に乗ったりして帰っ
29       てくるわけだろ?
30    D: うんうん
31    M: でバス停から降りて:,
32    D: うん
33    M: うちまで来るのに:,
34    D: うん
35    M: なんかこうつけられたみたい［なんだわね.］
36    D:                          ［え:::    ］
37    M: ［つかれられたか追いかけ］られたかでね［:］,
38    D: ［や:::ね:::::       ］         ［あ］
39    D: ［そ::う ］                      (ibid.)
```

18行目のMの順番は「の」で始まっている。格助詞「の」は通常名詞に後置されるものであるが、このように単独で発話の冒頭に使用されることで、先行会話でDが認識できるということを確認した「高橋さんとこ」との結びつきを想起させる（Hayashi（2005））。こうして、Mは「(高橋さんとこ)の二軒隣の高校生の女の子」という人物を舞台に登場させた。そして、この人物に、いつ（24行目）、どこで（31・33行目）、何が起きたのか（35行目）を語り進める。この間（15–34行目まで）Dは聞き役に徹しているが、出来事の概要が分かった時点で、驚きを表し（36行目）、感想を述べ（38行目）、「あそ::う」と受容している（38–39行目）。

40行目ではこの女の子の行動がより具体的に述べられ、語りの山場へ移行する。

(8)
```
40    M: ［>でもう<］あの::>mmm<もう走ってきてね:,
41    D: うん
```

```
42   M: nあの:高橋さんとこあのちょうど鍵かかってなかっ
43      たんだって
44   D: そ(h) 〔(  )-〕
45 → M:      〔高橋〕さん↑高橋さんってゆってね:,
46   D: うん 〔うん〕
47   M:      〔飛び〕込んできたって.
48   D: 〔あ-〕
49   M: 〔二〕軒隣のうちなんだよ.
50   D: あ:::::
51   M: そこまで行けなかったの.
52   D: <あそうなの:::>.
53   M: う:::ん
54   D: 〔へ:::::     〕 ((ゆるやかな上昇調))
55 → M: 〔それでお父さん〕がさ:,
56   D: うん
57 → M: お:お:>あの<わかったんだわね,
58   D: うん 〔うん〕
59 → M:    〔お 〕:お:入れ入れ入れってゆって:,
60   D: うんうん
61   M: 入れてくれて:
62   D: うんうん
63   M: であのうちへ￥電話か(h)け(h)て(h)-￥
64      ￥二軒隣のうち電話かけて￥
65   D: うんうん
66   M: 迎えに来てもらった↓ゆって.
67   D: あそう::::
68   M: うん                                (ibid.)
```

Mは「>でもう<」という表現を用いて山場に移行した後、42行目では離接的に背景の説明を行なっている（Goodwin (1984)）。そして、45行目でMは「高橋さん↑高橋さん」と、女の子が高橋家で助けを求めた発話を引用している。ここで、先の(6)でDが

認識できることを確認した「高橋さん」という名前が言及される。大音量で1度目より2度目の音調が高く発話され、切羽詰まった状況が再現されている。5、8行目での「高橋さん」は語り手Mの視点から捉えた呼称だが、45行目の「高橋さん」は女の子が発話した呼称である。彼女は、自宅の二軒隣のこの一家の名前を知っていて、「高橋さん」と呼べる間柄であったということが見て取れる。49行目でMは「二軒隣のうちなんだよ．」と言い、すぐ近くに自宅があるにもかかわらず、そこまでたどり着けなかったほど切迫した状況だったことを聞き手に伝えようとしている。Dもそれに対して理解を示している（48、50、52行目）。(7)で「二軒隣の高校生の女の子」という指示表現を語り手が選択したことがここで活かされている。

　55行目から、高橋家の「お父さん」が「お：お：」「お：お：入れ入れ入れ」と言って彼女を招き入れたということを、粒度レベルⅲ）に相当するきめ細かさで語っている。また、「お父さん」は、名前を呼ばれただけで何が起っているのか「わかったんだ」とMは推察している（57行目）。彼は元警察官だったという情報がここで活かされ、経験知識に基づいて適切な対応が行なわれたのだと理解することができる。

　64行目でも「二軒隣」という表現が用いられている。しかも、63行目の「うち」を「二軒隣のうち」に修復している。ここでは「二軒隣」という情報が、すぐ近くなのにわざわざ電話をかけて迎えにきてもらったという意味を伝えるのに効果的に用いられている。高橋さんの迅速で適切な対応によって女の子は無事だったという結末だからこそ生じている現象かと思われるが、Mは63-64行目で、近いのにわざわざ電話をかけたということを、笑いを交え、笑みを浮かべて話すような声色で発話している。

　69-77行目で、Mは高橋さんが女の子を家に留めて迎えに来てもらったことを再び述べた後、(9)の78行目でこの物語りをまとめる。それは開始時（1行目）の「追いかけられることあるんだよ」と呼応している。物語の結末を理解したDは、79-81行目で出来事について感想を述べる。

(9)
```
78  M: .hh ［そゆこと］　やっぱ女の子って↑あるから：
79  D:    ［や：ね：　］
80  D: そうよねま憎たらしいわね：ほんとにね：
81  D: ［そ］うゆう［ね：悪い］こと［考えてるね：］
82  M: ［あ］　　　［う：：：ん］　　［だからさ：］，
83  M: ［う：：：：：ん　　　　　］
84  D: ［う：ん あ：：そうなん］
85  M: ＞だから＜油断できないからね，
86  D: ほんとね：：                                （ibid.）
```

この後、Mは「(Dが)やっぱり防犯ベルを贈ったのはよかったと思う」と述べる。Mがこの物語を語ったのは、実際に被害に遭うことがあるため、防犯ベルは持っておくべきだという自分の意見を正当化するためだったということが分かる。

3.2　事例2：名前の告知と呼びかけの引用

　事例2は、男性3人の外食中の会話である。先行会話では観劇やスポーツ観戦でのS・A・B席の区分が話題になっていた。Yは、スポーツ観戦で最良の席はどこか分からないと言い、サッカーなら「ゴール裏で見ているのが一番面白いといえば面白い」という意見を述べた。Sが試合の途中で敵と味方の「ゴールが入れ替わちゃう」と指摘すると、Yは大丈夫だと主張した。そして「＜昔のね：＞サッカーのあの＞この今＜Jリーグが始まるとか始まらないのの＜前＞のゴール裏って＜すっげえ＞楽しかった」と述べ、他のふたりが「へえ：：：」と関心を寄せると、Yは当時の経験を語り始める。(10)は東京ガス対NTT関東の試合を観戦したという背景情報が提供された後のやりとりである。

(10)
```
01  Y: で：ゴール裏とかで：いると：，(0.2) もうあの：(0.3)
```

```
02 →      ↑<相手のキーパー>とかってさ:,
03    S : ((うなずき))
04    Y : あのま>こっちは一応<埼玉県民だからもうもう<大
05        宮:>な:わけですよ.
06    S : ((うなずき))
07 →  Y : で(h)あ(h)い(h)手(h)のキーパーとかいると (.)
08 →      >その時のキーパーが<堀池さんてゆう (.)
09    H : [うん      ]
10    S : [((うなずき))]
11 →  Y : <日本>で一番背がちっちゃいキーパーだったのね?
12    S : [ん:::  ]
13    Y : [百   ]<↑七十:>ぐらい [だったのかな
14    H :                       [あ:::   ]
15    S :                            [あえ::]:
16    H : [(小さいね).]
17    Y : [キーパーで]百七十[ないか ]百七十ぐらいかだ-
18    H :              [低いね.]
19    S : うん.
20    Y : ↑俺よりもちょっとちっちゃい[ぐらい]だったような=
21    H :                            [うん ]
22    Y : =>気がすんだけど:<,
```

(日本語日常会話コーパス S002_004)

語り手Yは、1行目で「ゴール裏」という舞台を設定し、2行目で「<相手のキーパー>」という表現で人物に言及し、4-5行目で背景説明を行い、7行目で再び「あ(h)い(h)手(h)のキーパー」に言及後、8行目以降でその人物の名前と身体的特徴に関する情報を提供している。11行目の文末に「のね」を用いていることから、この情報を聞き手は知らないと想定していることがわかる。「堀池さん」という名前は、Yがこの選手を呼ぶ呼び方である*5。スポーツ選手を呼ぶ方法としては、フルネーム「堀池洋充」や呼び捨て「堀池」もあるが、Yは「堀池さん」という呼び方を選択している。

物語りにおける「名前」の役割　387

そして、この呼称が、山場を語る時に再び言及される。

(11)
```
23         (0.4)
24 → Y: hhho-(.)>堀池さん<(.)カルシウム摂ってるか::
25       ((破線部　右手を縦にして口元にあてて))
26 →     [とかって heheh]
27    S:[uheheheha      ]
28    H:[uhahahaha     ]
29 → Y: みんなでずっとゆってて:[::   ]
30    S:                      [haha][haha]
31 → Y:                             [した]ら:↓お::って(h)
32       ((破線部 振り返って右手を上げる))
33 →     [や(h)って]くれるんだ
34    H:[hehe:    ]
35    S:[hahaha   ]
36 → Y: <向こ::うもやってくれるんだよね¿
37    Y: うん
38    Y: ↑試合中だよ？
39    S:((うなずき))
40    Y: うん
41    H:[楽]しい．
42    Y:[で]
43    Y: うん
44    H: アットホーム．                  (ibid.)
```

　Yは24行目で、自分達がキーパーに向かって発したことばを引用して粒度細かく語っている。Yは右手を縦にして口元に当てて遠くの人に呼びかけるような仕草で、敵のキーパーに呼びかけたことを実演している。(10)で堀池選手の身長が低いことが言及されていたが、その情報が「カルシウム摂ってるか」という発話の解釈に活かされる。Yは、(10)で選手の名前の告知（8行目）と身体的特

徴の描写（11行目）をすることで、山場を語るための準備をしていたということがここで分かる。

26行目の「とかって」に注目しよう。山口（2009: 157）は、「とか」は、「ある発話を仮想発話として提示する。そこから用法の幅を広げ、実際にあった発話を明らかな事実として伝えるのではなく、いわば言質を与えないかたちにしてぼかして伝えるのに使われることがある。「とかって」という形式は、まさにそのような目的で用いられる。」と述べている。この「ぼかして伝える」ということが、29行目で「みんな」「ずっと」という極端な表現を用いて、1人が1度だけ行なった発話ではないものとして引用していることにも見て取れる。その点では、発話伝達の粒度レベルはやや粗いといえるかもしれないが、それでも名前とジェスチャーの使用によって詳細に語られている。

31行目では、Yはキーパーの「お::」という発話を引用し、彼が手を上げて振り返ってくれたことをジェスチャーで表している。「てくれる」という恩恵表現を用いていることから、この応対を好意的に捉えていることが分かる。34行目と35行目で聞き手2人から笑いの反応を得た後、Yは「＜向こ::うもやってくれるんだよね¿」と結末を語り、「試合中だよ？」と上昇調で述べて、聞き手の反応を促す。するとSからうなずき、Hからは「楽しい」「アットホーム」という評価が返ってくる。しかし、それだけではこの物語の主眼を理解したことにはならない。(12) へと続く。

(12)
45　　Y:　>しかも<よ::く考えてみな.
46　　Y:　試合中でゴールキーパーがおうっとかってゆう暇って
47　　　　ことは:, .hhこっちが応援してるチームはめっ
48　　　　［ちゃ攻められてる］［ってこ(h)と(h)だよね］uhuhuhu
49　　S:　［そうそうそうだ　］［そうだhaha　　　　　］
50　　H:　［nuhuhuhuhuhu　］
51　　S:　そうだhaha
52　　Y:　hhuhn

```
53    S：余裕があんだ．
54  → Y：↑堀池さ:::ん（とか）って hehehe ずっとゆって．
55       ((下線部　両手をひろげて左右に振る))
56    H：余裕
57    S：hahahaha
58    H：ひ - 暇なんだ．
         ((中略))
64    Y：あれすっごい面白かった．
65    H：↑それ面白いっすね：
66    Y：うん                                    (ibid.)
```

45行目でYは大宮のサポーター達と相手キーパーとのやりとりが何を意味するのか聞き手に考えるよう促している。46–47行目で、Yは「〜ってゆう暇ってことは:,」と「暇」ということばを出してヒントを与え、「こっちが応援しているチームは」と誘導したところで、息を吸って、自分達のからかいに対してキーパーが応じてくれたことを喜んでいる場合ではなかったという落ちを語っている。そして48行目の発話末で自ら笑うことで、聞き手達の笑いを誘っている（Jefferson (1979)）。この結末に気づいたSはYに重複して「そうだ」を3度繰り返し、また「余裕があんだ」と自分なりの理解をことばで表している。Hも笑って反応している。

54行目でYは同じ名前でもう一度「堀池さ:::ん」と呼びかけた発話を引用している。今回はカルシウムのくだりはなく、名前を呼んだところだけを切り取って山場を再現している。このことから、この物語の主眼は、Y達の呼びかけにキーパーが応じてくれたことにあったということが分かる。落ちを理解したHは（12）では笑っていただけだったが、「余裕」「暇なんだ」ということばを口に出して理解を示している。64行目でYが「あれすっごい面白かった」と物語をまとめているが、これは開始時の「ゴール裏ってすっげえ楽しかった」と呼応する。Hからの「それ面白いっすね:」というコメント（65行目）をYは受け入れている（66行目）。こうして、ゴール裏での観戦を楽しむことができるというYの主張（Sへの反

論）を裏付ける物語りが成し遂げられている。語り手が自分の意見を正当化するために出来事を語るという点は、事例1と共通している。

4. 名前への言及が成し遂げること

本節では事例1と事例2の観察を振り返り、登場人物の名前に言及することが物語りにどのように寄与するのか考察する。

4.1 名前の共通認識と共通理解

事例1では、語り手Mは、聞き手Dが「高橋さん」という名前で指示対象を認識できるということを確認していた。事例2では、語り手Yは、相手チームのゴールキーパーが「堀池さん」という名前であることを聞き手に知らせていた。したがって、語り手が意図する指示対象を聞き手が認識できると想定する場合も、聞き手が知らないと想定する場合も、いずれの場合も、語りの進行を遅らせてまで、その人物の名前を共有しようとしているということが見て取れた。では、なぜそのような現象が生じたのだろうか。それは、(8) と (11) で見たように、語り手が、山場でその人物の名前（呼称）に言及する発話を引用して、出来事を高い粒度レベルで語るためである。山場を詳細に描写することで、語り手はその場の状況を臨場感豊かに語ることができ、聞き手に物語の理解を促すことができる。その山場で言及される名前が誰のことなのかを聞き手が同定できるようにしておくために、予め語り手と聞き手の間で名前の認識・理解の共有がなされていたのである。

4.2 名前で呼びかけるということ

誰かを名前で呼びかけることによって成し遂げられることは何か考えてみたい。井上 (2003) は、「呼称の最も原初的な使用は呼びかけ (summons) であろう。呼びかけることは他者を会話の関わり (involvement) の中に引き込み、基本的には GoffmanやBrownとLevinsonでいうところの肯定的 (positive) な関係を指

標する。特に相手の名を呼ぶことは、第一に相手の名を知っているという程度に相手を認識していることを表示し、少なくとも名をわざわざ呼ぶに値すると思われる程度に親密さを表示しているといってよいであろう。」と述べている。

　日本語では、姓、名、姓名というバリエーションだけでなく、敬称やタイトルなどを表す接辞も含め、多様な呼称の形式によって、発話者と相手との関係性や発話者が呼びかける相手に抱く感情や評価が示唆される。山場で引用される発話内では、元の発話者が使った呼称が言及される。そのため、呼称は、元の発話者が呼びかける相手との関係性や感情・評価を指標するという点で、聞き手に物語りの理解を助ける。事例1の「高橋さん」も事例2の「堀池さん」も「さん」という接辞によって、元の発話者が相手と少し距離を置きつつも敬意や親しみを抱いていることが示唆される*6。仮に、この2つの事例で、名前以外の表現が用いられていたとしたらどうだろうか。事例1では、女の子が「誰か↑誰か」あるいは「すみません↑すみません」と言って隣家に助けを求め、事例2では、Yが相手チームのキーパーに向かって「おーい」と呼びかけるといった状況を語ることになったであろう。この場合、名前（呼称）が用いられないため、元の発話者と相手との敬意や親密さといった関係性を示すことが難しくなり、聞き手の物語への理解はまた異なるものとなっていただろう。

4.3　呼びかける発話を引用するということ

　では、登場人物が他者に呼びかける発話を引用して山場を語るということは、物語りという活動に何をもたらすのだろうか。事例1では、45行目で女の子が「高橋さん↑高橋さん」と呼びかけたら、57、59行目で「お：お：」「お：お：入れ入れ入れ」と言って家に入れてくれた。事例2では、24行目でY（みんな）が「＞堀池さん＜」と呼びかけたら、31行目で「お::」と言って振り返ってくれた。このように、ある人物が誰かに呼びかける発話を引用することで、呼びかけられた人の存在を想起させる。そして、その人物の言動が次に語られることが期待される。すると、語りに2つ目の山

場を語るスペースが提供される。このような視点から捉えると、各事例で語られた出来事は以下のように理解することができる。

事例1： 帰宅途中に誰かに後を付けられた高校生の女の子が、二軒隣の高橋さんの家に飛び込んで助けを求めた。元警察官の主人が状況を察知して適切に対応したので無事だった。
事例2： Yはサッカーの試合をゴール裏で観戦中、相手チームの堀池さんというキーパーに呼びかけてからかっていたら、余裕で応対してくれた。よく考えると、自分達のチームが攻め込まれているからだった。

この2つの物語では、登場人物が他者を名前で呼んだ後、続いて名前を呼ばれた人物が応対するということが物語の核心的な出来事となっている。語り手は登場人物が他者を名前で呼ぶ発話を引用して山場を語ることによって、このような語りの展開を可能にしているのである。

5．結語

本稿では、物語りの語り手がその進行を遅らせてまで、人物の名前に関して聞き手と共通認識・理解を確立しておこうとする現象が存在することから、名前の言及が物語りの達成にどのように寄与するのかを考察した。特に本稿で焦点を当てたのは、語り手が舞台設定時にある人物の名前を聞き手と共有した後、山場を語る際に、その人物が別の人物から名前で呼びかけられる発話を引用する事例である。このような事例の分析から、名前は次のような点で物語りに貢献すると考えられる。まず、物語の山場で、名前（呼称）を用いた発話を引用することにより、粒度レベルの高いきめ細かい語りが臨場感豊かに行なわれる。それにより、どんな出来事が起ったのか詳細を聞き手に把握させることができる。次に、名前（呼称）の使用によって、名前を呼ぶ人と呼ばれる人との関係性、名前を呼ぶ人が相手に対して抱いている感情や評価が示唆されるということが、

聞き手の出来事の理解の一助となる。さらに、山場で、登場人物が誰かを呼びかける発話を引用することで、名前を呼ばれた人物の応対について語るもう１つの山場を語るスペースが生み出されるという点で、物語の展開に関する聞き手の理解が促進される。このように、物語りにおいて、語り手が人物の名前に言及するということは、単に登場人物が誰なのかを聞き手に同定させるためだけでなく、語り手が聞き手に物語の理解を促し、物語りという活動を協働で成し遂げるために重要な役割を果たしている。本稿で取り上げた現象は、指示表現が会話活動を成し遂げるために選択される側面があるということを裏付ける１つの事例となる。

注
＊1 「物語り」という表記は物語を語るという活動を意味する場合に用い、物語りの結果生まれた対象を「物語」と表記することにする。
＊2 1度の物語りで（1）のA–Eすべてが行なわれるとは限らない。同じ行為が何度か起ることも、順序が入れ替わることもある。
＊3 本稿で示すトランスクリプトは、コーパスの音声データと転記データを参照し、下記の転写記号を用いて著者が作成したものである。会話者および言及された個人名は仮名にしている。
＊4 「可能なら」とは、「聞き手が指示対象を認識できると想定するある表現を用いて指示対象を聞き手が認識できると話し手が想定し、そのことを聞き手が知っているということを話し手が知っているなら」ということを意味している。
＊5 語り手は聞き手も自分と同じスタンスで物語りを聞くよう導くために、語り手の目線による呼称を聞き手に紹介する現象がある（須賀（2018: 200））。
＊6 東出（2017）は、日本語の呼びかけ語の評価性について、対称人称詞（例「あんた」「おまえ」「あなた」「きみ」）と比較して、固有名詞や定記述は、語それ自体もコノテーションは持ってはいるが、対称人称詞ほど評価性が前景化されず、相対的に指示性が強くなると述べている。本稿の各事例の文脈では、対称人称詞の使用は難しい。［姓＋さん］という呼称形式によって、発話者の指示対象への評価性が伝達されると考える。Hirata（2023）は、英語の呼称には、話し手の聞き手への主観的／評価的感情をコード化するもの（例えばsir, ma'amなど）とそうではないもの（例えばwaitress, doctorなど）があり、固有名詞の呼称は後者に属するが、ある文脈で特定の呼称を選択することが会話者間での私的な言語習慣のレベルによるという点で他とは異なると述べている。本稿の［姓＋さん］という呼称の選択も、会話の文脈と会話者間の言

語習慣に依るところがあると考えられる。

参考文献

Goodwin, Charles (1984) Notes on Story Structure and the Organization of Participation. In J. Maxwell Atkinson and John Heritage (eds.) *Structures of Social Action: Studies in Conversation Analysis*, 225–246. Cambridge: Cambridge University Press.

Hayashi, Makoto (2005) Referential Problems and Turn Construction: An Exploration of an Intersection between Grammar and Interaction. *Text* 25 (4): 437–468.

Heritage, John (2007) Intersubjectivity and Progressivity in Person (and Place) Reference. In Nick J. Enfield and Tanya Stivers (eds.) *Person Reference in Interaction: Linguistic, Cultural and Social Perspectives*, 255–280. Cambridge: Cambridge University Press.

東出朋（2017）「「呼びかける」という行為についての小考―日本語とロシア語の例から」『地域社会統合科学研究』7: 89–96．九州大学大学院地球社会統合科学府．

Hirata, Ichiro (2023) Implicatures of Proper Name Vocatives in English. *Journal of Pragmatics* 207: 28–44.

Holt, Elizabeth (2007) 'I'm Eyeing Your Chop Up Mind': Reporting and Enacting. In Elizabeth Holt and Rebecca Clift (eds.) *Reporting Talk: Reported Speech in Interaction*, 47–80. Cambridge: Cambridge University Press.

井上逸平（2003）「コンテクスト化の資源としての呼称―言語とコミュニケーションの生態学への試論」『社会言語科学』6 (1): 19–28．社会言語科学会．

Jefferson, Gail (1978) Sequential Aspects of Storytelling in Conversation. In Jim Schenkein (ed.) *Studies in the Organization of Conversational Interaction*, 219–248. New York: Academic Press.

Jefferson, Gail (1979) A Technique for Inviting Laughter and its Subsequent Acceptance/Declination. In George Psathas (ed.) *Everyday Language: Studies in Ethnomethodology*, 79–96. New York: Irvington Publishers.

小磯花絵・天谷晴香・居關友里子・臼田泰如・柏野和佳子・川端良子・田中弥生・伝康晴・西川賢哉・渡邊友香（2023）「『日本語日常会話コーパス』設計と特徴」『国立国語研究所論集』24: 153–168．国立国語研究所．

甲田直美（2015）「語りの達成における思考・発話の提示」『社会言語科学』17 (2): 24–39．社会言語科学会．

串田秀也（2008）「指示者が開始する認識探索―認識と進行性のやりくり」『社会言語科学』10 (2): 96–108．社会言語科学会．

MacWhinney, Brian (2007) The Talkbank Project. In Joan C. Beal, Karen P. Corrigan, and Hermann L. Moisl (eds.) *Creating and Digitizing Language Corpora: Synchronic Databases* 1: 163–180. Houndmills: Palgrave-Macmillan.

西阪仰（2008）『分散する身体―エスノメソドロジー的相互行為分析の展開』

勁草書房.
Sacks, Harvey (1992) *Lectures on Conversation*. 2 vols. Oxford: Blackwell Publishers.
Sacks, Harvey and Emanuel A. Schegloff (1979) Two Preferences in the Organization of Reference to Persons in Conversation and Their Interaction. In George Psathas (ed.) *Everyday Language: Studies in Ethnomethodology*, 15–21. New York: Irvington Publishers.
Schegloff, Emanuel A. (1996) Some Practices for Referring to Persons in Talk-in-Interaction: A Partial Sketch of a Systematics. In Barbara A. Fox (ed.) *Studies in Anaphora*, 437–485. Amsterdam/Philadelphia: John Benjamins.
Schegloff, Emanuel A. (2000) On Granularity. *Annual Review of Sociology* 26:715–720.
須賀あゆみ（2018）『相互行為における指示表現』ひつじ書房.
須賀あゆみ（2024）「話し手はなぜ聞き手が知らない人物の名前を告げるのか―英語の会話における相互行為の分析から」『奈良女子大学文学部研究教育年報』20: 27–38.
山口治彦（2009）『明晰な引用、しなやかな引用―話法の日英対照研究』くろしお出版.

用例出典

CallHome Japanese (1996–1997) Linguistic Data Consortium, Philadelphia.
『日本語日常会話コーパス』国立国語研究所.

会話データの転写記号

記号	意味
[	重複の始まり
]	重複の終わり
(0.7)	間隙（秒）
(.)	0.1秒前後の間隙
:	音声の引き延ばし
-	音声の中断
=	2つの発話が途切れなく密着
<	急いで始まった発話
./.?/¿/,	下降調・上昇調・やや上昇調・継続を示す抑揚
↑ / ↓	直後のピッチの上昇・下降
文字	周辺と比べて大きい音量、高い音
°文字°	周辺と比べて小さい音量、低い音
hh	呼気音
.hh	吸気音
＜文字＞	周辺と比べて速度が遅い
＞文字＜	周辺と比べて速度が速い
(　)	聞き取りが不可
((　))	転記者による注釈
→	分析で注目する行

吉村あき子教授　略歴と業績

学　歴

1979年4月	大阪大学文学部入学
1983年3月	大阪大学文学部文学科（英文学専攻研究分野英語学）卒業（文学士）
1987年4月	大阪大学文学部研究生（英語学講座）
1988年4月	大阪大学大学院文学研究科博士前期課程（英語学専攻）入学
1990年3月	大阪大学大学院文学研究科博士前期課程（英語学専攻）修了（文学修士）
1990年4月	大阪大学大学院文学研究科博士後期課程（英語学専攻）進学
1993年2月	University of London, School of Oriental and African Studies, Linguistic Department 留学（1993年9月まで part-time post-graduate として在籍）
1993年3月	大阪大学大学院文学研究科博士後期課程（英語学専攻）単位取得退学
1997年3月	博士（文学）号（大阪大学）取得

職　歴

1983年4月	奈良県立平城高等学校教諭（至1987年3月）
1993年4月	大阪大学助手文学部（至1994年3月）
1994年4月	大阪学院大学外国語学部講師（至1997年3月）
1997年4月	大阪学院大学外国語学部助教授（至1999年3月）
1998年8月	奈良女子大学大学院人間文化研究科言語文化学専攻（博士前期課程）助教授として設置審M㊡判定

	比較文化学専攻（博士後期課程）助教授として設置審D㊜判定
1999年4月	奈良女子大学助教授文学部（人間文化研究科博士前期（「言語情報学特論」「言語情報学演習」）及び博士後期課程（「欧米言語分析論」）兼担）
2005年4月	奈良女子大学教授文学部（至2012年3月）
2012年4月	奈良女子大学教授研究院人文科学系（組織変えによる，至2025年3月） 奈良女子大学文学部言語文化学科長（至2013年3月）
2017年4月	奈良女子大学副学長（国際交流担当）兼国際交流センター長（至2021年3月）
2021年4月	研究休暇（サバティカル）（至2021年9月）

受賞・表彰等

1999年10月30日 『否定極性現象』により第33回 市河賞受賞 （財）語学教育研究所

2015年10月 独立行政法人日本学術振興会科学研究費助成事業審査委員（書面審査）表彰

競争的資金

1996年〜1997年 大阪学院大学研究助成「否定とその関連表現の認知語用論的研究」

1998年 科学研究費補助金「研究成果公開促進費」（一般学術図書）『否定極性現象』

1998年〜1999年 科学研究費補助金 基盤研究（C） 課題番号10610479「極性文脈の認知メカニズム」

2002年〜2005年 科学研究費補助金 基盤研究（C） 課題番号14510521「メタ言語否定の認知語用論的研究」

2005年〜2007年 科学研究費補助金 基盤研究（C） 課題番号17520327「言語獲得におけるメタ表示能力の認知語用論的研究」研究代表者 内田聖二，研究分担者 吉村あき子・松井智

子.
2007年～2009年　科学研究費補助金　基盤研究（C）　課題番号19520424「メタファー発話の解釈プロセスに関する認知語用論的研究」
2011年～2013年　科学研究費補助金　基盤研究（C）　課題番号23520586「否定のタクソノミーに関する認知語用論的研究」
2014年～2017年　科学研究費補助金　基盤研究（C）　課題番号26370566「推意と推論規則に関する認知語用論的研究―推意導出のメカニズム―」
2018年～2023年　科学研究費補助金　基盤研究（C）　課題番号18K00650「アイロニーと認識に関する認知語用論的研究」

学会及び社会における活動等
〈学会活動〉
1988年4月　阪大英文学会　会員（～現在）
　　　　　　（2014年10月～2018年9月　学会運営委員）
1989年4月　日本英語学会　会員（～現在）
　　　　　　（1997年9月～2000年3月　事務局書記）
　　　　　　（2004年12月～2007年11月　大会運営委員）
　　　　　　（2009年7月～2012年9月　English Linguistics編集委員）
　　　　　　（2010年7月～現在　評議員）
　　　　　　（2018年4月1日～2022年3月31日　理事）
1989年5月　日本英文学会　会員（至2009年3月）
　　　　　　（2004年5月～2006年3月　関西支部大会準備委員）
1989年11月　日本言語学会　会員（～現在）
　　　　　　（2006年4月1日～2009年6月30日　大会運営委員）
1989年11月　関西言語学会（KLS）　会員（～現在）
　　　　　　（2014年4月～2017年3月　大会実行委員）
　　　　　　（2014年4月～2017年3月　運営委員）

1992年11月	国際語用論学会（International Pragmatics Association（IPrA））会員（〜現在）
1993年11月	バークレー言語学会（Berkeley Linguistics Society （BLS））会員（至1998年10月）
1994年5月	日本認知科学会　会員（至2004年3月，2024年9月〜現在）
1995年5月	イギリス言語学会（Linguistics Association of Great Britain（LAGB））会員（至2012年9月）
1997年11月	アメリカ言語学会（Linguistic Society of America （LSA））　会員（至2007年10月）
1999年12月	日本語用論学会　会員 （2016年4月〜2017年3月　運営委員） （2022年4月〜現在　評議員）
2012年4月	アメリカ語用論学会（American Pragmatics Association（AMPRA））会員（〜現在）

〈社会における活動など〉

2008年4月	文部科学省　大学設置・学校法人審議会　大学設置分科会（大学設置審）専門委員会　委員（至2011年3月）
2011年8月	日本学術振興会　特別研究員等審査会専門委員　及び　国際事業委員会書面審査員　（至2012年7月）
2013年12月	日本学術振興会　科学研究費委員会専門委員（基盤研究・挑戦的萌芽研究・若手研究　第1段審査）（書面審査）（至2015年11月）
2014年4月	市河賞委員会委員（至2017年3月）
2016年2月	奈良地方裁判所委員会委員（至2020年1月）
2017年1月	日本学術振興会　科学研究費委員会専門委員（審査・評価第二部会　人文学・社会科学小委員会　基盤研究（S））（至2017年12月）
2019年6月	奈良市立一条高等学校学校評議員（至2021年3月）

研究業績

（著書・編集）

(1) 『否定極性現象』，pp. 1–291+xi，英宝社，東京（1999.02.20），（第33回　市河賞受賞）（1998年　科学研究費補助金「研究成果公開促進費」（一般学術図書）刊行物）．

(2) 『英語構文事典』（中島平三（編），共著），第15章否定文（pp. 194–211）担当，大修館書店，東京（2001.05.10）．

(3) 『関連性理論の新展開―認知とコミュニケーション―』（共著），pp. 217+viii，第1章〜第3章（pp. 1–102）担当，研究社，東京（2003.05.10）．

(4) 『言語の領域 II』（中島平三（監修），今井邦彦（編），共著），第3章語用論（pp. 25–51）担当，朝倉書店，東京（2009.04.20）．

(5) 『否定と言語理論』（加藤泰彦・吉村あき子・今仁生美（共編著）），pp.1–477，開拓社，東京（2010.06.18）．

(6) 『ことばを見つめて』（吉村あき子・須賀あゆみ・山本尚子（共編著）），pp. 1–535+vi，英宝社，東京（2012.03.14）．

(7) 『日英対照　英語学の基礎』（三原健一・髙見健一（編著），共著），第7章語用論（pp. 177–206）担当，くろしお出版，東京（2013.11.22）．

(8) 『言語の認知とコミュニケーション―意味論・語用論，認知言語学，社会言語学―』（早瀬尚子（編），共著），第II部最新の語用論研究の進展（pp. 68–125）担当，開拓社，東京（2018.11.27）．

(9) 『ハリー・ポッターの「ことば学」』（共著），pp. 1–160，第4章〜第6章＋あとがき（pp.82–149）担当，かもがわ出版，京都（2025.03）．

（翻訳）

(1) 『否定の博物誌』（河上誓作（監訳），共訳），pp. 1–822+xxxvi，第3章〜第5章（pp. 199–490）担当，ひつじ書房，東京（2018.07.12），［原著 Laurence R. Horn (2001) *A Natural History of Negation*, CSLI Publications, Stanford, CA.］．

（論文）

(1) 「Yet についての一考察―yet, already, still, any more と「まだ」と「もう」―」, *Osaka Literary Review* No. 28, pp. 16–29, 大阪大学大学院英文学談話会（1989. 12）.

(2) 「Ever についての基礎的考察」, *Osaka Literary Review*, No. 29, pp. 36–50, 大阪大学大学院英文学談話会（1990. 12）.

(3) 「何故日本語は述語否定なのか」,『成田義光教授還暦祝賀論文集』, pp. 355–369, 英宝社, 東京（1992. 07. 20）.

(4) "The Cognitive Structure of Negation as an NPI-Licensing Condition," *English Linguistics*, Vol. 9, pp. 244–264, 日本英語学会（1992. 11）.

(5) "Pragmatic and Cognitive Aspects of Negative Polarity," *Osaka University Papers in English Linguistics*, Vol. 1, pp. 141–173, 大阪大学英語学研究室（1993. 07）.

(6) "Explicature and Implicature Formation in the Modeling of Metaphor and Metonymy," *Osaka University Papers in English Linguistics*, Vol. 1, pp. 175–184, 大阪大学英語学研究室（1993. 07）.

(7) 「メタ否定の手続き的考察」,『待兼山論叢』, 第27号文学篇, pp. 33–48, 大阪大学文学部（1993. 07）.

(8) "A Cognitive Constraint on Negative Polarity Phenomena," *Proceedings of the 20th Annual Meeting of Berkeley Linguistics Society (BLS 20)*, pp. 599–610, Berkeley Linguistics Society（1994. 12）.

(9) 「Hilbert System における関連性の原則とデフォルト論理」,『大阪学院大学外国語論集』, 第32号, pp. 32–56, 大阪学院大学外国語学会（1995. 09）.

(10) "Negative Polarity Phenomena in Adversative Constructions," *Osaka University Papers in English Linguistics*, Vol. 2, pp. 211–221, 大阪大学英語学研究室（1995. 12）. coauthored with Michael T. Wescoat.

(11) "Negative Polarity in Comparatives: The Need for Contrastive Assumptions,"『大阪学院大学外国語論集』, 第33号, pp. 153–173, 大阪学院大学外国語学会 (1996.03).

(12) "Procedural Semantics and Metalinguistic Negation," in Carston, Robyn and Seiji Uchida (eds.) *Relevance Theory: Applications and Implications*, pp. 105–122, John Benjamins, Amsterdam (1997.12).

(13) 「英語における否定環境の意味論的階層性」,『大阪学院大学外国語論集』, 第37号, pp. 130–151, 大阪学院大学外国語学会 (1998.03).

(14) 「否定極性へのアプローチ―否定極性現象の意味論的・認知語用論的側面―」,『英語青年』, 第144巻, 第9号, pp. 544–546, 研究社, 東京 (1998.12).

(15) 「日本語の否定環境」,『藤井治彦先生退官記念論文集』, pp. 961–972, 英宝社, 東京 (2000.03).

(16) 「メタ言語否定と関連性理論」,『英語青年』, 第146巻, 第7号, pp. 438–439, 研究社, 東京 (2000.10).

(17) 「*一滴でも飲まなかった/*飲んだ」,『言語』第29巻第11号, pp. 52–58, 大修館書店, 東京 (2000.11).

(18) "The Target of Metalinguistic Use of Negation ―A Unified Characterization from the Cognitive Processing Point of View―,"『学習院大学言語共同研究所紀要』, 第24号, pp. 109–118, 学習院大学 (2000.12).

(19) 「メタ言語否定の否定対象に関する一考察―認知処理プロセスにおける統一的規定の可能性―」,『研究年報』, 第44号, pp. 51–66, 奈良女子大学文学部 (2000.12).

(20) "A Cognitive-Pragmatic Approach to Metalinguistic Negation," in Kato, Yasuhiko (ed.) *Proceedings of the Sophia Symposium on Negation*, pp. 113–132, Sophia University (2002.02).

(21) 「「一般的会話の含意」とメタ言語否定」,『言葉のからくり―河上誓作教授退官記念論文集―』, pp. 617–631, 英宝社,

東京（2004.03）.

(22) 「「メタ言語否定」をめぐる論争の吟味―その示唆するもの―」,『奈良女子大学文学部研究教育年報』, 第2号, pp. 135-146, 奈良女子大学文学部（2006.03）.

(23) 「メタファー発話の類似性レベルと解釈過程」,『阪大英文学会叢書4　ことばと視点』, pp. 149-169, 英宝社, 東京（2007.11）.

(24) 「否定の語用論研究をめぐる境界問題」,『奈良女子大学文学部研究教育年報』, 第5号, pp. 57-69, 奈良女子大学文学部（2009.03）.

(25) 「メタ言語否定とノデハナイ」,『日本エドワード・サピア協会　研究年報』, 第23号, pp. 25-37, 日本エドワード・サピア協会（2009.03）.

(26) 「日本語のメタ言語否定と「ワケデハナイ」」,『人間文化研究科年報』, 第25号, pp. 1-13, 奈良女子大学大学院人間文化研究科（2010.03.31）.

(27) 「否定と語用論」,『否定と言語理論』, pp. 332-356, 開拓社, 東京（2010.06.18）.

(28) "On Horn's Descriptive/ Metalinguistic Dichotomy of Negation," *Proceedings of the 12th Conference of the Pragmatics Society of Japan*, pp. 217-220, The Pragmatics Society of Japan (2010.11.03).

(29) 「関連性理論―発話解釈モデルと認知科学的志向性―」,『日本語学』,（2011.11臨時増刊号）Vol. 30 (14), pp. 106-114, 明治書院, 東京（2011.11.15）.

(30) 「日本語の外部否定表現再考」,『ことばを見つめて』, pp. 511-525, 英宝社, 東京（2012.03.14）.

(31) "Descriptive/Metalinguistic Dichotomy?: Toward a New Taxonomy of Negation," *Journal of Pragmatics* (Elsevier, SCOPUS Journal) Vol.57, pp. 39-56 (2013.10).

(32) "Relevance and Another Type of Implicature," *Studies in European and American Language and Culture*, Vol. 1, pp.

1–22, Society for the Study of European and American Language and Culture, the Faculty of Letters, Nara Women's University (2013. 12. 30). [The contracted version with the same title (Yoshimura, Akiko (2014)) is published in Proceedings of the 16th Conference of the Pragmatics Society of Japan, pp. 379–386, The Pragmatics society of Japan].

(33) 「メタファーのカテゴリー分析とシネクドキ」,『欧米言語文化研究』, 第2号, pp. 43–58, 奈良女子大学文学部欧米言語文化学会 (2014. 12. 30).

(34) 「発話の推意と推論規則」,『言葉のしんそう（深層・真相）―大庭幸男教授退職記念論文集―』, pp. 513–524, 英宝社, 東京 (2015. 03. 14).

(35) 「帰属否定と記述否定」,『欧米言語文化研究』, 第3号, pp. 37–70, 奈良女子大学文学部欧米言語文化学会 (2015. 12. 30).

(36) 「演繹される推意と創作される推意」, *Papers from the Thirty-Third Conference (November 21–22, 2015) and from the English International Spring Forum (April 18–19, 2015) of The English Linguistic Society of Japan (JELS 33)*, pp. 209–215, 日本英語学会 (2016).

(37) 「英語学習開始時期に関する一考察―ことばとコミュニケーション能力―」,『欧米言語文化研究』, 第4号, pp. 33–50, 奈良女子大学文学部欧米言語文化学会 (2016. 12. 30).

(38) 「帰属否定のノデハナイとワケデハナイ」,『〈不思議〉に満ちたことばの世界―中島平三教授退職記念刊行物―』, pp. 465–470, 開拓社, 東京 (2017. 03. 31).

(39) 「沖縄を英語で学ぶ―英語科教育法における教科連携型教材を活用した協同学習の可能性―」,『教育システム研究』, 第12号, pp. 177–182, 奈良女子大学教育システム研究開発センター (2017. 03), 秋山啓子と共著.

(40) 「分析的推意と拡張的推意」,『欧米言語文化研究』, 第5号,

pp. 23–45，奈良女子大学文学部欧米言語文化学会（2017. 12. 30）．

(41) 「Have you seen him yet? は なぜ「彼にもう会いましたか？」なのか」，『英語学を英語授業に活かす―市河賞の精神（こころ）を受け継いで―』，pp. 285–304，開拓社，東京（2018. 09. 25）．

(42) "Another Property of Irony: Findings from Observing Story Ironies," *Studies in European and American Language and Culture*, Vol. 7, pp. 15–35, Society for the Study of European and American Language and Culture, the Faculty of Letters, Nara Women's University (2019. 12. 30).

(43) 「アイロニー発話とアブダクション」，『欧米言語文化研究』，第 8 号，pp.43–59，奈良女子大学文学部欧米言語文化学会（2020. 12. 30）．

(44) 「奈良女子大学（NWU）セブ島プロジェクト―奈良女子大学とセブ島英会話学校の連携から派遣留学生拡大へ―」，『奈良女子大学国際交流センター年報2020』，pp. 1–35，奈良女子大学国際交流センター（2021. 11）．

(45) 「皮肉発話と感情表出」，『欧米言語文化研究』，第 9 号，pp. 91–106，奈良女子大学文学部欧米言語文化学会（2021. 12. 30）．

(46) 「アイロニー発話のターゲットと乖離的態度―ハリーポッター（第 1 & 2 巻）のアイロニー―」，『欧米言語文化研究』，第 10 号，pp. 57–76，奈良女子大学文学部欧米言語文化学会（2022. 12. 30）．

(47) 「感じる皮肉と伝える皮肉―そして英語のアイロニーと日本語の皮肉―」，『欧米言語文化研究』，第 11 号，pp. 63–75，奈良女子大学文学部欧米言語文化学会（2023. 12. 30）．

(48) 「発話に基づくアイロニー分析の限界」，『人間文化総合科学研究科年報』，第 39 号，pp. 1–14，奈良女子大学大学院人間文化総合科学研究科（2024. 03. 31）．

（辞書）
(1) 『英語学用語辞典』（荒木一雄（編）共著），三省堂，東京（1999.01.10）．

（科研費等　研究成果報告書）
(1) 『極性文脈の認知メカニズム』，平成10年度～平成11年度　科学研究費補助金（基盤研究（C）　課題番号10610479）研究成果報告書，新踏社，pp. 1–104（2001.02）．
(2) 『メタ言語否定の認知語用論的研究』，平成14年度～平成17年度　科学研究費補助金（基盤研究（C）　課題番号14510521）研究成果報告書，新踏社，pp. 1–346 + iv（2007.03）．
(3) 『言語獲得におけるメタ表示能力の認知語用論的研究』，平成17年度～平成19年度　科学研究費補助金（基盤研究（C）　課題番号17520327）研究成果報告書，新踏社，pp. 1–94 + iv，（pp. 37–83担当）（2008.05），内田聖二・吉村あき子・松井智子（共著）．
(4) 『メタファー発話の解釈プロセスに関する認知語用論的研究』，平成19年度～平成21年度　科学研究費補助金（基盤研究（C）　課題番号19520424研究成果報告書）（2011.03）．
(5) 『否定のタクソノミーに関する認知語用論的研究』，平成23年度～平成25年度　科学研究費補助金（基盤研究（C）　課題番号23520586研究成果報告書）（2014.05）．
(6) 「推意と推論規則に関する認知語用論的研究―推意導出のメカニズム―」，平成26年度～平成29年度　科学研究費補助金（基盤研究（C）　課題番号26370566　研究成果報告書）（2018.05）．
(7) 「アイロニーと認識に関する認知語用論的研究」，平成30年度～令和5年度科学研究費補助金（基盤研究（C）　課題番号18K00650　研究成果報告書）（2024.06.17）．

(書評)

(1) "Review: Ton van der Wouden: *Negative Contexts: Collocation, Polarity and Multiple Negation*," *Studies in English Literature*, English Number 2000, pp.136–142, 日本英文学会，(2000.03).

(2) "Review: Robyn Carston: Thoughts and Utterances: The Pragmatics of Explicit Communication," *Studies in English Literature*, English Number 47, pp. 316–323, 日本英文学会，(2006.03).

(3) 書評空間：ロビン・カーストン著，内田聖二・西山祐司・武内道子・山崎英一・松井智子訳（2008），『思考と発話　明示的伝達の語用論』，研究社，東京［原著：Robyn Carston (2002) *Thoughts and Utterances: The Pragmatics of Explicit Communication*, Blackwell, Oxford］『言語』, Vol. 37, No. 7, p. 119, 大修館書店，東京（2008.07）.

(4) 「意味を科学する」，(書評：今井邦彦・西山佑司（2012），『ことばの意味とは何だろう』岩波書店），『英語教育』, Vol. 61, No. 13, pp. 95–96, 大修館書店，東京（2013.03.01）.

(5) 「語用論とコミュニケーション」，(書評：今井邦彦（監訳），岡田聡宏・井門亮・松崎由貴・古牧久典（訳）(2013），『語用論キーターム事典』，開拓社），『英語教育』, Vol. 63, No. 5, pp. 91–92, 大修館書店，東京（2014.08.01）.

(その他（学術雑誌コラム等））

(1) 「コミュニケーションに見られる尺度含意」，『大阪学院大学通信』, 第26巻，第1号，pp. 3–15（1995.04）.

(2) 「メタ言語的否定をめぐる論争」，『英語青年』, 第145巻，第1号，p. 41, 研究社，東京（1999.04）.

(3) 「関連性理論の動向」，『英語青年』, 第145巻，第4号，p. 231, 研究社，東京（1999.07）.

(4) 「一般量化詞理論とGroningen」，『英語青年』, 第145巻，第7号，p. 465, 研究社，東京（1999.10）.

(5) "Semantic Transfer,"『英語青年』, 第145巻, 第10号, p. 659, 研究社, 東京 (2000.01).
(6) 「コミュニケーションとメタ言語否定」,『学園だより』, Vol. 73, pp. 1–2, 奈良女子大学 (2004.02).
(7) 「女性のライフスタイルとキャリア」,『学士会会報』, 2004-V, No. 848, pp. 40–45 (2004.09).
(8) 「人とコミュニケーション能力」,『「Ｅ－夢　はっしん！」』, 奈良県教育委員会メールマガジン巻頭言 (2008.02.01).
(9) 「ことばが面白いと思ったのは…」,『リレーエッセイ　ことばと言語学を考える』, 言語学出版社フォーラム HP (http://www.gengosf.com) (2009.02.27).
(10) 「発話の明示的意味の内部レベル」, *NWU Today*, Vol. 21, October 2013, p. 6 (2013.10).

（学会等研究発表）
(1) 「Yet についての一考察 ―yet, already, still, any more と「まだ」と「もう」―」, 日本英語学会第7回大会（於神戸大学）, 研究発表 (1989.11.18).
(2) 「Ever のライセンスについて」, 日本言語学会第101大会（於国立民族学博物館）, 研究発表 (1990.10.14).
(3) 「NPI-Licensing Condition としての否定の認知構造」, 日本英語学会第9回大会（於同志社大学）, 研究発表 (1991.11.23).
(4) 「Explicature としてのメトニミーと Implicature としてのメタファーとの平行性」, 日本英語学会第10回大会（於東京外国語大学）, 研究発表 (1992.11.07).
(5) 「否定関連表現の諸相」, 第17回関西言語学会（於大阪大学）, ワークショップ General Introduction, 口頭発表 (1992.11.21).
(6) "A Procedural Perspective on the Interpretation of Metaphor and Metonymy," 第41回待兼山ことばの会（於大阪大学）, 研究発表 (1993.01.14).

(7) "A Procedural View of Metalinguistic Negation," International Conference on the Theory of Relevance（於大阪国際交流センター）, Oral Presentation (1993.05.29).

(8) "A Procedural Perspective on the Interpretation of Rhetorical Tropes," The 4th International Pragmatics Conference (at Shoin Women's University, JAPAN), Oral Presentation (1993.07.26).

(9) "Negative Polarity Phenomena in Adversative Constructions," The 4th International Pragmatics Conference (at Shoin Women's University, JAPAN), Oral Presentation (1993.07.30).

(10) "A Cognitive Constraint on Negative Polarity Phenomena," The 20th Annual Meeting of the Berkeley Linguistics Society (at University of California, Berkeley, USA), Oral Presentation (1994.02.20).

(11) 「関連性理論の貢献と展望―Hilbert Systemにおける関連性の原則とデフォルト論理―」, 日本英語学会第12回大会（於東京大学）, シンポジウム『語用論と認知言語研究』, 研究発表 (1994.11.13).

(12) "Negative Polarity in Comparatives: The Need for Contrastive Assumptions," The Autumn Meeting 1995, Linguistics Association of Great Britain (at University of Essex, UK), Oral Presentation (1995.09.20).

(13) 「ブール特性と否定の意味論的階層性」, 第29回阪大英文学会（於大阪大学）, 研究発表 (1996.10.26).

(14) 「否定の意味論的階層性と否定極性現象」, 日本英文学会第69回大会（於宮城学院女子大学）, 研究発表 (1997.05.25).

(15) "Negative Polarity in Discourse: A Logico-Cognitive Approach," 日本英語学会第15回大会（於東京都立大学）, ワークショップ 'Negative Polarity in Current Linguistic Theories,' 研究発表 (1997.11.23).

(16) 「メタ言語否定と関連性理論」, 関連性理論研究集会『関連性

理論は認知・言語の研究に何を寄与しうるか？』(於学習院大学)，研究発表 (2000.07.22).

(17) "The Target of Metalinguistic Negation ―A Unified Characterization from the Cognitive Processing Point of View―," Sophia Symposium on Negation (at Sophia University, JAPAN), Oral Presentation (2001.05.17).

(18) "Negative Contexts and Bipolar Elements in Japanese," Machikaneyama Kotoba-no Kai (at Osaka University, JAPAN), Oral Presentation (2001.05.26).

(19) 「メタ言語否定再考」，フランス語談話会 (於京都大学)，研究発表 (2001.11.17).

(20) 「メタ言語否定と否定の意味」，日本語用論学会第7回 (2004年度) 大会 (於甲南女子大学)，研究発表 (2004.12.11).

(21) 「否定の語用論」，日本言語学会第135回大会 (於信州大学)，公開シンポジウム『否定と言語理論』，研究発表 (2007.11.25).

(22) 「否定の語用論的研究」，KRG談話会 (第1回なら山ことばの会) (於奈良女子大学)，研究発表 (2008.03.01).

(23) 「ノデハナイとワケデハナイ ―日本語のメタ言語否定をめぐって―」日本エドワード・サピア協会 第23回研究発表会 (於活水女子大学)，研究発表 (2008.10.18).

(24) 「メタファー発話の類似性レベルと解釈過程」第1回メタファー研究会 (於関西大学大阪サテライトキャンパス)，研究発表 (2009.05.09).

(25) 「記述否定とメタ言語否定？―新しいタクソノミーを求めて―」特別講演 (於金沢大学人間社会環境研究科) (2009.07.07).

(26) "Descriptive/ Metalinguistic Dichotomy?: A New Taxonomy of Negation," The Annual Meeting 2009, Linguistics Association of Great Britain (LAGB) 2009 (at University of Edinburgh, SCOTLAND), Oral Presentation (2009.09.

08).
(27) "On Horn's Metalinguistic Negation," The 12th Annual Meeting of Pragmatic Society of Japan (at Ryukoku University, JAPAN) Workshop 2, "Aspects of Negation: Neo-Gricean, Relevance-Theoretic and Cognitive Linguistic Perspectives," Oral Presentation (2009. 12. 05).
(28) "Objection and Attributiveness," KRG 談話会(第3回なら山ことばの会)(於奈良女子大学), 研究発表(2010. 03. 09).
(29) 「日英語の文否定」, 日本英文学会第82回大会(於神戸大学), 招待発表(2010. 05. 30).
(30) 「Carston (forthcoming)「メタファー: 概念的か伝達的か?」について」, 第2回メタファー研究会(於奈良女子大学), 研究発表(2011, 10, 08).
(31) "On Attribution," The 3rd Nara Women's University Linguistics Seminar (at Nara Women's University, JAPAN), Oral Presentation (2013. 08. 07).
(32) "Attribution and Japanese Negation," The 13th International Pragmatics Conference, International Pragmatics Association (at India Habitat Centre, INDIA), Oral Presentation (2013. 09. 09).
(33) "Relevance and Another Type of Implicature," The 16th Annual Conference of Pragmatics Society of Japan (at Keio University, JAPAN), Symposium on 'Implicature,' Oral Presentation, (2013. 12. 08).
(34) "Metaphoricity," The 7th Nara Women's University Linguistics Seminar, (at Nara Women's University), Oral Presentation (2014. 09. 13).
(35) "Recognition of Metaphoricity," The 2nd Conference of the American Pragmatics Association (at University of California, Los Angeles (UCLA), USA), Oral Presentation (2014. 10. 19).

(36) 「コミュニケーションとことば―関連性理論の手続き的コード化に注目して―」, 北海道大学言語学セミナー（於北海道大学大学院国際広報メディア・観光学院／大学院メディア・コミュニケーション研究院）, 講演 (2015.08.03).

(37) 「推意を導出する推論規則について」, 第12回奈良女子大学英語学・言語学研究会（於奈良女子大学）, 研究発表 (2015.09.01).

(38) 「演繹される推意と創作される推意」, 日本英語学会第33回大会（於関西外国語大学）, 研究発表（招聘）, (2015.11.21).

(39) 「コミュニケーションにおける推意導出プロセスと推論規則」, 第95回待兼山ことばの会（於大阪大学大学院文学研究科英語学研究室）, 招待講演 (2015.12.18).

(40) "On Story Irony," The 29th Nara Women's University Linguistics Seminar (at Nara Women's University, JAPAN), Oral Presentation (2019.05.11).

(41) "Another Property of Irony: Findings from Observing Story Ironies," The 16th International Pragmatics Conference, International Pragmatics Association (at The Hong Kong Polytechnic University, CHINA), Oral Presentation (2019.06.10).

(42) 「アイロニーと推論」, 第34回奈良女子大学　英語学・言語学研究会（於奈良女子大学）, 研究発表 (2020.12.18).

(43) 「アイロニー発話と推論的コミュニケーション」, 日本認知科学会第38回大会, OS06 推論に基づくヒト・コミュニケーションの進化と未来, 招待講演 (2021.09.04　オンライン開催).

(44) 「皮肉発話と推意」, 奈良女子大学文学部　研究交流集会, 研究発表 (2022.01.26, オンライン開催).

(45) 「皮肉 ―発話とストーリー―」, 第40回奈良女子大学　英語学・言語学研究会（於奈良女子大学）, 研究発表 (2023.06.30).

(学位論文)

(1) *A Pragmatic Approach to Negative Polarity*, 修士論文, 大阪大学大学院（1990.01.11）.

(2) 『否定極性現象』, 博士論文, 大阪大学大学院（1996.02.23）.

執筆者一覧

（論文掲載順、
*は編者）

LEE Kiri

Lehigh University, Department of Modern Languages & Literatures, Professor

［研究分野／興味関心のある分野］語用論

［主な著書・論文］*Constructing the Heritage Language Learner: Knowledge, Power, and New Subjectivities* (Co-authored with N. Doerr, 2013, Walter de Gruyter), "Grammaticalization in Progress: Differing Patterns of Korean and Japanese Plurality" (Co-authored with Young-mee Yu Cho, *Asian Languages & Linguistics* 4 (1), 2023)

荒木琴乃（あらき ことの）

奈良女子大学大学院博士前期課程修了

［研究分野／興味関心のある分野］語用論

［主な著書・論文］「不定のthisの直示性についての一考察」（『英語学英米文学論集』49、2023、奈良女子大学英語英米文学会）

松永香奈（まつなが かな）

奈良女子大学大学院博士前期課程修了

［研究分野／興味関心のある分野］語用論

［主な著書・論文］「富山方言における終助詞の語用論的研究」（『英語学英米文学論集』46、2020、奈良女子大学英語英米文学会）

北嶋穏香（きたじま しずか）

奈良女子大学大学院博士前期課程修了

［研究分野／興味関心のある分野］認知意味論、語用論

［主な著書・論文］「動詞fallの状態変化にみる意味のネットワーク」（第42回奈良女子大学英語学・言語学研究会（研究発表）、2023）

中口実優（なかぐち みゆ）
奈良女子大学大学院博士前期課程在籍
［研究分野／興味関心のある分野］語用論、会話分析
［主な著書・論文］「ほめへの同意の応答を含む談話について」（第45回 奈良女子大学英語学・言語学研究会（研究発表）、2024）

今野弘章（こんの ひろあき）
学習院大学文学部教授
［研究分野／興味関心のある分野］語用論、日英語対照
［主な著書・論文］"The Grammatical Significance of Private Expression and Its Implications for the Three-Tier Model of Language Use" (*English Linguistics* 32, 2015),「デフォルト志向性の解除」（廣瀬幸生ほか（編）『三層モデルでみえてくる言語の機能としくみ』、2017、開拓社）

平尾恵美（ひらお えみ）
舞鶴工業高等専門学校人文科学部門講師
［研究分野／興味関心のある分野］語用論
［主な著書・論文］「従属節発話における文脈と慣習性―「単純な」／「慣習化された」主節省略の分析から」（『日本語用論学会第24回大会発表論文集』17、2022、日本語用論学会）

森木乃美（もり このみ）
奈良女子大学大学院博士前期課程修了
［研究分野／興味関心のある分野］英語教育
［主な著書・論文］「日本語 XX 構文の意味と意義―認知語用論的視点からの分析―」（『英語学英米文学論集』46、2020、奈良女子大学英語英米文学会）

松山加奈子（まつやま かなこ）
奈良女子大学大学院博士後期課程在籍
［研究分野／興味関心のある分野］語用論、意味論
［主な著書・論文］「ジェネラルエクステンダー or whateverの語用論的意味と意味論的特性の関わり」（JELS 40、2023、日本英語学会）、「ジェネラルエクステンダー or anything —緩和と強調のメカニズム」（『人間文化総合科学研究科年報』39、2023、奈良女子大学大学院人間文化総合科学研究科）

山本尚子*（やまもと なおこ）
大阪学院大学外国語学部准教授
［研究分野／興味関心のある分野］語用論
［主な著書・論文］*A Cognitive Pragmatic Analysis of Nominal Tautologies* (2014, Hituzi Syobo)

笹本涼子（ささもと りょうこ）
奈良女子大学研究院人文科学系言語文化学領域准教授
［研究分野／興味関心のある分野］認知語用論
［主な著書・論文］*Onomatopoeia and Relevance: Communication of Impressions via Sound* (2019, Palgrave MacMillan), *Relevance and Text-on-Screen in Audiovisual Translation: The Pragmatics of Creative Subtitling* (2024, Routledge)

白阿栄（BAI Arong）
桂林理工大学外国語学院日本語教研室講師
［研究分野／興味関心のある分野］比較言語学、翻訳
［主な著書・論文］A Cross-Linguistic Study on SFPs— From the Viewpoint of Cognitive Pragmatics (*2019 3rd International Conference on Education Culture and Social Development*, International Engineering and Technology

Institute), A Cognitive Pragmatic Approach on Mongolian Parentheses (*Journal of Literature and Art Studies* 10 (5), 2020 (Serial Number 102), David Publishing Company)

盛田有貴*（もりた　ゆき）
津田塾大学総合政策学部専任講師
［研究分野／興味関心のある分野］語用論
［主な著書・論文］Gradualness of Verbal Irony from the Perspective of Attributed Source (*JELS* 33, 2016, 日本英語学会)

徳田真央（とくだ　まお）
奈良女子大学大学院博士前期課程修了
［研究分野／興味関心のある分野］語用論、意味論、日英語対照
［主な著書・論文］「日本語革新的名詞派生動詞の意味解釈に関する考察」(『英語学英米文学論集』50、2024、奈良女子大学英語英米文学会）

東元千尋（ひがしもと　ちひろ）
奈良女子大学大学院博士前期課程修了
［研究分野／興味関心のある分野］語用論
［主な著書・論文］「Explicit irony markersに対する語用論的アプローチ」（第42回奈良女子大学英語学・言語学研究会（研究発表）、2023）

長辻幸*（ながつじ　みゆき）
公立小松大学国際文化交流学部准教授
［研究分野／興味関心のある分野］語用論、日英語対照
［主な著書・論文］*The Pragmatics of Clausal Conjunction* (2021, Hituzi Syobo)

周琳（ZHOU Lin）
　首都师范大学元教授
　［研究分野／興味関心のある分野］小学英語教育、関連性理論
　［主な著書・論文］『小学英語教學設計與實施』（2023、北京師範大學出版社）、『義務教育教科書　英語（3年生）』（執行主編、2024、北京出版社）

高岡朱美（たかおか　あけみ）
　桐朋学園音楽部門非常勤講師
　［研究分野／興味関心のある分野］英語教育
　［主な著書・論文］「英語による自己表現能力をどのように育成するのか」（2007年度高大連携教育フォーラム（報告））

松永光代（まつなが　みつよ）
　奈良女子大学全学共通准教授
　［研究分野／興味関心のある分野］留学生教育、20世紀文学
　［主な著書・論文］「物語を操る詩人──ジャン・コクトーの作品構造をめぐって」（『関西フランス語フランス文学』23、2017、日本フランス語フランス文学会関西支部）

村田和代（むらた　かずよ）
　龍谷大学政策学部教授
　［研究分野／興味関心のある分野］社会言語学
　［主な著書・論文］『シリーズ　話し合い学をつくる』（1〜3、2017、2018、2020、ひつじ書房）、『優しいコミュニケーション──思いやりの言語学』（2023、岩波書店）

後藤リサ（ごとう りさ）
関西外国語大学英語国際学部准教授
［研究分野／興味関心のある分野］語用論、談話分析
［主な著書・論文］*Rhetorical Questions: A Relevance-Theoretic Approach to Interrogative Utterances in English and Japanese* (2018, Hituzi Syobo),「診療談話における共感のプロセス―発話に伴う情動の認知語用論的分析」（田中廣明ほか（編）『動的語用論の構築へ向けて』、2019、開拓社）

須賀あゆみ*（すが あゆみ）
奈良女子大学研究院人文科学系言語文化学領域教授
［研究分野／興味関心のある分野］談話研究、語用論
［主な著書・論文］『相互行為における指示表現』（2018、ひつじ書房）

ひつじ研究叢書〈言語編〉第210巻
人はどのようにことばを使用するのか
意味・語用論からその応用まで

Language Use in Communication:
Semantic, Pragmatic, and Related Issues

Edited by Suga Ayumi, Yamamoto Naoko, Nagatsuji Miyuki,
and Morita Yuki

発行	2025年3月21日　初版1刷
定価	8000円+税
編者	©須賀あゆみ・山本尚子・長辻幸・盛田有貴
発行者	松本功
ブックデザイン	白井敬尚形成事務所
印刷・製本所	亜細亜印刷株式会社
発行所	株式会社 ひつじ書房
	〒112-0011　東京都文京区千石2-1-2　大和ビル2階
	Tel: 03-5319-4916　Fax: 03-5319-4917
	郵便振替 00120-8-142852
	toiawase@hituzi.co.jp　https://www.hituzi.co.jp/

ISBN978-4-8234-1280-6

造本には充分注意しておりますが、落丁・乱丁などがございましたら、
小社かお買上げ書店にておとりかえいたします。
ご意見、ご感想など、小社までお寄せ下されば幸いです。

刊行のご案内

〈言語学翻訳叢書　13〉
否定の博物誌
ローレンス　R．ホーン　著　河上誓作　監訳
濱本秀樹・吉村あき子・加藤泰彦　訳　定価8,800円＋税

ホーン『否定の博物誌』の論理
加藤泰彦　著　定価2,200円＋税

刊行のご案内

〈ひつじ研究叢書（言語編）　第143巻〉
相互行為における指示表現
須賀あゆみ 著　定価6,400円＋税

越境者との共存にむけて
村田和代 編　定価4,200円＋税

レジリエンスから考える
これからのコミュニケーション教育
村田和代 編　定価2,900円＋税

刊行のご案内

⟨Hituzi Linguistics in English No.21⟩

A Cognitive Pragmatic Analysis of Nominal Tautologies

山本尚子 著　定価 8,800 円＋税

⟨Hituzi Linguistics in English No.33⟩

The Pragmatics of Clausal Conjunction

長辻幸 著　定価 9,800 円＋税

⟨Hituzi Language Studies No.1⟩

Relational Practice in Meeting Discourse in New Zealand and Japan

村田和代 著　定価 6,000 円＋税

⟨Hituzi Language Studies No.3⟩

Rhetorical Questions
A Relevance-Theoretic Approach to Interrogative Utterances in English and Japanese

後藤リサ 著　定価 10,000 円＋税